중학생을 위한 AI 사용설명서

중학생을 위한 AI 사용설명서
AI와 함께 똑똑하게 공부하고 살아가는 법
ⓒ 김동은 2026

초판 1쇄   2026년 2월 13일

지은이   김동은

출판책임	박성규	펴낸이	이정원
편집주간	선우미정	펴낸곳	도서출판 들녘
기획이사	이지윤	등록일자	1987년 12월 12일
디자인진행	조예진	등록번호	10-156
편집	이수연·김혜민	주소	경기도 파주시 회동길 198
마케팅	이동하	전화	031-955-7374 (대표)
경영지원	나수정		031-955-7382 (편집)
제작관리	구법모	팩스	031-955-7393
물류관리	엄철용	이메일	dulnyouk@dulnyouk.co.kr

ISBN   979-11-7610-006-9 (43000)

중학생을 위한 AI 사용설명서

AI와 함께 똑똑하게 공부하고 살아가는 법

김동은 지음

푸른들녘

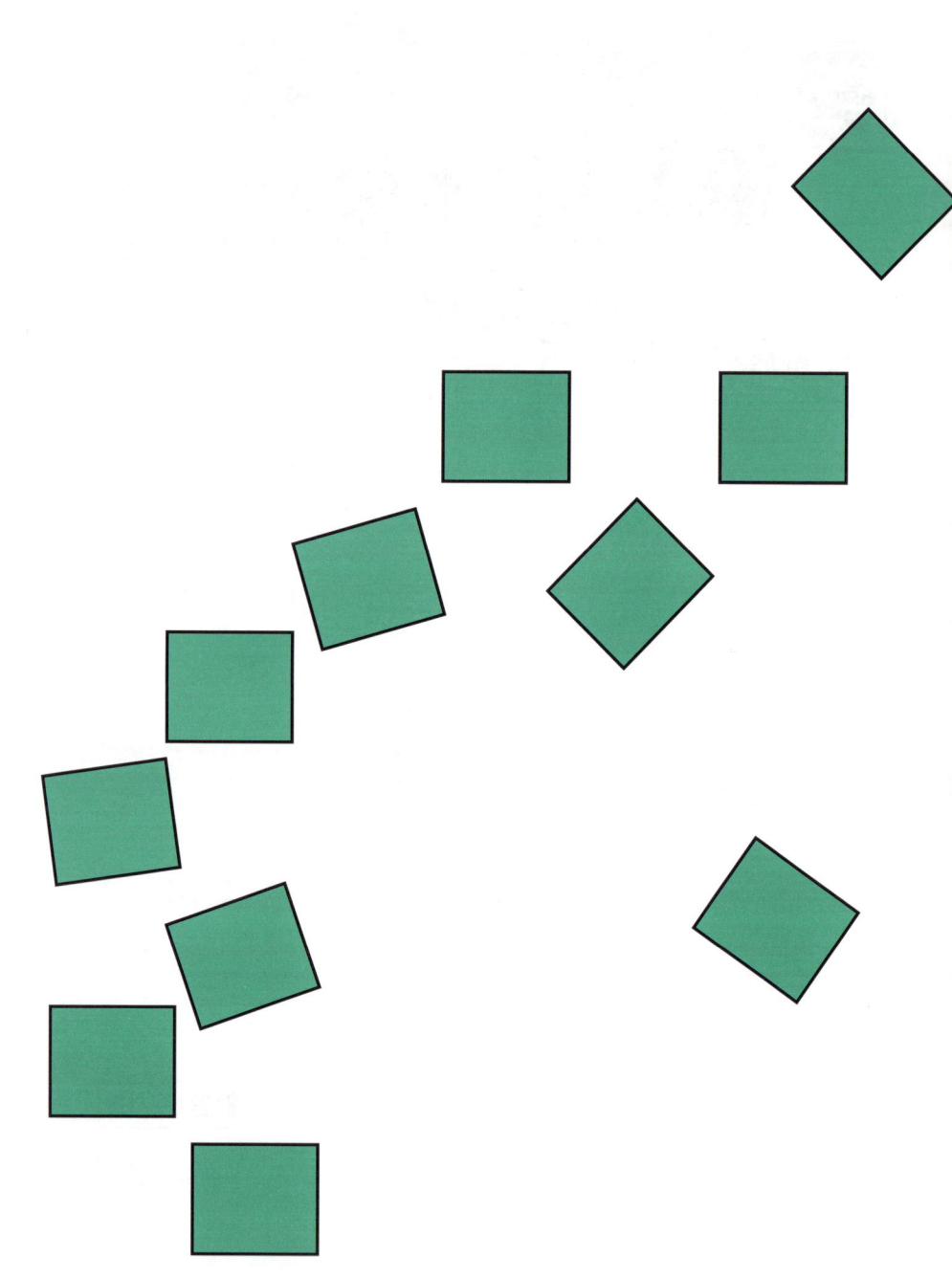

저자의 말

오늘 아침, 여러분은 어떻게 일어났나요? 스마트폰 알람 소리에 눈을 뜨고, 유튜브로 좋아하는 영상을 보고, 파파고로 영어 숙제를 확인하고, 친구에게 카톡을 보내며 자동 완성 기능이 추천하는 단어를 선택했을 거예요. 학교 가는 길에는 버스 도착 시간을 앱으로 확인하고, 점심시간에는 인스타그램에서 내 취향에 딱 맞는 릴스를 보며 시간 가는 줄 몰랐겠죠. 여러분, 눈치채셨나요? 이 모든 순간에 AI가 함께 있었다는 것을요.

저는 학교에서 역사를 가르치고 있지만 우리를 둘러싼 시대 변화, 특히 AI의 변화가 가져올 미래에 관심이 많아요. 바로 여러분이 살아갈 세상 말이죠. 어느 날 한 학생이 제게 물었습니다. "쌤~ 챗지피티가 독후감도 써주고, AI가 수학 문제도 풀어주는데, 우리는 굳이 공부할 필요가 있을까요?" 정말 좋은 질문이었어요. 그래서 이 책을 쓰게 되었습니다.

여러분은 인류 역사상 처음으로 AI와 함께 자라는 세대입니다. 2016년 알파고가 이세돌 9단을 이겼을 때부터 에스파의 나이비스가 가수로 데뷔하고 2025년 지금 AI로 제작한 영화가 수상 목록에 오르기까지, AI는 더 이상 영화 속 이야기가 아니라 우리 일상이 되었어요. 문제는 'AI를 쓰느냐, 안 쓰느냐'가 아니라 '어떻게 똑똑하게 쓰느냐'입니다.

이 책은 여러분이 AI와 똑똑하게 공부하고 창의적으로 살아가는 방법을 담았습니다. 1장에서는 튜링 테스트부터 챗지피티(ChatGPT)까지 AI의 역사와 우리 주변의 AI를 찾아봅니다.

2장에서는 퍼플렉시티(Perplexity), 젠스파크(Genspark), 클로바노트(ClovaNote), 포토매쓰(Photomath), 듀오링고(Duolingo), 수노 AI(Suno AI) 같은 실용적인 도구들을 소개해요.

3장에서는 각 과목별 활용법을 배웁니다. "「소나기」의 개울가 장면을 그려줘", "피타고라스 정리를 그림으로 보여줘", "세포 분열을 일상생활로 비유해줘" 같은 간단한 프롬프트로 국어, 수학, 과학, 역사 공부에 도움을 받을 수 있죠.

4장에서는 AI로 소설을 쓰고, 그림을 그리고, 음악을 만들고, 웹사이트까지 만드는 창의적 활동을 펼칩니다.

하지만 가장 중요한 건 5장입니다. AI는 완벽하지 않아요. 없는 사실을 그럴듯하게 지어내는 '할루시네이션(환각 현상)'도 일으키고, 가끔 'I have a boyfriend'를 '남자친구를 소유하고 있다'로 번역하는 실수도 해요. MIT 연구에 따르면 챗지피티를 자주 쓰는 학생들의 뇌 활동이 55%나 낮아지고 기억력과 집중력이 떨어졌대요. AI가 대신 생각해주니까 우리 뇌가 게을러진 거죠. 그래서 'AI 답변 검증 체크리스트'로 출처를 확인하고, 교과서와 비교하고, 선생님께 여쭤보는 습관이 필요해요. 독후감을 쓸 때도 스스로 먼저 책을 읽고 생각을 정리한 뒤, AI에게 맞춤법 검토 같은 보조적인 도움만 요청해야 하죠.

10년 후 여러분이 성인이 되었을 때, AI는 지금과는 비교할 수 없을 정도로 훨씬 더 똑똑해져 있을 거예요. 하지만 친구가 힘들어할 때 건네는 따뜻한 위로, 역사 속 인물의 선택을 비판적으로 평가하는 통찰, 세상을 더 나은 곳으로 만들려는 용기는 AI가 절대 대신할 수 없는, 오직 여러분만이 가진 힘입니다. AI는 여러분의 상상력을 현실로 만드는 도구일 뿐, 그것을 어떻게 사용할지 결정하는 건 여러분입니다.

이 책이 여러분의 공부 파트너이자, 창의력을 키우는 안내자이며, 무엇보다 AI 시대를 살아가는 현명한 사람으로 성장하는 출발점이 되길 바랍니다. 미래는 AI가 만드는 것이 아니라, AI를 현명하게 활용하는 여러분이 만드는 것입니다. 자, 이제 함께 그 여정을 시작해볼까요?

2026년 2월
교실에서, 여러분의 가능성을 믿으며
여러분의 선생님, 김동은(동쌤).

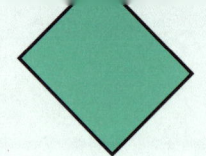

3장 AI와 함께 어떤 일들을 할 수 있을까?

1장—
AI, 너의 정체가 궁금해

요즘 AI 때문에 정말 떠들썩하죠. AI가 인간의 일자리를 대체한다는 걱정부터 SNS 릴스에 뜨는 'AI로 월 1,000만 원 버는 법'이라는 광고까지, AI에 대해 정말 많은 이야기들이 오갑니다. 하지만 AI에 대해 정확하게 알지 못한 상태에서는 어떠한 정보도 제대로 받아들이거나 안심하고 활용하기 어렵습니다. 자, 이제부터 AI의 정체를 촘촘하게 파헤쳐봅시다!

1. AI란 무엇일까?

최근 SM엔터테인먼트는 에스파(Aespa) 세계관(SMCU) 내 등장한 AI 캐릭터 나이비스(Naevis)를 2024년 가수로 독립시켜 공식 데뷔하게 했는데요. 실제 가수와 AI 캐릭터가 연결되어 새로운 세계관을 구축하며 많은 사람의 인기를 끌었습니다. 여기서 더 나아가, 현실처럼 활동하는 AI 버추얼 아이돌인 플레이브(PLAVE)는 다섯 명의 애니메이션 캐릭터로 구성된 가상 K-Pop 그룹으로 실제 사람의 움직임을 모션캡처 기술[1]로 실시간 반영하여 공연한 결과, 유튜브 조회수 4억 7천만 회, 빌보드 글로벌 200 진입 등 큰 인기를 끌었습니다.

---

1 몸에 센서를 부착시키거나, 적외선을 이용하는 등의 방법으로 인체의 움직임을 디지털 형태로 기록하는 작업이다.

K-pop 걸그룹 에스파와 에스파의 세계관 내 존재하는 AI 캐릭터 나이비스(Naevis)가
DDP에서 어울리는 모습을 AI로 생성한 모습.

    이처럼 AI는 '새로운 기술'이 아니라 '우리의 삶과 문화' 그 자체
로 변화하고 있습니다. 검색 한 번이면 나에게 딱 맞는 영상을 추천
해주고, 친해지고 싶었지만 언어의 장벽 때문에 소통이 곤란했던
외국인 친구에게 번역 앱을 통해 말을 걸어볼 수도 있게 됐죠. 그
바탕에 바로 인공지능(AI)이 있습니다. AI는 데이터와 알고리즘을
이용해 사람처럼 생각하고 판단하는 시스템을 말합니다.[2] 이러한
AI를 제대로 이해하고 활용하면 시험 성적뿐 아니라 호기심과 창
의력까지 키울 수 있는데요. 같이 재미있게 배워볼까요?

2 「인공지능」, 『컴퓨터인터넷IT용어대사전』, 2016.

2. AI의 역사

앞서 살펴본 AI를 조금 더 쉽게 표현하자면, **사람이 만든 생각할 줄 아는 기계**라고 할 수 있습니다. 조금 더 풀어 말하면, **기계가 사람처럼 생각하고 판단하며 학습할 수 있도록 만든 기술**을 뜻합니다. 예를 들어, 스마트폰 속 음성 비서가 여러분의 명령을 듣고 이해하는 과정, 검색 엔진이 여러분의 질문에 딱 맞는 답을 찾아주는 과정, 은행 앱이 이상한 거래를 감지하는 과정에도 AI의 활약이 숨어 있습니다.

AI는 영화 「해리포터」 속 마법처럼 신비롭게 보이지만, 사실 수학과 통계가 만든 예측 머신이랍니다. 여러분이 좋아하는 게임 캐릭터가 무기를 선택할 때 수많은 데이터를 바탕으로 확률을 계산하듯이, AI도 데이터를 학습해 가장 가능성이 높은 답을 찾아줍니다. 그래서 AI는 처음에는 서툴지만, 많은 경험을 쌓을수록 더 똑똑

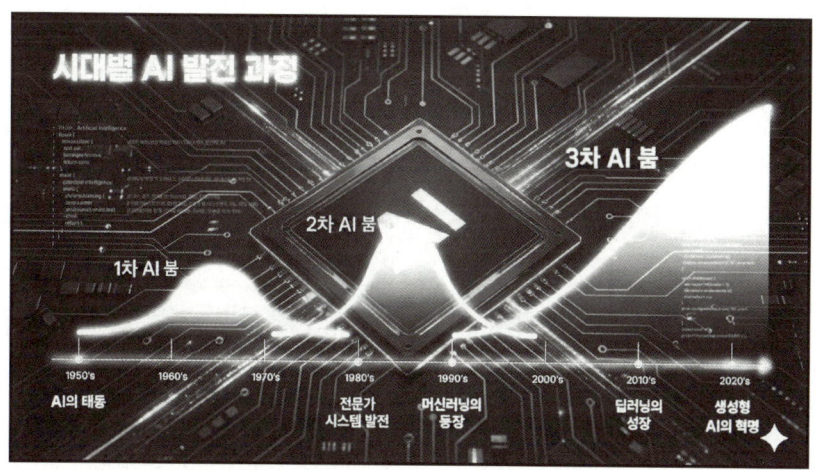

시대별 인공지능의 발전 과정.

해져요. AI는 빅데이터라는 재료를 넣어 요리를 만든다는 점에서 셰프와 비슷합니다. 재료가 많고 다양할수록 맛있는 요리가 나오지만, 레시피와 양념(알고리즘)이 어설프면 이상한 맛이 나게 마련이죠. 이 비유를 기억하면 AI가 무엇을 어떻게 하는지 이해하기 쉬울 거예요.

1) AI는 어떻게 탄생하고 발전했을까?

1950년, 영국의 수학자 앨런 튜링은 '기계가 생각할 수 있을까?'라는 질문을 던지고 이를 시험하기 위한 튜링 테스트를 제안했어요. 1956년 미국 다트머스 대학에서 처음으로 '인공지능'이라는 단어가 사용되었고, 퍼셉트론(Perceptron)이라는 신경망 모델이 등장했습니다. 당시에는 컴퓨터 성능과 데이터가 부족해 AI 연구가 잠시 주춤했지만, 1980년대에는 전문가 시스템, 1990년대에는 머신러닝, 2000년대에는 딥러닝 기술이 개발되면서 다시 관심을 받았답니다.

2010년대에 들어오면서는 그전에 비해 눈에 띄는 사건들이 있었어요. 2012년에 딥러닝 모델 알렉스넷이 이미지 인식 대회에서 놀라운 성능을 보여 AI의 잠재력을 알렸고, 2016년에는 AI 알파고가 바둑 세계 챔피언 이세돌 9단을 4승 1패로 이겨서 큰 화제가 되었습니다.

또한 2022년에는 대화형 AI 챗지피티가 출시되어 몇 주 만에 전 세계 수백만 명의 사용자를 모았고, 2025년에는 영상과 음성까지 거의 인간의 모습과 가깝게 처리할 수 있는 제미나이-3(Gemini-3), 소라-2(Sora-2)가 등장했습니다. 오늘날 AI는 언어, 그림, 음악, 영상

이세돌 9단과 구글 딥마인드의 알파고의 바둑 대결 장면을 AI 이미지로 생성한 모습이다.

등 거의 모든 분야에서 우리와 함께하고 있습니다.

AI 역사 이야기는 거기서 끝나지 않습니다. 현재 사람들이 가장 많이 활용하고 있는 AI 중 하나가 바로 '대화형(챗봇형)' AI인데요. 대화형 AI의 기원이라고 여겨지는 AI는 1960년대에 만들어진 '엘리자(ELIZA)'라는 대화 프로그램입니다. MIT의 조지프 바이젠바움 교수가 개발한 이 프로그램은 심리 상담사의 말을 흉내 내어 사용자의 말을 되풀이하며 대화하는 역할을 했어요. 단순한 규칙만으로도 사람들과 재미있는 대화를 나눴기에 많은 사람이 "컴퓨터가 정말 생각하는 것 같아!"라고 놀랐다고 해요. 1997년에는 IBM의 '딥 블루(Deep Blue)'라는 체스 프로그램이 세계 챔피언 가리 카스파로프를 3.5대 2.5로 이겼습니다.[3] 체스를 사람보다 잘 둔다는

3 Stanford Junior University, 「Deep Blue」, Stanford CS221, 2012 fall.

사실은 당시 사람들에게 큰 충격을 주었죠. 이 성공을 바탕으로 이후 체스 프로그램들이 더 빠르게 발전했답니다.

2011년에는 퀴즈 쇼 제퍼디!(Jeopardy!)에서 IBM의 슈퍼컴퓨터 '왓슨(Watson)'이 인간 챔피언 켄 제닝스와 브래드 러터를 상대로 승리했습니다.[4] 왓슨은 방대한 지식과 자연어[5] 처리 능력으로 역사, 패션, 과학 등 다양한 분야의 문제를 이해하고 빠르게 답변했지만 때때로 엉뚱한 답을 내놓기도 했어요. 왓슨의 활약은 AI가 단순 계산뿐만 아니라 복잡한 언어 문제도 해결할 수 있다는 것을 보여 줬습니다. 그리고 이 경험은 오늘날 우리가 사용하는 챗지피티, 아이폰의 시리(Siri), 네이버의 클로바 같은 언어 AI의 발판이 되었죠. 이처럼 AI는 1950년대의 생각 실험에서 시작해 챗봇, 체스 프로그램, 퀴즈 쇼 챔피언까지 다양한 단계로 발전했습니다. 앞으로는 어떤 AI가 등장할지 정말 기대되지요?

---

https://stanford.edu/~cpiech/cs221/apps/deepBlue.html#:~:text=In%20
the%20mid,chess%20champion%20in%20match%20play)

4   IBM, 「Watson, 'Jeopardy!' champion」, IBM history(https://
www.ibm.com/history/watson-jeopardy).

5   컴퓨터 언어가 아닌 인간이 일상적으로 사용하는 언어.

2) 생활에서 만나는 AI

그럼, 이제 과거에서 돌아와 현재를 살펴봅시다. 현재 우리가 사용하고 있는, 혹은 우리 주변에 있는 생활 속 AI를 찾아볼까요?

우리 주변에 있는 생활 속 AI

AI 추천 알고리즘: 유튜브나 인스타그램에서 여러분이 좋아하는 영상을 계속 추천하는 기능은 AI가 여러분의 시청 기록과 관심사를 분석해 제공하는 거예요.

번역 서비스: 네이버 파파고(Papago)는 문장 전체의 의미를 파악해 여러 언어로 번역해줍니다. 텍스트뿐만 아니라 문서와 웹페이지까지 번역해주고, 모르는 언어를 감지하는 기능도 있어요.

음성 비서: 애플 시리(Siri), 구글 어시스턴트, 네이버 클로바는 음성을 인식하고 "알람 7시에 맞춰 줘" 같은 명령을 수행합니다.

음악 추천: 음악 앱들은 여러분이 좋아하는 노래를 분석해 새로운 곡을 추천해줍니다. BTS나 뉴진스 노래를 계속 듣다 보면 비슷한 스타일의 노래를 추천해주는 것도 AI 덕분이에요.

자동 자막: 유튜브의 자동 자막 기능과 브루(Vrew) 같은 앱은 AI가 음성을 텍스트로 바꿔주므로 자막을 직접 입력하지 않아도 영상을 만들 수 있어요.

자, 그럼 예시로 적힌 부분 외에 여러분들이 생활 속에서 마주하는 AI는 무엇이 있는지 적어봅시다.

우리 주변에 있는 생활 속 AI를 10개 이상 적어봅시다!

① _____

② _____

③ _____

④ _____

⑤ _____

⑥ _____

⑦ _____

⑧ _____

⑨ _____

⑩ _____

이 밖에도 생활 곳곳에 숨어 있는 AI가 많아요. 스마트폰에서 글을 입력할 때 다음에 올 단어를 예측해주는 자동 완성 기능, 버스를 타면 요금이 자동으로 계산되는 요금 결제 시스템, 사진을 찍으면 배경을 흐릿하게 만들어주는 인물 사진 모드, 이메일의 스팸을 자동으로 걸러내는 스팸 필터까지 모두 AI 기술이 사용된 예입니다. 자율주행 자동차의 차선 유지 보조 시스템도 AI가 카메라와 센서를 통해 도로를 인식하고 스스로 판단해주어서 가능한 일이에요. 이렇게 보면 우리는 알게 모르게 AI와 함께 살아가고 있다는 걸 느낄 수 있죠.

여러분이 자주 사용하는 앱과 서비스 속에 이미 AI가 숨어 있다는 사실, 알고 계셨나요? 예를 들어 친구에게 카톡을 보낼 때 자동완성 기능이 "ㅇㅇ"만 입력하면 "응응"을 추천해주는 것도 AI가 여러분의 대화 패턴을 학습한 결과입니다. 인스타그램이나 틱톡(TikTok)에서 스크롤을 내리다 보면 자꾸 비슷한 콘텐츠가 뜨는 이유도 AI가 여러분이 '좋아요'를 누르거나 오래 본 영상을 분석해서 취향을 파악했기 때문이죠. 게임을 할 때 NPC 캐릭터들이 여러분의 행동에 반응하거나, 게임에서 비슷한 실력의 상대와 매칭되는 것도 AI가 플레이어의 수준을 분석한 결과예요. 심지어 여러분이 좋아하는 아이돌의 목소리로 노래를 만들어내는 AI 커버곡까지, 이 모든 게 인공지능 기술입니다. 스마트폰의 얼굴 인식으로 잠금을 해제하고, 사진첩에서 '여행' '친구'라고 검색하면 자동으로 분류된 사진들이 나오는 것, 온라인 쇼핑몰에서 '이 상품을 본 사람들이 함께 본 상품'이 뜨는 것까지 모두 AI가 만들어낸 편리함이죠. 이렇게 AI는 이미 여러분의 일상 곳곳에 자연스럽게 스며들어 보이지 않는 곳에서 삶을 더 편리하고 재미있게 만들어주고 있습니다.

3) AI가 잘하는 일과 못하는 일

AI는 패턴을 찾아내고 예측하는 데 정말 뛰어나요. 얼굴 인식, 음성 인식, 번역 같은 분야에서 놀라운 성능을 보여줍니다. 하지만 AI가 사람의 창의적 사고나 공감 능력까지 모두 대신할 수는 없어요. AI는 데이터를 통해 가장 가능성 높은 답을 찾아내는 것이므로 학습하지 않은 상황에서는 엉뚱한 답을 말하기도 합니다. 그러니까 AI의 답변을 볼 때는 반드시 비판적으로 검증하고 평가하며, 인생의 중요한 상황에 영향을 미칠 수 있는 중대한 결정은 여러분 자신이 직접 판단을 내려야 합니다.

  예를 들어 AI는 체스나 바둑 대결에서는 사람을 뛰어넘지만, 운동장에서 선생님의 표정만 보고 '지금 웃어야 할까?'처럼 분위기를 파악하는 일은 아직 완벽하게 할 수 없어요. 친구가 슬퍼할 때 적절한 말을 찾아주는 데는 도움이 될지 몰라도, 실제로 친구의 어깨를 두드리며 위로하고 마음을 나누는 일은 여러분의 몫입니다. 무거운 택배 상자를 들어 올려 계단을 오르거나, 감성적인 그림을 보며 "왜 아름다운지"를 느끼는 것처럼 몸과 마음이 함께하는 활동은 아직 AI가 대신할 수 없는 영역이에요. 그리고 복잡한 사회 문제나 윤리적 딜레마에서 옳고 그름을 판단하는 능력도 인간의 경험과 가치관에 기반합니다. 우리가 AI를 도구로 삼되, 최종 결정과 공감의 영역은 스스로 이끌어가야 하는 이유랍니다.

미니 퀴즈: 이것도 AI일까요?

(작성해본 후, 참고 답안은 맨 뒤 페이지에서 확인해봅시다.)

· 스마트폰 카메라의 뷰티 필터는 AI일까요? 답안과 근거를 작성해봅시다.

_____

_____

_____

· 모니터 밝기를 자동으로 조절하는 조도 센서는 AI일까요? 답안과 근거를 작성해봅시다.

_____

_____

_____

· 교통카드 잔액을 계산하는 자동 결제 시스템은 AI일까요? 답안과 근거를 작성해봅시다.

_____

_____

_____

· 유튜브가 여러분의 취향에 맞는 영상을 추천하는 것은 AI일까요? 답
  안과 근거를 작성해봅시다.

_____

_____

_____

· 식당에서 음식을 주문할 때 태블릿 화면을 사용하는 것이 AI일까요?
  답안과 근거를 작성해봅시다.

_____

_____

_____

· 스마트워치가 여러분의 심박수와 운동량을 측정해 하루 목표를 세워
  주는 것은 AI일까요? 답안과 근거를 작성해봅시다.

_____

_____

_____

· 게임 속 캐릭터가 상황에 따라 다른 대사를 말하는 것은 AI일까요? 답
  안과 근거를 작성해봅시다.

_____

_____

_____

4) 체스 대결로 보는 AI의 역사

지금은 누구나 스마트폰에서 AI 챗봇과 대화를 나누지만, AI의 역사는 생각보다 더 흥미진진해요. 여러분, 혹시 18세기에 등장한 '터키 기계(The Turk)' 이야기를 들어본 적 있나요? 겉보기에는 장기(체스)를 두는 로봇이었지만, 사실은 속에 사람이 숨어서 조종하던 일종의 마술 도구였답니다. 사람들은 기계가 사람처럼 생각할 수 있다는 상상을 이때부터 품게 되었어요.

1997년에는 체스 역사에 길이 남을 대결이 있었어요. IBM이 개발한 슈퍼컴퓨터 딥 블루와 세계 체스 챔피언인 러시아의 가리 키모비치 카스파로프가 경기를 벌였는데, 이 대결에서 딥 블루가 3.5 대 2.5로 승리해 사상 처음으로 인간 세계 챔피언을 꺾은 컴퓨터가 되었습니다.[6] 당시 많은 사람이 "기계가 체스에서 인간을 이길 수 없다"고 믿었지만, AI는 끈질긴 계산과 탐색을 통해 인간을 넘어선 성능을 보여주었어요. 이후 체스 AI는 계속 발전해 오늘날 여러분의 휴대폰에서도 세계 챔피언급 실력을 가진 프로그램을 실행할 수 있을 정도랍니다.

5) AI는 계속 진화한다

AI는 현재도 빠르게 발전하고 있어요. 2023년에는 챗지피티와 같은 대화형 AI가 큰 인기를 끌었고, 얼마 지나지 않아 사진과 동영상을 만들어주는 AI까지 등장했어요. 예를 들어 두 문장을 입력하면 AI가 그에 어울리는 짧은 애니메이션을 만드는 서비스도 있고,

---

6 Stanford Junior University, 앞의 사이트, 2012 fall.

여러분의 목소리를 학습해 노래를 불러주는 AI도 있어요. 또, 무거운 컴퓨터 없이도 휴대폰에서 AI 모델을 실행할 수 있는 기술이 나오면서 개인화된 AI 비서가 실시간으로 여러분을 도와주는 시대가 열리고 있습니다. 앞으로는 AI가 친구처럼 여러분의 취향을 파악해 책과 영화 추천은 물론, 건강 관리와 시간 관리까지 도와주는 개인 맞춤형 파트너로 발전할 거예요. 우리는 이러한 변화를 호기심을 가지고 지켜보며, AI를 똑똑하게 활용하는 능력을 키워야 합니다.

3. 우리가 매일 쓰는 다양한 AI

여러분, 오늘 아침에 가장 먼저 했던 행동은 무엇이었나요? 유튜브로 좋아하는 영상 보기? 친구에게 카톡으로 메시지 보내기? 아니면 게임을 하거나 음악을 들었나요? 사실 이 모든 순간에 AI가 함께 있었어요. 여러분이 좋아할 만한 영상을 추천해주고, 메시지를 보낼 때 자동완성을 도와주고, 게임 속 캐릭터를 움직이게 하는 것, 모두 AI의 역할이죠.

AI는 SF 영화 속 로봇만이 아닙니다. 지금 이 순간에도 우리 곁에서 조용히 일하고 있는 똑똑한 친구입니다. 그럼 우리가 매일 사용하는 AI에는 어떤 것들이 있는지 함께 알아볼까요?

1) 알람이 울릴 때부터 AI는 이미 함께 있다

아침 7시입니다. 스마트폰 알람이 울리는데요, 이 알람은 단순히 시간을 알려주는 도구가 아니라 여러분의 수면 패턴을 학습해 가장 개운한 시점에 소리를 내도록 돕는 앱일 수도 있죠. 세수를 마치고 스마트폰으로 날씨를 확인하면, 과거 기상 데이터와 현재 레이더 및 위성 데이터를 바탕으로 한 예측 모델이 "우산 챙기세요"라고 알려줍니다. 등굣길 버스 도착 정보 앱은 실시간 위치와 과거 교통 상황 기록을 학습해 도착 시간을 예측하고요. 학교에 도착해 친구와 점심 메뉴를 고를 때, 지도 앱은 사람들 방문 기록과 리뷰의 패턴을 분석해서 "여기가 맛있대요" 하고 추천하죠. 아마도 여러분이 이미 경험하고 있는 일들일지도 모릅니다. 생각해보니 하루의 출발부터 우리는 AI와 함께하고 있었네요. 여러분이 실제로 만나는 AI를 하나씩 꺼내 보면 곧 익숙해질 거예요.

2) 유튜브와 음악 앱은 어떻게 내 취향을 알까?

여러분이 자주 사용하는 유튜브와 음악 앱 같은 것들은 어떻게 여러분의 취향에 걸맞은 아이템들을 추천하는 걸까요? 그 비밀을 알아봅시다.

① 협업 필터링

인공지능은 나와 비슷한 취향의 사람들이 본 영상과 음악을 바탕으로 내게도 비슷한 것을 추천해요. "나와 비슷한 친구들이 좋아했으니 너도 좋아할 가능성이 높다!"라는 아이디어에서 출발한 것입니다.

② 콘텐츠 기반 추천

영상의 주제·키워드·길이·자막 같은 특징을 보고 인공지능은 "이 영상은 네가 좋아하던 영상과 비슷해"라고 판단하고 추천해요.

③ 활동 팁

'추천'은 내 클릭 습관을 거울처럼 비춰줍니다. 한 주 동안 검색·
시청 기록을 간단히 기록하고, 구글 시크릿 모드로 들어가거나
계정을 새로 만들어 '좋아요, 구독, 알림 설정'을 다르게 해본 뒤
추천 피드(feed)가 어떻게 달라지는지 비교해보세요.

④ 주의 사항

추천 시스템은 이용자에게 편리하지만, 확증편향[7]을 키워 뉴스·
정보를 한쪽만 보게 만들 수도 있어요. 반대 관점도 일부러 찾아
보는 습관이 필요합니다.

3) 검색창에 뜨는 정보의 우선순위는 어떻게 정해질까?

예를 들어 검색창에 '백제 무령왕'이라고 치면, 여러 내용 중 우
리 눈에 먼저 보이는, 즉 가장 윗자리에 뜨는 결과들이 있는데요,
이것은 어떻게 정해질까요?

① 크롤링(crawling) & 색인

웹페이지를 자동으로 모아(크롤링) 정리(색인)해요. 크롤링은 웹
사이트를 돌아다니며 데이터를 수집하는 자동화된 작업입니다.

---

7   자신의 가치관이나 기존의 신념 혹은 판단 따위와 부합하는 정보에만
    주목하고 그 외의 정보는 무시하는 사고방식과 태도를 말한다.

② 랭킹

키워드 일치도, 문서 신뢰도(링크/인용), 최신성, 클릭 횟수 등 여러 신호를 수학적으로 조합해 순서를 매깁니다.

③ 활동 팁

같은 검색어로 로그아웃 상태 vs. 로그인 상태, 모바일 vs. PC, 일반 모드 vs. 시크릿 모드에서 결과가 어떻게 다른지 비교해보세요. 이 실험은 개인화·기기·세션 차이가 결과에 미치는 영향을 이해하는 데 좋아요.

④ 주의

'최상단 노출=정답'은 아니에요. 공식 기관, 교과서, 학술기관, 박물관, 아카이브 등 신뢰할 수 있는 1차·2차 자료를 함께 확인하는 습관이 필요해요. 이렇게 나에게 **필요한 정보를 찾아내고, 그 내용을 평가하여 활용하며, 정보의 신뢰성을 판단하고 비판적으로 분석하는 능력을 정보 리터러시**라 합니다.

4) 스마트폰 카메라의 '인물 모드'와 키보드의 '자동완성' 기능

카메라 인물 모드는 피사체(사람 얼굴)를 식별하고 배경을 흐리게(심도 효과) 만드는 '이미지 분할+보정 기술'이에요. 또한 자동완성과 맞춤법은 이전 문자 시퀀스를 분석하여 사용자가 다음에 쓸 글자 및 단어 중 확률이 가장 높은 것을 제안합니다. 문장 뒤에 자연스러운 표현을 붙여주기도 하죠.

아이폰 카메라 인물 모드
설정 모습.

가령, 여러분이 친구에게 카톡으로 "지금 어디"라고 문자를 쳤다고 상상해보세요. 이때 우리가 평소 쓰는 말 습관을 생각해보면, 그 뒤에 올 말은 "~야?"나 "~가?"일 확률이 90% 이상으로 매우 높죠. 반대로 뜬금없이 '사과'나 '책상' 같은 단어가 올 확률은 0%에 가깝겠죠.

AI도 이와 똑같습니다. 여러분이 입력한 "지금 어디"라는 글자의 흐름(시퀀스)을 보고, 수많은 데이터를 분석해 그 뒤에 올 말 중 가장 확률이 높은 "~야?"를 찾아내어 "너 이거 쓰려고 했지?" 하고 미리 보여주는 원리입니다. 마치 우리가 좋아하는 노래의 앞 소절만 들어도, 굳이 외우려 하지 않아도, 자연스럽게 다음 가사가 입에서 튀어나오는 것과 비슷하답니다.

이를 직접 확인해보려면 같은 문장을 키보드 세 가지(기본·구글·삼성 등)에서 입력해보고, 추천 단어가 어떻게 다른지 비교하면 됩니다. 각 키보드가 어떤 데이터를 학습했는지가 미묘한 차이를 만들죠.

아이폰, 갤럭시 핸드폰 키보드 자동완성 모습.

5) 번역기는 왜 그렇게 똑똑할까?

요즘 번역기는 단어 하나하나를 바꾸기보다 문장 전체를 한 번에 고려해요. 이를 신경망 번역(NMT, Neural Machine Trans-lation)라고 합니다. 문장 전체의 의미를 벡터(숫자)로 바꿔 이해하고, 목표 언어로 자연스럽게 생성하는 기능인데요. 직접 체험해보려면, 우리말 문장을 영어→한국어→프랑스어→한국어→일본어→한국어로 연이어 번역해본 뒤 의미가 어떤 부분에서, 어떻게 흐려지는지 찾아보면 됩니다. 각 나라 언어의 문맥·문화적 뉘앙스 차이를 관찰하는 일은 매우 흥미로워요. 번역기를 보조 수단으로 써야 하는 이유도 체감할 수 있고요.

AI 번역기는 정답이 아니라 가장 그럴듯한 표현을 만듭니다. 과제에 그대로 '복붙'하면 문맥과 팩트에 오류가 생길 수 있어요. 반드시 사전이나 교과서를 찾아보고, 자신만의 문장으로 다듬어야 합니다. 그러지 않으면 다음과 같은 참사가 일어날 수도 있습니다!

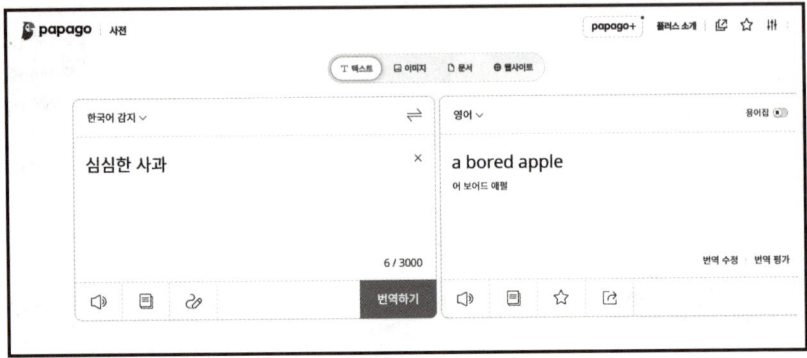

파파고 AI 번역기 오류로 원래 의미가 잘못 번역된 경우이다.

6) 교실에서 바로 시작하는 AI 활용 아이디어

그럼 오늘 바로 교실에서 시작할 수 있는 AI 활용 아이디어로 어떤 것이 있는지 알아볼까요? 먼저 '내 하루 속 AI 지도 그리기'를 추천해볼 수 있습니다. 아침에 일어나서 저녁까지 만난 AI를 시간순으로 적고, 각 AI가 무엇을 학습했는지, 나에게 어떤 도움·영향을 주는지 말풍선으로 정리해보는 거죠.

두 번째로는 'AI 추천 알고리즘 실험'을 기획해볼 수 있어요. 모둠원과 함께 AI의 알고리즘 분석을 위해 자주 사용하는 넷플릭스(Netflix), 디즈니+ 등의 OTT, 혹은 유튜브 계정을 새로 만들어 다른 관심사를 집중해서 시청하고 3일 뒤 추천 차이를 비교하며 AI의 개인화와 데이터의 편향(AI가 찾거나 학습한 정보가 한쪽으로 치우치는 현상)을 토론해봅니다.

내 하루 속 AI 지도 그리기

아래 예시를 참고해 아침부터 저녁까지 만난 AI를 정리해봅시다.

예시: 지우의 하루

- 오전 7시: "시리야. 나 학교 가야 되는데, 오늘 날씨 어때?"→ 음성 인식 AI
- 오전 8시: 지하철에서 유튜브 영상 시청 → 추천 알고리즘 AI
- 오전 9시: 네이버에서 과제 자료 검색 → 검색 알고리즘 AI
- 오후 5시: 하교하며 스마트폰으로 친구와 함께 얼굴에 필터 씌워서 셀카 찍기 → 이미지 인식 AI
- 오후 7시: 넷플릭스에서 드라마 추천받기 → 추천 시스템 AI

AI 알고리즘 실험하기

- 내가 선정한 OTT 명칭

_____

_____

- 친구가 선정한 OTT 명칭

_____

_____

- 내가 관찰한 AI의 편향에 대해 작성하기

_____

_____

_____

┌───┐
│ **친구의 의견 들어보기**   │
│ _____ │
│ _____ │
│ _____ │
└───┘

AI는 우리의 일상을 편리하게 해주지만, 정보 편향과 사실 오류가 발생할 수 있다는 점을 잊으면 안 되겠죠? AI가 무엇을 얼마나 알고 무엇을 모르는지를 인식하며, AI가 답변하는 내용이 반드시 옳은 결과만은 아니라는 것을 항상 염두에 두고 검증하는 습관을 들여야 합니다. 이 점이야말로 앞으로 여러분이 갖추어야 할 가장 중요한 실력이자 태도 중 하나입니다.

4. AI가 할 수 있는 일 vs. 할 수 없는 일

여러분, AI가 그림을 그리고, 작곡을 하고, 심지어 소설까지 쓴다는 뉴스를 본 적 있나요? 그렇다면 이제 AI가 우리를 완전히 대신할 수 있을까요? 이번 차례에서는 AI가 해내는 대단한 일들과 의외로 전혀 하지 못하는 일들을 함께 알아보면서 여러분의 미래가 어떻게 달라질지 생각해봅시다.

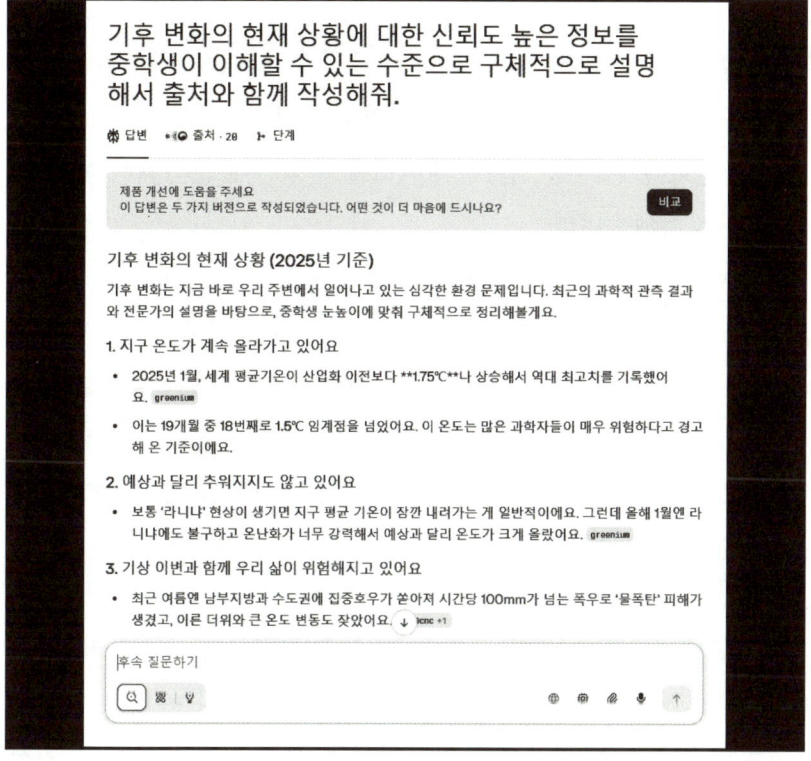

퍼플렉시티를 활용해 기후변화에 대한 정보를 검색했다.

1) AI의 강점과 특별한 장점은 무엇일까?

AI의 가장 뛰어난 능력들을 차근차근 알아봅시다. "아는 만큼 보인다"라는 말이 있죠? AI를 제대로 활용하려면 그 특성들을 정확하게 인지하고 있어야 합니다.

① 엄청난 양의 정보를 빠르게 처리하고 분석한다

인간이 몇 년에 걸쳐 읽어야 할 책들을 AI는 단 몇 초 만에 읽고 내용을 파악할 수 있어요. 예를 들어, 여러분이 '기후변화'에 대한 과제를 해야 한다고 생각해보죠. 그동안 과제를 해왔던 방식은 주로 인터넷 검색이나 도서관에서 주제에 대한 정보를 찾아 하나하나 읽어가며 정리하는 거였어요. 하지만 AI는 전 세계의 기후변화 관련 논문, 뉴스, 데이터를 순식간에 분석해서 핵심 내용을 정리해줍니다.

여러분이 3시간에 걸쳐 찾아야 하는 정보들을 구글 검색을 이용하면 1초 만에 해결해줍니다. 수십억 개의 웹페이지에서 찾은 정보를 출처와 함께 제시해주죠. 해당 정보에 대한 출처를 확인하고 정보의 진위성을 확인하는 일은 우리의 몫이지만, 정보를 찾고 정리하는 데 AI를 잘만 활용한다면 과제를 넘어, 여러분들이 경험하는 모든 작업의 효율성을 높일 수 있습니다.

② 복잡한 데이터에서 패턴을 찾아내는 데 탁월하다

인간의 눈으로는 보기 어려운 미세한 패턴이나 규칙을 찾아낼 수 있습니다. 대표적으로 기상청에서 AI를 활용해 수많은 기상 데이터를 분석해서 내일의 날씨를 예측하거나, 프로그램의 알고리즘을 활용해 여러분의 취향에 맞는 콘텐츠를 추천해주죠.

넷플릭스가 영화를 추천해주는 과정을 생각해볼까요? 넷플릭스를 움직이는 AI는 여러분이 지금까지 본 영화들의 장르, 배우, 감독, 시청 시간대 등을 분석합니다. 그리고 비슷한 패턴을 보인 다른 사용자들이 좋아했던 영화를 추천해주죠. 이런 복잡한 패턴 분석은 인간이 하기에는 너무 방대한 작업이랍니다.

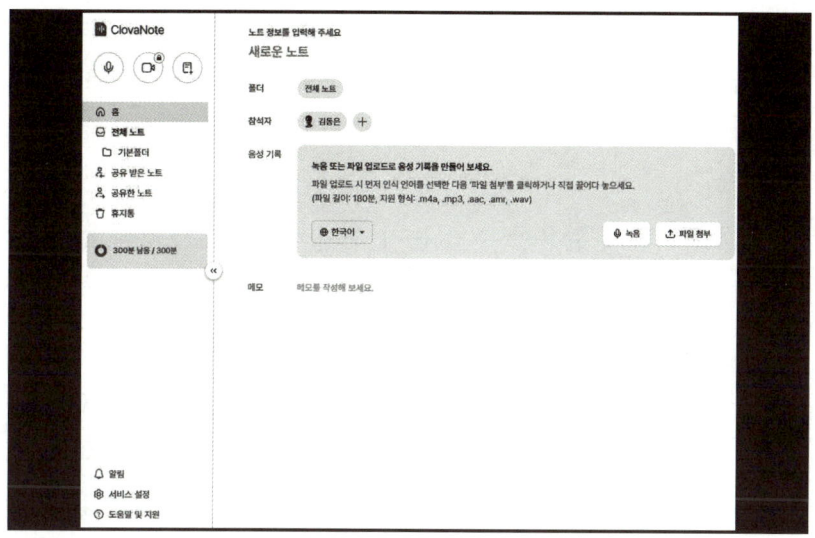

클로바노트를 활용해 AI 기반 회의록을 정리했다.

③ 언어 처리 분야에서 놀라운 발전을 이루었다

다양한 언어를 번역하고, 텍스트를 이해하고, 심지어 대화까지 할 수 있어요. 대표적으로 구글 번역은 AI를 활용해 100여 개의 언어를 실시간으로 번역해주고, AI 챗봇은 고객센터에서 고객의 질문에 24시간 답변해줍니다. 그리고 회의를 진행할 때 AI 음성 인식은 여러분의 말을 듣고 텍스트로 변환하거나 심지어 필요할 경우 대화까지 진행할 수 있죠.

④ 창작 분야에서도 다양한 아이디어를 제공한다

텍스트 설명만으로 그림의 초안을 그려주기도 하고, 원하는 스타일의 음악을 자동으로 작곡하거나 여러분이 좋아하는 K-pop 스타일로 표현해주기도 해요. 심지어 주제를 입력하면 시, 소설,

에세이 등 원하는 결과로 초안을 작성해주기도 합니다. 물론 이 것을 그대로 활용하면 절대 안 되겠죠? 저작권에 유의하면서, 어 디까지나 내가 원하는 결과를 만들어내는 데 참고 자료로 써야 합니다.

　그럼 어떻게 활용할 수 있는지 구체적인 사례를 통해 살펴볼 까요? 가령, 학습한 역사 내용을 내가 원하는 형태의 영상이나 영화로 제작하고 싶을 때, 예전에는 음성을 따로 만들고, 영상을 촬영하거나 모아놓은 사진을 이어 붙이는 형식으로 영상을 제 작했는데, 이제는 간단한 프롬프트(명령어)를 작성해서 AI 플랫 폼에 입력하면 사실적인 영상 생성은 물론, 배경 음악과 음성까 지 생성해주게 되었습니다. AI는 반복적이거나 자동화가 필요한 일뿐만 아니라 이처럼 창작의 영역에서도 인간에게 많은 도움을 제공합니다.

2) AI가 하기에는 여전히 어려운 일들

AI의 이러한 발전 속도는 정말 상상을 초월할 정도로 매일 더욱 가속화되고 있어요. 대표적인 AI 산업 중 하나인 엔비디아의 CEO 젠슨 황은 2025년 5월 미국 국제 전자 제품 박람회(CES)에서 "앞 으로 10년 이내에 거의 모든 산업이 AI에 의해 자동화될 것이고, 피 지컬 AI(AI를 탑재한 로봇)는 인지하고 계획하고 행동하는 AI로, 생 성형 AI를 넘어 산업 자동화의 새로운 표준이 될 것"[8]이라고 이야

8　SUPERB AI, 「[AI는 지금] 젠슨 황 "행동하는 AI 시대" …피지컬 AI 다져온 국내 기업, '재주목'」, 2025.05.23. (https://blog-ko.superb-ai.com/the-

⬆ Open AI의 사진, 영상 생성 플랫폼 'SORA' 메인 페이지.

⬇ Google의 사진, 영상 생성 플랫폼 'Veo3'를 활용해 광개토대왕의 정복 활동을 영상으로 생성한 모습이다.

기했습니다. 하지만 현재로선 AI가 여전히 할 수 없는 일들이 있어요. AI가 많은 일을 잘한다고 해서 모든 것을 완벽하게 할 수 있는 것은 아니기 때문이죠. 여전히 인간만이 할 수 있는 고유한 영역들이 있어요. AI의 한계를 이해하는 것은 AI를 올바르게 활용하는 첫걸음이랍니다.

① 맥락을 이해하거나 공감하는 능력이 떨어진다

AI는 감정을 분석하고 적절한 반응을 생성할 수는 있지만, 상황의 맥락을 이해하고 진정으로 공감하지는 못합니다. 이것은 여전히 인간만의 능력이에요. AI의 발전 속도를 보면, 지금도 가능할 것 같다고요?

2025년 펜실베이니아 주립대학교 연구에서는 여러분이 익히 들어 알고 있는 챗지피티 등 가장 영향력이 큰 AI 7종을 대상으로 인간의 다양한 감정(15가지)과 복잡한 판단 기준(16가지)에 대해 3만 4천 건의 테스트를 진행했다고 해요. 결과적으로 AI는 기쁨과 슬픔 등 기본 감정은 공통으로 구분할 수 있었고, 죄책감과 같은 일부 감정은 인간과 유사하게 인식지만, '놀라움'처럼 맥락이 중요한 감정에서는 AI마다 해석이 크게 달랐고, 복잡하거나 미묘한 감정에서는 일관성이 떨어지는 한계가 확인되었습니다.

연구진은 "AI가 복잡한 감정에서는 여전히 어려움을 겪는다"라고 하면서 문화권·개인 경험 등 다양한 요소 반영이 필요하다

age-of-behavioral-ai-a-domestic-company-that-has-been-cultivating-physical-ai-is-rethinking-its-focus/)

고 결론지었다고 해요.[9] 즉, 같은 상황이라도 문화와 개인 성향에 따라 다르게 나타나는 감정을 이해하거나, 말하지 않아도 눈빛, 몸짓, 침묵으로 전달되는 비언어적인 소통을 이해하는 데까지는 한계를 드러낸다는 뜻입니다. '말하지 않아도 안다'는 인간의 직관과 관련된 영역, 우리 삶 속에 깊이 스며든 비언어적인 소통은 아직 AI가 구현하기에는 어려운가 봅니다.

예를 들어, 할머니가 "나는 괜찮으니까 걱정하지 말아라"라고 하시지만 평소보다 목소리가 작고 자주 한숨을 쉬신다면, 여러분은 할머니가 실제로는 외로우시거나 몸이 아프실 수 있음을 직감으로 알 수 있죠. 이런 미묘한 감정 읽기는 오랜 관계와 경험을 통해 형성되는 인간만의 능력이에요.

AI가 만든 판타지 영화를 유튜브 쇼츠로 시청하는 모습.

9   김은영 에디터, 「챗GPT도 편견 있다, AI마다 감정 해석 천차만별…
사용자 불만 가장 클 때는 "불공정"」, AI Matters, 2025.8.19. (https://
aimatters.co.kr/news-report/ai-report/29264/)

예술 작품을 인간이 창조한 것과 AI가 창조한 것으로 비교한 장면.

② 진정한 창의성과 각자에게 필요한 혁신적 사고에는 한계가 있다

AI는 기존 데이터를 재조합해서 새로운 결과물을 만들 수 있지만, 완전히 새로운 패러다임을 창조하는 혁신적 창의성은 여전히 인간만의 영역이에요.

2024년 연구에 따르면, AI의 '창의성'은 사실 고도화된 패턴 매칭과 조합일 뿐, 인간의 직관적이고 돌발적인 창의성과는 본질적으로 다르다고 합니다. 2024~2025년의 최신 연구는 생성형 AI가 기존 데이터를 재조합해 새로움을 만들어내긴 하지만, 그 과정이 결국 고도화된 패턴 인식과 조합이라는 점을 강조했습니다. 영국 UCL과 엑서터 대학교 연구진은 AI가 글쓰기 등 일부 창의 활동에서 도움을 줄 수 있으나, 창의력이 높은 사람은 AI 사용 시 결과물이 오히려 저하된다고 밝히기도 했어요. 이는 AI가 '새로움의 폭'은 높일 수 있지만, '깊이와 혁신'에서는 인간에

게 미치지 못한다는 증거가 될 수 있습니다.[10]

AI가 보여주는 창의성은 복잡한 방식의 데이터 재구성일 뿐, 인간만이 보일 수 있는 즉흥적이고 본질적인 새로운 관점이나 흐름 창조에는 도달하지 못한다는 것이죠.[11]

③ 상황을 고려한 종합적인 윤리적 판단에 취약하다

AI는 정해진 규칙을 기반으로 데이터를 학습하여 이를 고려한 윤리적 판단은 할 수 있지만, 복잡한 현실 상황에서 문화적 배경, 개인적 가치관, 상황의 맥락을 모두 고려한 미묘한 윤리적 판단은 여전히 인간의 고유 영역입니다.

하버드 대학교의 AI 윤리 딜레마 연구에 따르면, AI는 복잡한 윤리적 딜레마에서 인간적인 판단의 중요한 요소들을 놓친다고 강조했는데요. AI는 데이터와 매개변수는 처리할 수 있지만, 비즈니스와 사회를 이끄는 윤리적, 도덕적인 인간의 고려사항은 이해하지 못한다고 이야기했습니다.[12]

---

10   변지희, 「생성형 AI, 창의력 높은 사람에 도움 안 돼」, 조선 BIZ, 2024.7.19. (https://biz.chosun.com/it-science/ict/2024/07/19/ SKVZ2OXDPRFM3JRE4DESRBMBWE)

11   김은영 에디터, 「인간 vs AI, '지능 차이' 분석 결과… AI는 똑똑한 앵무새일 뿐이다?」, AI matters, 2025.7.23. (https://aimatters.co.kr/news-report/ ai-report/25583/)

12   Christina Pazzanese, 「*Ethical concerns mount as AI takes bigger decision-making role in more industries*」, 『*Great promise but potential for peril*』, 2020.10.26. (https://news.harvard.edu/gazette/ story/2020/10/ethical-concerns-mount-as-ai-takes-bigger-decision-

④ 전례 없는 재난 상황에 대처하거나 몸으로 체험하는 학습과 성장에는 여전히 한계를 보인다

2020년 코로나19가 시작되었을 때, 전 세계 선생님들과 학생들이 하루아침에 온라인 수업을 해야 하는 상황에 놓였던 것을 기억할 거예요. AI는 이런 상황에 대한 학습 데이터가 거의 없었지만, 선생님들은 그동안 쌓아왔던 경험과 창의성을 발휘해서 다양한 온라인 수업 방법과 교재를 개발했죠. 게임 요소를 활용하거나 집에서 할 수 있는 실험을 고안하는 등 상황에 맞는 혁신적 방법들을 만들었습니다.

AI는 기본적으로 데이터를 학습하여 미래 상황을 예측하거나 대응하도록 만들어졌기에 전례 없던 상황에 대한 대처 능력은 떨어질 수밖에 없어요. 이러한 능력은 인간 고유의 직관과 경험에 의한 것이어서 앞으로 AI가 학습하더라도 늘 한계는 존재할 수밖에 없을 거예요.

또한, 인간은 몸과 마음이 하나가 되어 경험을 통해 배우고 성장합니다. 이런 '체화된 지능'은 AI가 절대 가질 수 없는 인간만의 고유한 능력이에요. AI도 인간처럼 다양한 시행착오를 반복하며 성장하기도 하지만, 할머니 집 냄새, 어릴 때 놀던 공간의 촉감 등 온몸으로 기억하는 경험, 친구들과 놀면서 자연스럽게 배우는 사회성과 비언어적 행동과 협력, 기다림, 그리움, 설렘 등 시간과 함께 쌓이는 감정의 깊이와 시간의 무게 등을 학습하는 데는 분명히 한계가 있습니다.

making-role/)

여러분이 친구와 처음 싸웠을 때를 떠올려보세요. 화가 나고, 섭섭하고, 미안한 마음이 복잡하게 얽혀 있었을 거예요. 그리고 화해하는 과정을 통해 우정의 소중함을 몸으로 깨달았을 테죠. 이 같은 경험을 통한 성장은 데이터로 학습하는 AI는 절대 할 수 없는 인간만의 특별한 능력이랍니다.

지금까지 AI가 할 수 있는 일과 할 수 없는 일을 간단히 살펴보았는데요. 여러분의 생각은 어떤가요? 책에 쓰인 내용이 언젠가 바뀔 수도 있겠지만, 가장 중요한 것은 AI와 인간이 서로를 대체하는 관계가 아니라 보완하는 관계라는 점이겠죠? AI의 강점과 인간의 강점을 결합할 때 더 나은 결과를 만들어낼 수 있답니다.

2장—
다양한 AI의 종류와 특징

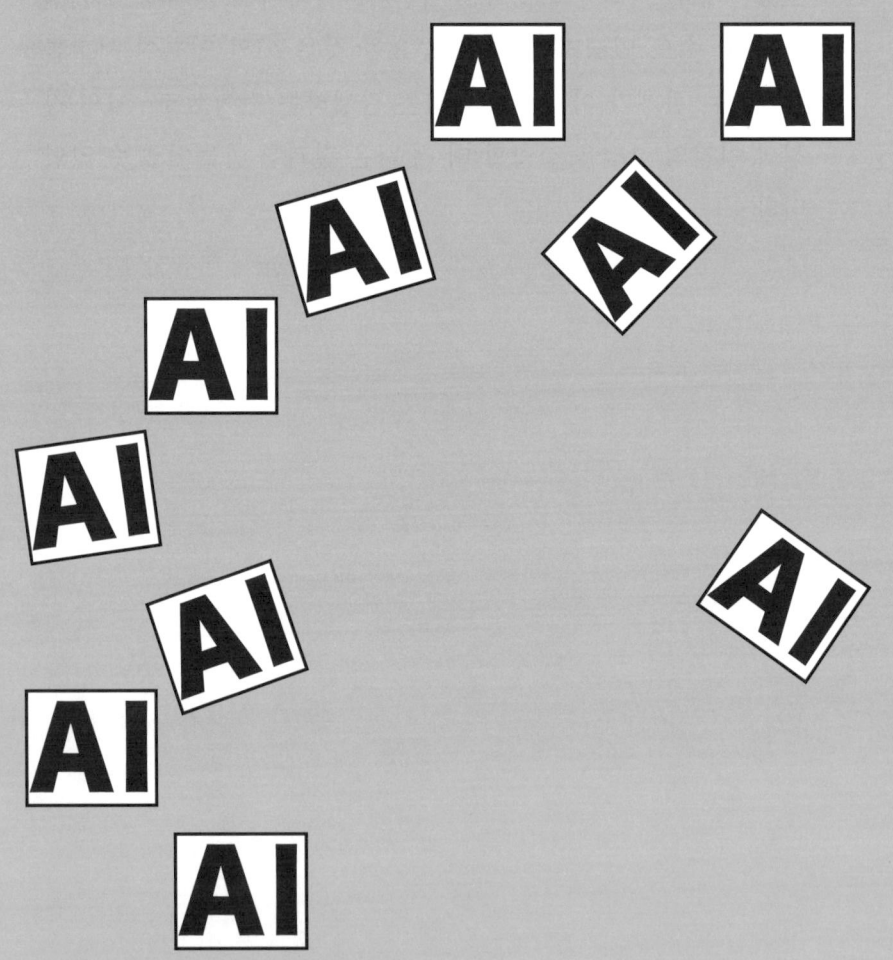

이제 본격적으로, **AI의 종류와 특징을 살펴보겠습니다. AI에 대해서는 아직도 학계에서 정확하게 합의된 분류법이 없지만, 여러분이 이해하기 쉽도록 생성형 AI를 생성하는 결과물과 목적에 따른 텍스트 AI, 정보 검색 최적화 AI, 이미지 AI, 음성 AI, 영상 AI로 나누어 살펴보려고 해요.**

1. 텍스트 AI

텍스트 AI는 말 그대로 우리가 글로 질문하면 글로 답변해주는 AI입니다. '챗봇형 AI'라고 부르기도 하는데요. 가장 대표적인 것이 여러분이 익히 들어 알고 있는 Open AI의 **챗지피티**이고, 우리나라에서는 **네이버 클로바 X(Clova X)**, 그리고 다양한 번역 AI들입니다. 이러한 도구들은 이제 여러분이 친한 친구와 대화하는 것처럼 자연스럽게 소통할 수 있는 수준까지 왔어요.

텍스트 AI의 가장 큰 특징은 마치 **인간과 대화하는 것처럼 반응이 자연스럽다는 점**입니다. 복잡한 질문을 해도 맥락을 이해하고 적절한 답변을 해주거든요. 예를 들어 "우크라이나에 있는 친구에게 안부를 묻고, 전쟁 속에서도 꿋꿋하게 공부를 위해 노력한다는 걸 칭찬하는 문장을 작성하고, 영어로 번역해줘"라고 요청하면, AI가 상황을 이해하고 적절한 조언을 해줍니다.

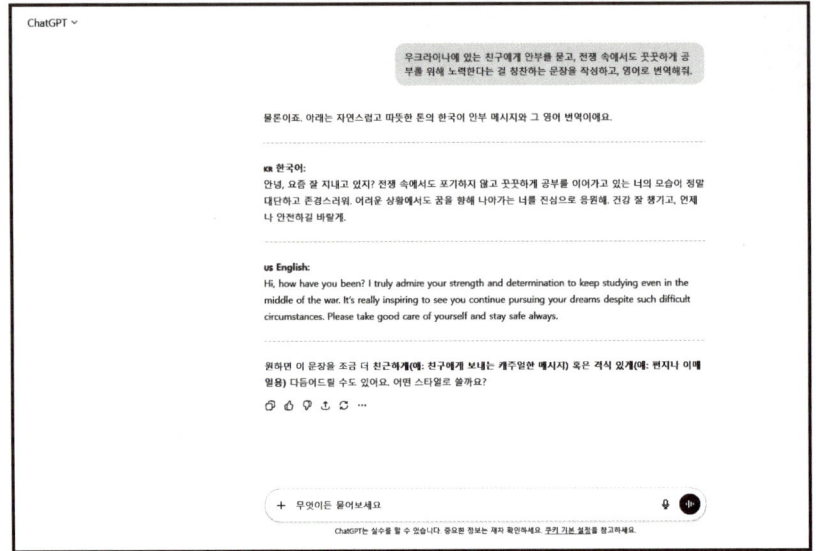

챗지피티에 편지글과 함께 번역을 요청하는 장면이다.

이처럼 텍스트 AI는 궁금한 것이 있으면 언제든지 물어볼 수 있는 24시간 도우미입니다. 이와 동시에 에세이, 편지, 발표문 등의 초안을 작성하거나 아이디어를 얻을 수 있는 조력자이기도 한데요. 실제로 많은 학생이 텍스트 AI를 공부 도우미로 활용하고 있습니다.

예를 들어 수학 문제를 풀다가 막혔을 때 "이 문제 어떻게 접근해야 할까?"라고 물어보면, 단계별로 해결 방법을 알려줍니다. 영어 에세이를 쓸 때 "환경 보호에 대한 에세이 개요를 짜고 싶어"라고 하면, 논리적인 구조를 제안해주기도 해요.

텍스트 AI를 효과적으로 활용하려면 **좋은 질문을 던져야 합니다.** 이 점이 매우 중요합니다. 이걸 조금 더 전문적인 용어로 **프롬프트 엔지니어링(Prompt Engineering), 즉 명령어 작성법**이라고 해요. 구체적이고 명확한 질문일수록 더 유용한 답변을 얻을 수 있으니까요. "숙제 도와줘"라는 막연한 요청보다는 "역사 과제로 조선시대 과학 기술에 대해 써야 하는데, 어떤 주제로 나누면 좋을까?"처럼 구체적으로 물어보는 것이 중요합니다. 텍스트 AI 활용 시 주의 사항을 한눈에 살펴봅시다.

텍스트 AI 활용 시 주의 사항

- AI의 답변 내용을 100% 믿지 말고, 다른 자료를 비교하여 검토하면서 내용의 신뢰성을 검증해보기
- 숙제나 과제를 완전히 AI한테 맡기지 말고 참고만 하기
- 개인정보나 민감한 정보는 절대 입력하거나 공유하지 말기
- AI의 답변에도 편견이나 오류가 있을 수 있음을 인식하고 사용하기

---

2. 정보 검색에 최적화된 AI

정보 검색 최적화 AI는 기존의 네이버, 구글 등의 검색 엔진보다 한 단계 진화한 형태인데요. 단순히 키워드가 포함된 웹페이지를 찾아주는 것이 아니라, 질문의 의미를 이해하고 여러 출처에서 정보를 종합해서 정확한 답변을 제공해줍니다. 여러분이 실제 과제를 탐구하거나 수업 시간에 활용할 수 있는 대표적인 정보 검색 AI로는 퍼플렉시티(Perplexity)와 젠스파크(Genspark)가 있습니다.

1) 퍼플렉시티(Perplexity)

퍼플렉시티는 챗지피티와 비교했을 때 디자인 면에서나 다른 어플과의 연결성 측면에서 아직 부족한 부분이 보이지만, 그 어떤 AI보다 **정보 검색 결과를 믿을 만하고, 효율성을 보장한다는 점**이 최고의 강점입니다.

퍼플렉시티가 특별한 이유는 바로 **출처 표시** 때문입니다. 만약 여러분이 "부르즈 칼리파의 높이는?"이라고 질문하면, 퍼플렉시티는 단순히 답만 알려주는 것이 아니라 그 정보가 어디에서 나왔는지 번호를 매겨 출처를 명확하게 보여줘요. 이것이 왜 중요할까요? 과제나 보고서를 쓸 때 '이 정보가 정말 맞는 건가?' 하는 의문이 들 때가 있죠. 퍼플렉시티를 사용하면 직접 출처를 클릭해서 확인할 수 있으므로 눈앞의 정보가 신뢰할 수 있는 것인지 아닌지 검증하기 수월합니다. 또한 앞서 언급했듯이 다른 AI 플랫폼 대비 신뢰도 높은 정보들을 위주로 출처를 분석하여 제시해주기에 정보 검색용 AI로는 탁월하다고 평가할 수 있습니다.

더 놀라운 것은 2025년 2월에 무료로 공개된 **퍼플렉시티 딥 리서치(Perplexity Deep Research) 기능**입니다. 이 기능은 여러분이 복잡한 주제를 입력하면 약 3분 동안 수십 개의 검색을 자동으로 수행하고, 수백 개의 자료를 읽어서 종합적인 보고서를 만들어주는데요. 예를 들어 "기후변화가 해양생태계에 미치는 영향"이라는 과제를 받았다고 생각해볼까요? 예전처럼 여러분이 직접 정보를 찾으려면 몇 시간이 걸릴 수 있지만, 딥 리서치를 활용하면 검색하고자 하는 주제에 관련된 논문, 뉴스, 전문가 의견을 모두 찾아서 체계적으로 정리해줍니다. 물론 여러분이 어려운 논문까지 모두 읽

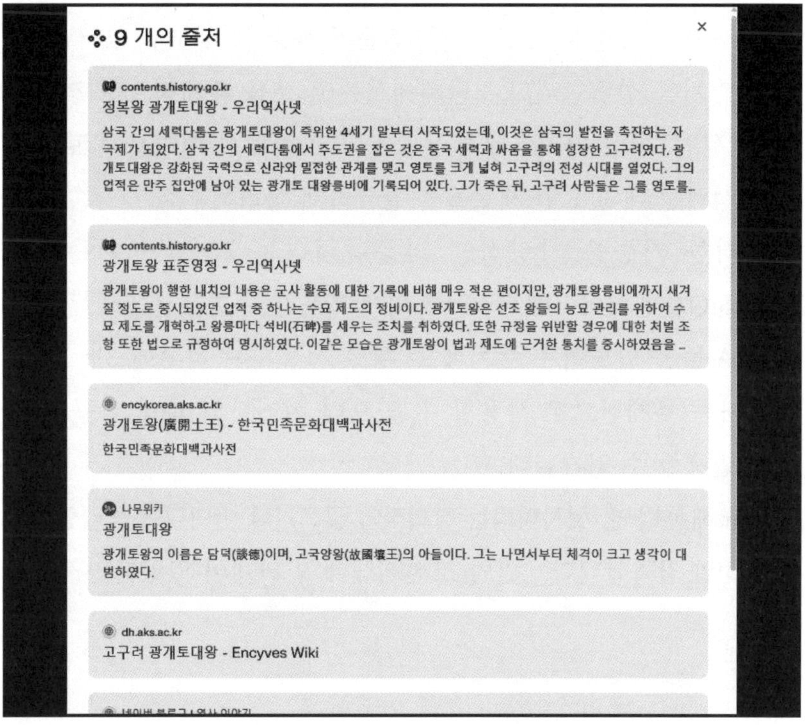

⬆ 퍼플렉시티를 활용해 광개토대왕의 업적에 대한 정보 검색을 진행하는 장면.

⬇ 퍼플렉시티를 활용해 광개토대왕의 업적에 대한 정보 검색 내용을 비교하는 장면.

는 것은 무리겠지만, 해당 주제에 관련된 전문가들의 의견을 압축적으로 보여주므로 글쓰기 전에 핵심 내용을 파악하는 데는 큰 도움을 받을 수 있습니다. 여기서 더 놀라운 점은 딥 리서치의 정확도입니다. 딥 리서치는 다음과 같이 작동해요. 여러분이 "기후변화가 해양생태계에 미치는 영향"이라는 복잡한 주제를 입력하면, AI가 약 3분 동안 다음과 같은 작업을 자동으로 수행합니다.

먼저 1단계에서는 20~30개의 관련 검색어를 생성합니다. '해수면 상승', '산호초 백화현상', '해양 산성화' 등 여러분이 미처 생각하지 못한 키워드까지 찾아요. 2단계에서는 수백 개의 웹페이지를 읽고 분석합니다. 논문, 뉴스 기사, 전문가 블로그, 정부 보고서 등 다양한 출처를 섭렵합니다. 3단계에서는 정보를 체계적으로 정리합니다. 원인, 현상, 영향, 대책 등으로 구조화해서 여러분이 보고서를 작성하는 데 필요한 재료들을 깔끔하게 정리해주죠.

이러한 기능을 자랑하는 퍼플렉시티는 2025년 기준으로 SimpleQA 벤치마크에서 93.9%의 정확도를 기록했는데요.[13] 이는 다른 AI들을 압도하는 수치예요. 무료 사용자는 하루에 3번, 유료 사용자는 무제한으로 사용할 수 있으니 여러분의 과제 탐구에 충분히 활용할 수 있습니다.

비교해본다면, **챗지띠티는 창의적인 글쓰기나 아이디어 브레인스토밍에 정말 강력**합니다. "만약 조선시대에 인터넷이 있었다면?"처럼

13　퍼플렉시티 팀, 「Introducing Perplexity Deep Research」, 2025.02.14. (https://www.perplexity.ai/ko/hub/blog/introducing-perplexity-deep-research)

상상력을 요구하는 질문에는 챗지피티가 더 재미있는 답을 줍니다. 하지만 '2024년 한국의 청소년 스마트폰 사용 시간 통계'처럼 팩트에 기반을 둔 정확한 자료가 필요한 질문에는 퍼플렉시티가 압도적입니다.

실제로 미국의 한 중학교 선생님이 학생들에게 제시한 퍼플렉시티 활용법을 함께 볼게요.[14]

퍼플렉시티(Perplexity) 단계별 활용법

1단계: 궁금한 주제를 퍼플렉시티에 질문

2단계: 나온 답변의 출처 번호를 하나하나 클릭해서 원본 확인

3단계: 최소 3개 이상의 출처가 같은 내용을 말하면 '신뢰할 만한 정보'로 판단

4단계: 그 정보를 바탕으로 자기 언어로 다시 작성

위와 같이 이렇게 하니까 학생들이 단순히 AI의 답을 복사하는 게 아니라, 정보를 검증하고 비판적으로 사고하는 능력까지 키울 수 있었다고 합니다.

퍼플렉시티의 또 다른 강점은 **연구(학술 연구) 모드**입니다. 검색할 때 학술(Academic), 소셜미디어, 비디오 등 다양한 모드를 선택할 수 있는데, 연구 모드를 선택하면 논문이나 전문 자료 위주로 검색

---

14 Code Jung, 「학교 수업에서의 챗GPT 활용 성공사례 20가지」, 2025.09.26. (https://playtechtrend.com/chatgpt-20success-story/)

해주고, 비디오 모드를 선택하면 유튜브 같은 영상 자료를 중심으로 찾아줍니다. 과제 성격에 따라 모드를 바꿔가며 사용하면 훨씬 효율적이죠.

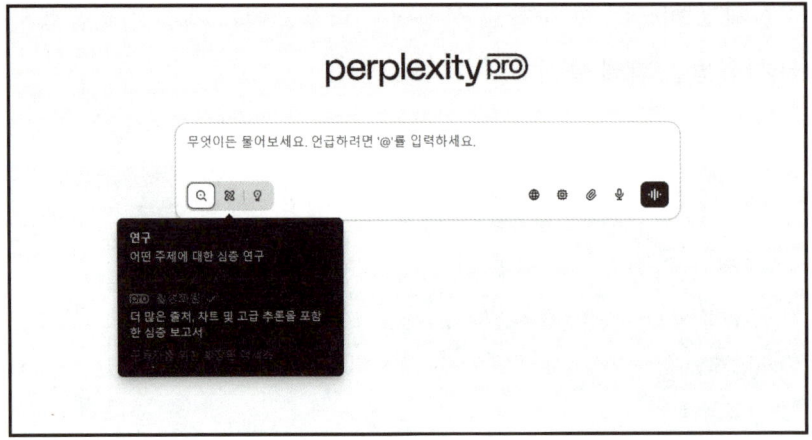

퍼플렉시티의 포커스 학술 연구 모드.

2) 코멧(Comet)

2025년 7월, 퍼플렉시티가 또 한 번 혁신을 일으켰습니다. **코멧 (Comet)이라는 AI 브라우저**를 출시한 거예요. 이제는 퍼플렉시티 웹사이트에 접속할 필요도 없이 브라우저 자체가 AI 비서가 되는 시대가 열린 겁니다! 코멧은 단순한 브라우저가 아닙니다. 퍼플렉 시티가 "인터넷이 인류의 확장된 두뇌가 되었는데, 우리가 사용하 는 도구는 여전히 원시적이다"라는 문제의식에서 만든 '생각하는 브라우저'예요. 한 인터넷 사용자는 코멧을 처음 써보고 충격을 받 았다고 합니다. "브라우저가 나를 위해 비서처럼 일하는 게 이런 느

낌이구나!"라고 말입니다.[15]

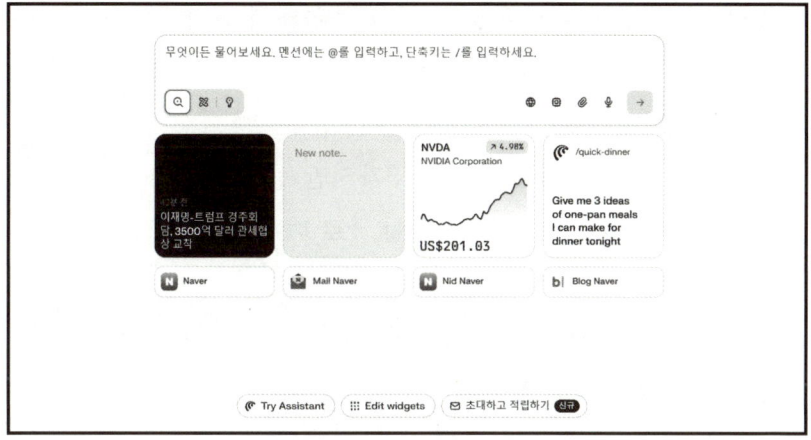

퍼플렉시티의 AI 브라우저 코멧 초기 화면.

① 사이드카 어시스턴트: 24시간 대기 중인 나만의 비서

코멧을 켜면 브라우저 옆에 AI 비서가 항상 대기하고 있습니다. 웹서핑을 하다가 궁금한 게 생기면 그 자리에서 바로 물어볼 수 있어요. 사고 싶은 물건의 실시간 최저가를 비교해서 바로 확인할 수도 있죠. 실제 사용 예시를 한 번 살펴볼까요?

어떤 학생이 위키백과에서 광합성에 대한 글을 읽고 있었습니다. 갑자기 '광합성과 세포호흡의 차이가 뭐지?'라는 의문이 들었죠. 예전 같으면 새 탭을 열고 다시 검색해야 했겠지만, 코멧에서는 그냥 옆의 AI에게 물어보고 출처를 확인해보며 내용을 파악하면 됩니다. 더 신기한 점은 여러분이 보고 있던 페이지의

15   https://www.threads.com/@contenjoo/post/DMsgwo1ium0.

내용을 AI가 이미 이해하고 있다는 것입니다. 그래서 "이 페이지에 나온 내용 중에서 시험에 나올 만한 핵심만 정리해줘"라고 요청하면, AI가 지금 보고 있는 글을 분석해서 요약해주기도 합니다. 정말 편리하죠? 실제로 한 연구원은 코멧 AI에게 이렇게 부탁했대요.

"이 기사의 핵심적인 포인트 3가지만 정리해줘."

"이 내용을 블로그에 포스팅할 글로 다시 써줘."

"관련 해시태그 5개 추천해줘."

AI가 1분 만에 다 해결해줬고, 그 포스팅이 평소보다 3배 많은 반응을 얻었다고 합니다.[16]

② 자동으로 워크플로우(Work-flow, 작업의 흐름) 만들기: 생각만 하면 뚝딱!

코멧의 진짜 마법은 '생각을 행동으로 바로 연결'하는 것입니다. 실제 사례를 들어볼게요. 제가 담임을 맡았던 한 학생은 국어 시간에 신문 스크랩 숙제를 받았어요. 마음에 드는 기사 5개를 읽고 요약해서 노트에 정리하고 자기 생각을 쓰는 건데, 솔직히 학생에게는 진짜 귀찮은 숙제가 될 수 있죠.

이 학생은 코멧으로 뉴스 사이트를 돌아다니다가 마음에 드는 기사를 발견했어요. 그리고 AI에게 이렇게 말했대요. "이 기사 핵심 내용을 3문장으로 요약해서 구글 문서에 저장해줘." 그랬더니 AI가 '기사를 읽고 분석', '핵심 내용을 3문장으로 요약', '구글 문

16 https://www.threads.com/@contenjoo/post/DMsgwo1ium0.

서를 자동으로 열어서 저장', '기사 링크도 함께 첨부', 이 모든 걸 10초 만에 해냈다는 거예요. 학생은 기사 5개를 3분 만에 정리하여 기사에 대한 자기 생각을 쓰는 데 집중했고, 나머지 시간에는 부족한 공부를 더 했다고 합니다. 또 다른 측면에서는 이렇게 활용할 수도 있어요.

"이 영어 기사를 한국어로 번역해서 구글 문서에 저장해줘."

"이 유튜브 영상에서 중요한 부분을 5개로 나누어 타임 스탬프로 정리해줘."

"이 수학 문제 풀이 과정을 단계별로 설명해주고, 비슷한 유형의 문제를 3개 더 찾아줘."

③ 맥락 기억하기: 내가 지난주에 뭐 공부했더라?

제가 가르치는 학생 중에 역사를 정말 좋아하는 학생이 있는데요. 월요일에는 '신라의 9주 5소경' 관련 내용을 검색했고, 수요일에는 '고려의 5도와 양계'를 검색했죠. 금요일에 역사 수행평가를 준비하는데, 그 학생이 "쌤, 저 신라의 9주 5소경이랑 고려의 5도 양계가 어떤 공통점이 있는지 살펴보는 걸로 주제를 정해도 될까요?"라고 질문했습니다. 예전 같았으면 그 학생이 직접 인터넷 기록을 일일이 뒤져야 했겠죠. 그런데 코멧에 "내가 이번 주에 검색한 신라 9주 5소경이랑 고려의 5도 양계 비교해줘"라고 입력했더니, AI가 월요일이랑 수요일에 찾았던 자료를 기억하고 있다가 비교 분석을 해줬대요. 그 학생은 "마치 공부한 내용을 전부 기억하는 개인 노트가 생긴 것 같다"고 소감을 말했어요.

신라의 9주 5소경과 고려의 5도 양계를 ...

구분	신라 9주 5소경	고려 5도 양계
행정구역 기본	9주: 전국을 9개로 나눈 일반 행정구역 5소경: 보조적 특수 행정구역(작은 서울들)	5도: 남부 일반 행정구역 양계: 북부 군사 행정구역(북계·동계)
지역범위	9주: 상주, 양주, 강주, 한주, 삭주, 명주, 웅주, 전주, 무주 5소경: 금관경(김해), 남원경(남원), 서원경(청주), 중원경(충주), 북원경(원주)	5도: 경기, 양광도, 경상도, 전라도, 교주도, 서해도 양계: 북계(평안도), 동계(함경·강원도)
행정기관	주: 총관(도독), 군: 군수, 현: 현령 소경: 사신(장관) 파견	5도: 안찰사(순회 감찰관), 주·군·현에 지방관 파견 양계: 병마사(군사책임자) 파견
설치 목적	중앙 집권 강화, 영토 확장에 따라 수도 치우침 보완, 지방세력 견제	광역 행정·민사 목적(5도), 북방 군사방어(양계), 경기(수도권 특별관리)
특징	행정+정치+문화적 중심(소경은 이주 정책과 지방 견제 목적)	5도는 일상 행정, 양계는 군사 특화(병력/방어 중심), 조세·군사책임 구분

퍼플렉시티의 AI 브라우저 '코멧(Comet)'을 활용해 검색한 화면.

④ 영상 강의 정리의 신

최근에 한 학생은 영어 선생님이 추천해준 테드(TED) 강연 영상을 봐야 했답니다. 문제는 영상이 20분이나 되고, 영어 자막이라 이해하기 어려웠다는 거예요. 그래서 코멧으로 그 영상을 보니까 AI가 자동으로 '전체 내용을 한국어로 요약', '타임라인별로 0:30-주제 소개, 5:20-첫 번째 사례, 10:15-두 번째 사례' 이렇게 정리했고, 이어서 '강연자가 강조한 핵심 메시지 5개 추출', '비슷한 주제의 다른 TED 강연 추천'까지 일사천리로 작업해주었다고 합니다. 학생은 20분짜리 영상을 5분 만에 파악했고, 영어 선생님이 "영상 보고 느낀 점 말해보세요"라고 하셨을 때 제일 먼저 손들고 발표할 수 있었다는군요.

⑤ 쇼핑 비교도 척척

한 학생은 코멧을 이용해 부모님께 생일 선물로 받을 블루투스 이어폰을 고르기도 했어요. 가격도 중요하지만, 배터리 시간이랑 음질도 궁금했죠. 코멧으로 OO에서 마음에 드는 이어폰을 발견했어요. 그리고 AI에게 "이 제품 더 싸게 파는 사이트 있어? 그리고 비슷한 가격대 제품이랑 비교해줘"라고 했더니, 네이버 쇼핑, G마켓, 11번가에서는 가격이 같았던 제품이 옥션에서 5,000원 더 저렴하게 살 수 있다는 것을 발견했습니다. 덤으로 비슷한 가격대의 다른 브랜드, 각 제품의 배터리 시간, 음질 평가, 사용자 후기까지 정리해주었고요. 한 학생은 "쇼핑 전문가가 옆에서 조언해주는 느낌이에요"라며 매우 좋아하더군요.

물론 모든 친구가 코멧을 마음에 들어 한 것은 아니에요. 다른 학생은 "유튜브 보거나 게임을 할 때는 도리어 불편해요. AI 기능이 너무 많아서 오히려 복잡하게 느껴져요"라고 말했습니다. 하지만 과제를 수행할 때나 공부할 때는 대부분의 친구가 만족해했어요. 특히, 역사나 사회 같은 과목에서 아주 유용하다고 이야기했죠. 영어 공부를 할 때는 모르는 단어나 문장의 뜻을 바로 물어보는 데 최적이고, 과학 실험 보고서 작성 시에는 참고 자료를 찾고 정리하는 데 편하다고 이야기했고요. 그래서 우리 반 학생들은 숙제하거나 공부할 때는 코멧을 사용하고, 유튜브, 게임, 웹툰 등 여가를 즐길 때는 평소 쓰던 브라우저 창을 활용해 검색한다고 합니다.

코멧이 처음 나왔을 때는 돈 내는 사람들만 쓸 수 있었어요. 하지만 2025년 10월 2일부터 모두 무료로 쓸 수 있게 됐죠. perplexity.ai/comet 사이트 가서 다운로드 버튼만 누르면 끝! 윈도우랑 맥(MAC)에서 쓸 수 있고, 곧 안드로이드 폰이랑 아이폰에서도 쓸 수 있게 된대요(2025년 10월 중순 기준).

퍼플렉시티의 AI 브라우저 코멧 다운로드 화면.

나라면 퍼플렉시티, 이렇게 활용할래!

여러분은 퍼플렉시티를 어떻게 활용하고 싶어요? 명령어를 작성해보고 다듬으며 퍼플렉시티 답변의 핵심 내용을 정리해보세요.

과목: _____

검색 프롬프트(명령어): _____

최초 검색 후 느낀 점: _____

_____

수정한 명령어: _____

_____

_____

명령어를 수정한 후 답변을 받고 느낀 점: _____

_____

_____

_____

_____

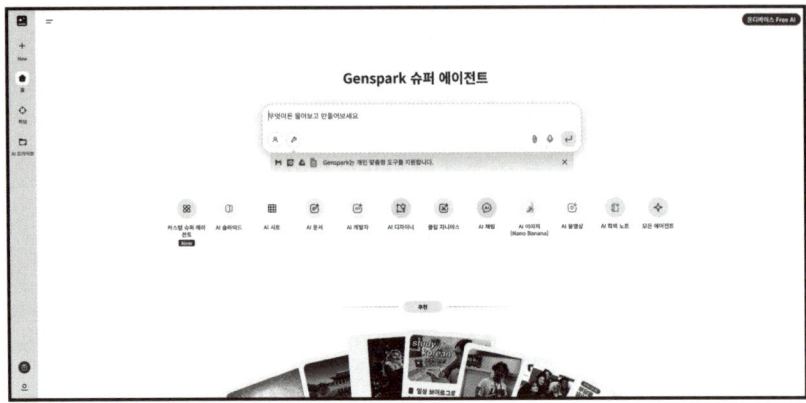

젠스파크의 접속 초기 화면.

3) 젠스파크(Genspark)

이제 퍼플렉시티의 라이벌, 젠스파크에 대해 이야기해볼게요!
젠스파크는 우리 반 학생들에게 '탐구 수업 준비 만능키'로 유명합
니다.

젠스파크는 여러분이 궁금한 것을 물어보면 똑똑하게 답해주는
AI 비서예요. 그냥 **검색 엔진이 아니라 대화하면서 필요한 정보를 찾아
주고, 이미지, 동영상, 음악까지 만들어주는 멋진 툴**이랍니다.

젠스파크의 가장 큰 특징은 일반 검색 엔진처럼 키워드만 입력
하는 게 아니라, 평소에 친구한테 물어보듯이 자연스럽게 질문할
수 있다는 점입니다. "삼국시대에 대해 알려줘"라고 요청하면, 마
치 선생님처럼 친절하게 설명해주죠. 더 궁금한 게 생겨도 계속 대
화하듯이 추가로 질문할 수 있고요. 웹 검색 기능이 있어서 실시간
으로 인터넷의 최신 정보를 찾아서 알려주고, 학술 논문 검색 기능
도 있어서 전문적인 자료가 필요할 때 도움을 받을 수 있답니다.

여기까지만 보면 "챗지피티랑 퍼플렉시티랑 차이점이 뭐예요?"라고 반문할 수 있습니다. 사실 2025년 10월 기준으로 챗지피티와 퍼플렉시티 역시 실시간 검색 기능, 학술 논문 검색 등이 가능하기 때문이죠. 하지만 젠스파크의 강점은 앞선 두 가지 AI 플랫폼보다 더욱 깔끔하면서도 친근하게 답변을 제공해줄 뿐만 아니라, **올인원**(All-in-one: 플랫폼마다 지니고 있는 두드러진 강점을 한데 모아 사용자가 입력한 프롬프트의 의도를 분석한다는 의미)으로 최적의 답변 결과를 제공해준다는 데 있습니다. 이러한 체계를 전문적인 용어로는 **MOA(Mixture of Agents) 시스템**이라고 해요. 한국어로 풀어보자면 '다중 모델 활용 시스템'이라고 표현할 수 있겠네요.

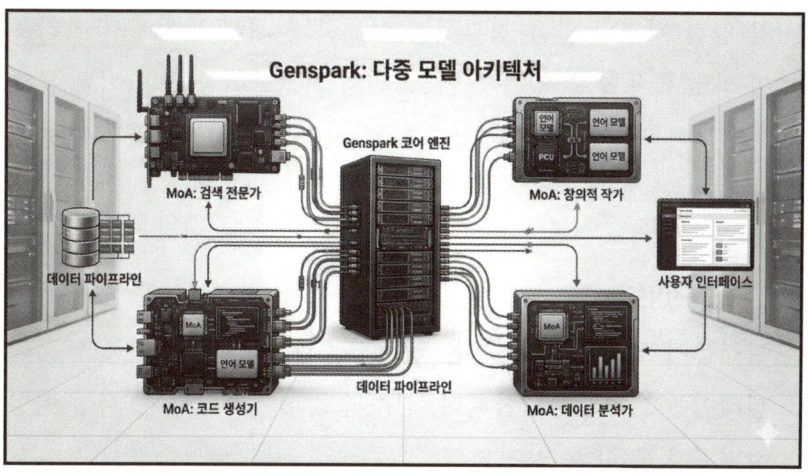

젠스파크의 특징인 MOA(다중 모델 활용) 구조도.

젠스파크의 MOA 시스템은 단순히 챗지피티, 제미나이, 클로드 (Claude) 등 다양한 인공지능 모델의 기능을 섞어놓고 마구잡이로 쓰는 것이 아닙니다. 앞에서 언급했던 것처럼 사용자가 입력한 프롬프트의 요구사항을 정교하게 분석해서 해당 질문에는 어떤 모델 (플랫폼)을 이용하는 것이 좋을지 스스로 판단하고, 현재는 유료화되어 있는 다양한 고급 AI 모델(Pro 버전)을 선택해 최적의 답변을 제공하거든요. 즉 젠스파크는 각 AI 모델의 응답에 대한 장단점을 자체적으로 분석할 뿐 아니라 여러 모델만의 강점만을 결합하여 최종 답변을 생성합니다. 젠스파크를 정보 검색 측면에서 활용하는 방법은 총 7가지가 있습니다.

① 커스텀 슈퍼 에이전트(Custom Super Agent)

여러분은 운영하는 인스타그램이나 블로그가 있나요? 혹은 여러분을 소개할 수 있는 간단한 글이 있나요? 여러분에 대한 정보가 담긴 링크나 글을 첨부하면 여러분에 대해 분석해서 여러분이 바로 활용할 수 있는 개인 AI 비서를 만들어줍니다. 이를 통해 여러분이 작성한 문서나 찾고자 하는 정보를 최적화해서 답변을 받을 수 있죠.

② AI 슬라이드

여러분이 AI와의 대화 혹은 웹서핑을 통해 정리한 내용을 프레젠테이션으로 구성해줍니다. 젠스파크 페이지 안에서 직접 편집하고 수정도 할 수 있어요.

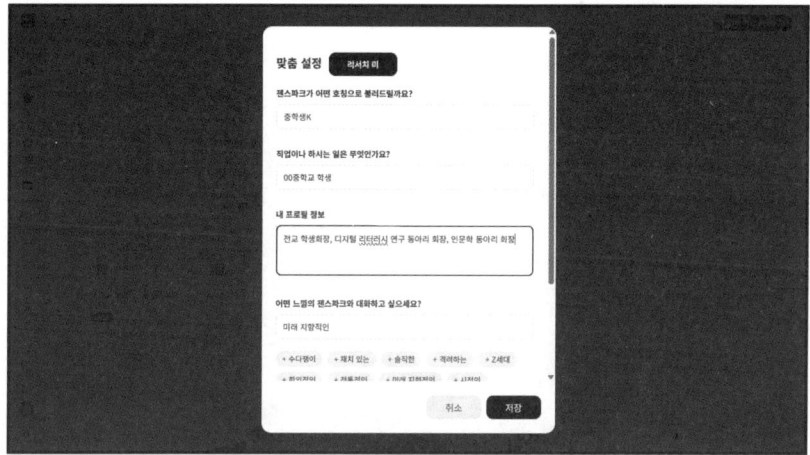

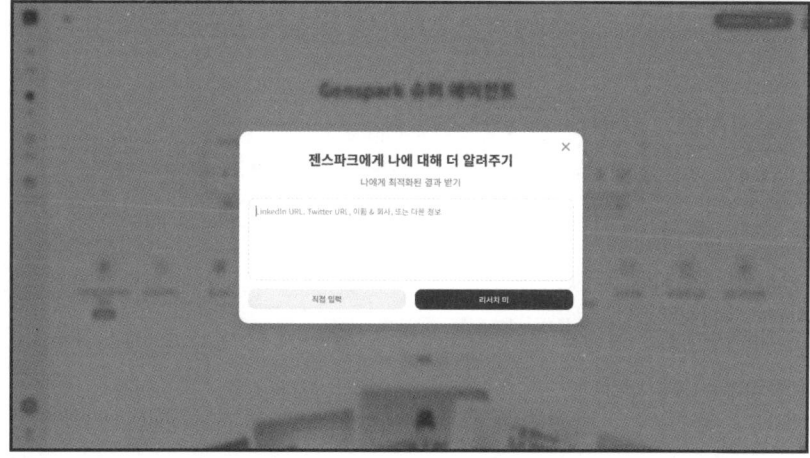

⬆ 젠스파크의 커스텀 슈퍼 에이전트 구축을 위한 맞춤 설정 장면 예시.
⬇ 젠스파크의 커스텀 슈퍼 에이전트 구축을 위한 맞춤 설정 절차.

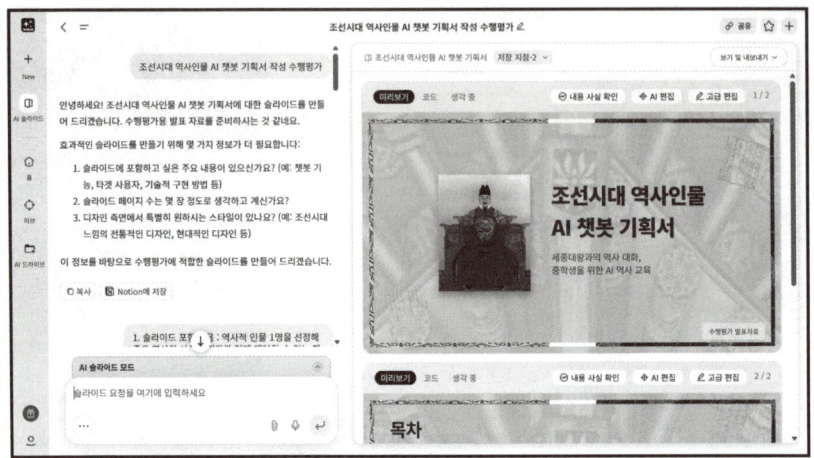

젠스파크의 AI 슬라이드 기능 활용 예시.

③ AI 시트

여러분이 탐구하고자 하는 주제의 개요만 입력하면 정보를 엑셀 혹은 구글 시트처럼 바로 데이터화하여 표현해줍니다. 심지어 해당 정보가 정확한지 '내용 체크(검증)' 버튼을 통해 신뢰도를 재판단하고 실제로 참고할 수 있는 출처까지 링크로 제시해준다는 점이 획기적이죠.

④ AI 문서

젠스파크의 가장 큰 장점 중 하나는 문서를 읽고 분석하는 능력이 뛰어나다는 점이에요. 보통의 AI 플랫폼과 달리 젠스파크는 언제 어디서든 문서를 읽고 분석할 수 있도록 AI 드라이브를 독자적으로 구축하고 있는데요. AI와의 대화에서 명령어를 입력하고 그다음 파일을 따로 탑재하는 것이 아니라, 이미 AI 드라이

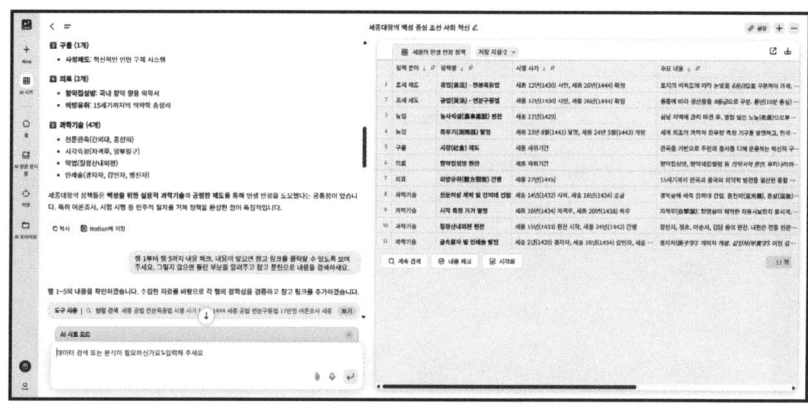

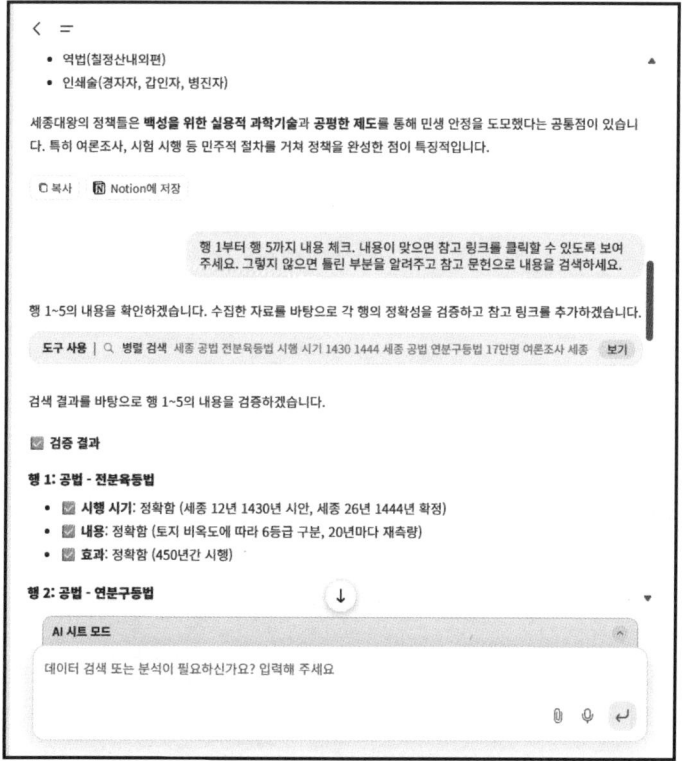

⬆ 젠스파크의 AI 시트 기능 활용 예시.
⬇ 젠스파크 AI 시트의 내용 체크 기능 활용 예시.

브에 저장해놓은 파일을 언제 어디서든 불러와 탑재하여 활용할
수 있습니다.

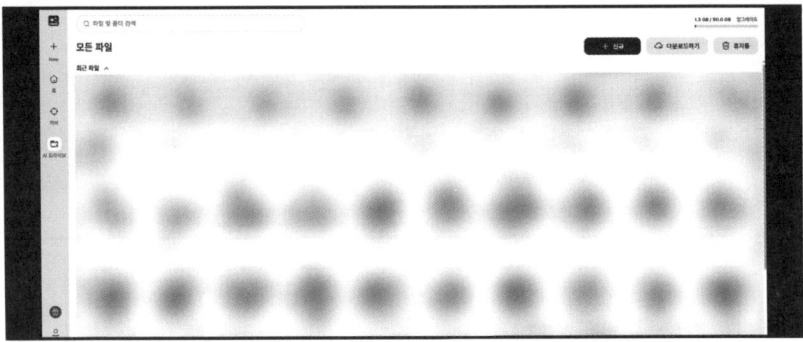

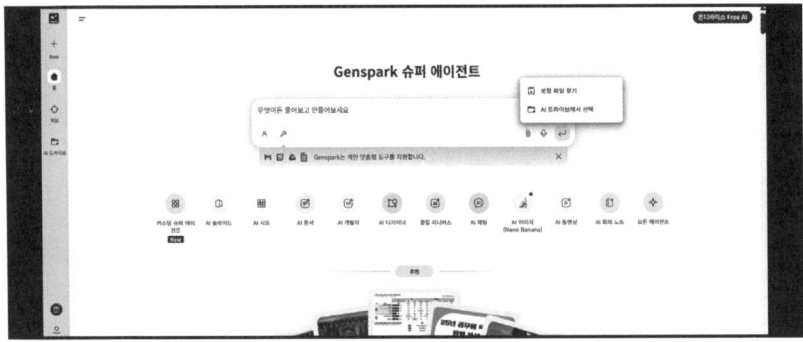

⬆ 젠스파크의 AI 드라이브 화면.
⬇ 젠스파크의 AI에서 AI 드라이브에 저장한 파일을 불러오는 장면.

　　그뿐만이 아니에요. 여러분, 혹시 인터넷에서 자료 찾다가 이
것저것 다운로드하느라 시간 많이 쓴 적 있지 않나요? 필요한 사
진이나 PDF 파일 찾으려고 여기저기 클릭하고, 하나하나 저장하
고, 그러다가 파일 이름도 뭐가 뭔지 헷갈리고요.
　　젠스파크의 AI 드라이브는 바로 이런 귀찮은 일들을 자동으

로 해결해주는 똑똑한 저장공간이기도 해요. 저장해서 따로 보
관하고 싶은 파일이나 사진이 있다면, 그냥 한 줄로 원하는 걸 말
하기만 하면 됩니다. 예를 들어 "저작권 없는 강아지 사진 20장
다운로드해줘. 그리고 AI 드라이브에 넣어줘"라고 한 번만 말하
면, AI가 알아서 픽사베이(pixabay)나 언스플래시(unsplash) 같
은 무료 이미지 사이트에서 최적의 사진들을 찾아줍니다. 그리
고 자동으로 전용 폴더를 만들어서 거기에 20장을 한 번에 싹 다
운로드해주죠. 여러분이 일일이 웹사이트 들어가서 검색하고,
하나씩 다운로드 버튼 누를 필요가 전혀 없다는 뜻이에요.

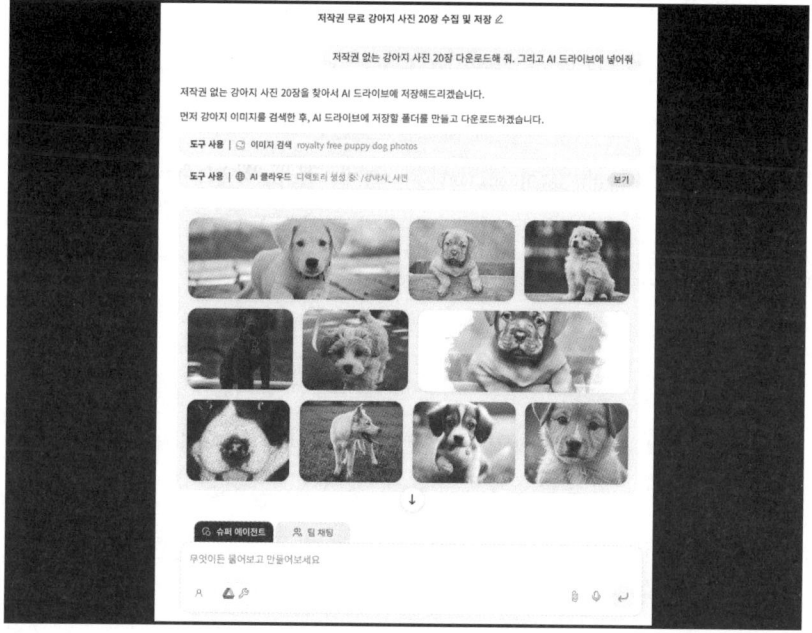

젠스파크의 AI 드라이브에 명령어(프롬프트) 한 줄로 강아지 사진을 폴더별로 저장하는
장면이다.

　　PDF, 이미지, 동영상, 문서, 음악 파일 등 뭐든 다 다운로드할 수 있어요. 예를 들어 출처로 올라온 글에 AI가 찾아준 보고서가 10개나 있다고 생각해보세요. 보통이라면 하나하나 클릭해서 받아야 하잖아요? 근데 AI 드라이브한테 "이 출처에 있는 모든 보고서 다운로드해줘"라고 하면, AI가 그 글을 읽고 보고서들을 다 찾아낸 다음에 '보고서'라는 폴더를 만들어서 그 안에 하나씩 정리해서 저장해줍니다.

　　AI 드라이브의 진짜 매력은 여기서 끝이 아니에요. 저장된 파일들을 바로 편집하거나 분석할 수 있거든요. 예를 들어 AI 드라이브에 있는 문서 하나를 골라서 "PDF 파일로 만들어줘"라고 이야기하면 해당 보고서를 편집이 가능한 PDF 파일로 만들어줍니다. 또 어려운 보고서 같은 PDF 파일이 있을 때 "이 보고서를 중학생이 이해할 수 있는 수준으로 요약해서 정리해줘"라고 하면 돼요. 그럼 몇 분 안에 보고서의 주제, 연구 방법, 결론, 기여도와 한계점까지 요약된 문서를 만들어주거든요. 긴 보고서를 읽고 내용을 분석해야 하는데, 가뜩이나 수행평가는 많고 시간은 정말 없을 때 유용하게 쓸 수 있는 팁 중 하나입니다.

　　이러한 AI 드라이브는 기본 무료 버전에서도 사용할 수 있고, 유료 플랜으로 업그레이드하면 저장공간이 50GB까지 늘어나는데요. 웬만한 자료들은 다 저장할 수 있는 공간이죠. 구글 드라이브처럼 클라우드 저장공간이라서 휴대폰에서도 컴퓨터에서도 어디서든 접속할 수 있어요.

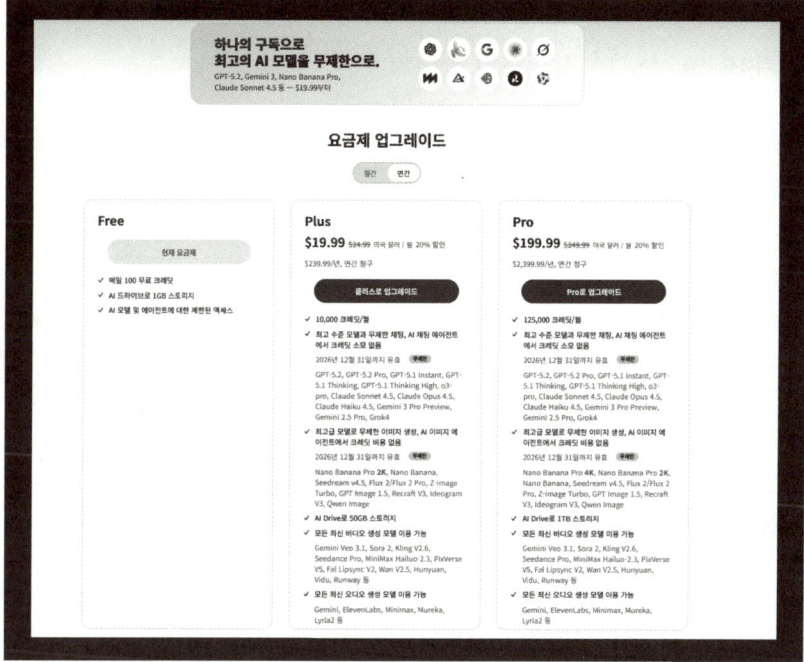

젠스파크 AI 요금제.

⑤ AI 개발자

또한 젠스파크를 활용하면 필요한 정보를 간단히 코딩하여 여러분에게 필요한 AI 챗봇 등 도구를 만들어낼 수 있어요. 젠스파크의 AI 개발자 기능을 쓰면, 여러분만의 맞춤형 정보 검색·정리 도구를 직접 만들 수 있습니다. 코딩을 전혀 몰라도 말이에요.

　AI 개발자 기능의 가장 큰 장점은 여러분에게 필요한 특정 목적에 딱 맞는 도구를 만들 수 있다는 것입니다. 예를 들어볼게요. "역사 인물 정보를 비교 정리하는 웹사이트 만들어줘"라고 한 줄만 입력하면, AI가 자동으로 웹사이트를 만들어줍니다. 이 웹사

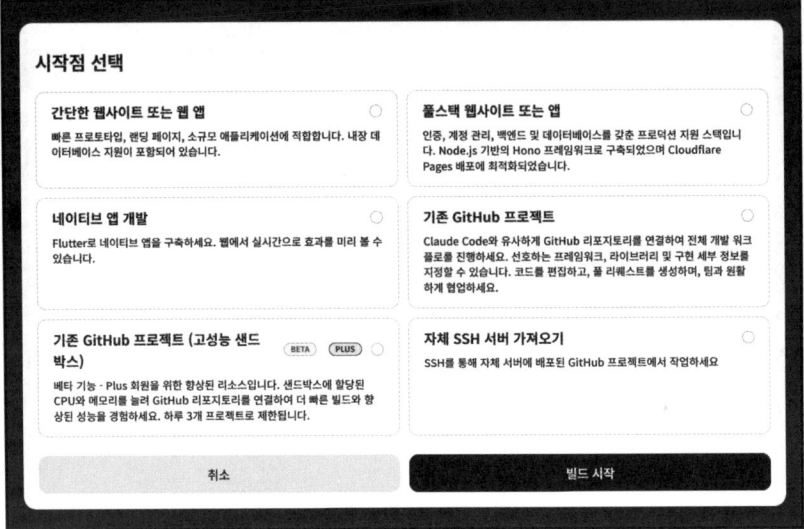

젠스파크 AI의 개발자 기능 화면.

이트에는 인물 이름을 입력하는 칸이 있고, 검색 버튼을 누르면 자동으로 여러 출처에서 정보를 찾아와서 깔끔한 표로 정리해줘요. 출생 연도, 주요 업적, 역사적 의의 같은 정보들이 한눈에 쏙 들어오도록요.

더욱더 신기한 것은 반복적으로 해야 하는 정보 수집 작업을 자동화할 수 있다는 점입니다. 예를 들어 "과학 뉴스를 매일 자동으로 수집해서 요약 정리하는 도구를 만들어줘. 그리고 매일 아침 8시에 소식을 보내줘"라고 요청하면, AI가 그런 프로그램을 만들어줘요. 매일 아침 자동으로 주요 과학 사이트들을 돌아다니면서 최신 뉴스를 찾아오고, 핵심 내용만 요약해서 리스트로 정리해 여러분에게 매일 아침 8시에 젠스파크 어플을 통해 알려주는 거죠. 여러분은 그냥 결과만 확인하면 돼요.

실제로 AI 사용자 커뮤니티에서 누군가는 "구글 시트에 쌓여 있는 부정적인 리뷰를 자동으로 추출하고 분석해서 이메일로 알람 받는 자동화 프로그램"을 만들었대요. 이런 식으로 여러분도 학교 과제에 필요한 정보를 자동으로 모으는 도구를 만들 수 있어요.

여러 가지 정보를 한눈에 비교해야 할 때도 있죠? "태양계 행성 비교 대시보드 만들어줘"라고 하면, 행성들의 크기, 거리, 온도, 위성 개수 같은 정보를 표와 그래프로 시각화해서 보여주는 웹사이트가 생성됩니다.

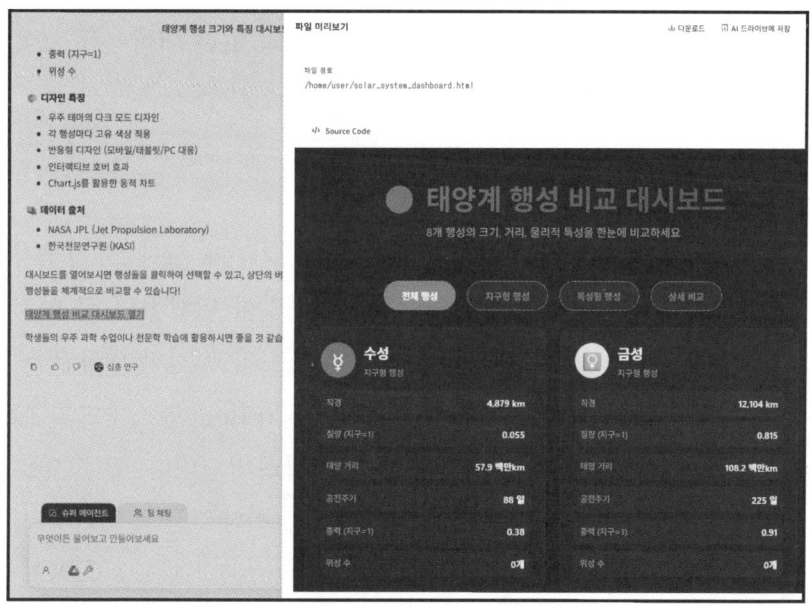

젠스파크 AI의 대시보드 구현 장면.

　　이런 대시보드에는 검색 기능도 있고, 필터 기능도 있어서 "크기 순서대로 정렬해 줘" 또는 "위성이 있는 행성만 보여줘"와 같은 요청도 할 수 있어요. 정보를 여러 각도에서 분석할 수 있게 되는 거죠.

　　'웹 스크래핑(웹에 있는 정보 긁어서 가져오기)'이라는 게 있어요. 이건 웹사이트에서 자동으로 정보를 수집하는 기술인데요, 원래는 프로그래밍 언어를 배워야 할 수 있는 어려운 기술입니다. 하지만 AI 개발자 기능을 쓰면 쉬워져요. "유튜브 과학 채널에서 영상 제목과 조회 수를 수집하는 도구 하나 만들어줘"라고 하면, AI가 그런 프로그램을 만들어줍니다. 버튼 하나만 누르면 자동으로 데이터를 수집해서 엑셀 파일처럼 정리된 표로 보여주는 거예요. 이렇게 모은 데이터로 '어떤 제목이 조회 수가 높은지' 분석할 수도 있어요. 발표 과제를 할 때 이런 데이터를 보여주면 정말 멋지겠죠?

⑥ AI 회의 노트

여러분, 조별 과제나 수행평가를 준비하다가 "아, 그때 그 친구가 뭐라고 했더라?" 하면서 기억이 잘 나지 않아 답답했던 적 있지요? 혹은 수업 도중 필기하는 데 신경 쓰느라고 정작 내용은 제대로 파악하지 못하고 지나간 적도 있을 거고요. 젠스파크의 AI 회의 노트 기능은 이런 고민을 완전히 날려버립니다. 말 그대로 음성으로 된 정보를 자동으로 검색하고 정리해주는 똑똑한 비서이니까요.

젠스파크 AI의 AI 회의록 메인 화면.

AI 회의 노트에서 가장 기본적인 기능은 음성 인식입니다. 회의하는 내용, 수업 듣는 내용, 인터뷰하는 내용을 녹음하면, AI가 자동으로 그 소리를 글자로 바꿔줘요. 이걸 전문 용어로 'STT(Speech To Text)'라고 하는데요, 쉽게 말하면 '말을 글로 만들어주는' 기능이에요. 예를 들어볼까요? 조별 과제 회의를 1시간 동안 했다고 가정해봅시다. 예전 같으면 모둠 중 누군가는 열심히 필기하느라 회의에 제대로 집중하지 못했을 거예요. 하지만 AI 회의 노트를 켜놓으면, 회의가 끝나는 순간 누가 뭐라고 했는지 모든 내용이 텍스트로 정리되어 있으므로 고민할 필요가 없습니다. 더 이상 "너 아까 뭐라고 했어?"라고 물어보지 않아도 되는 거예요.

더 놀라운 점은 음성을 텍스트로 바꾸어주는 게 끝이 아니라
는 사실입니다. 1시간짜리 회의 내용을 30초 만에 읽을 수 있는
요약본도 만들어주거든요. 긴 회의나 강의에서 정말 중요한 부
분만 뽑아내서 '회의 요약', '주요 내용', '이야기 포인트', '추가 메
모 사항', '액션 아이템(Action Item)'처럼 다양한 카테고리별로
깔끔하게 정리해줍니다. 마치 여러분을 위해 회의록을 미리 작
성해둔 것처럼요. 액션 아이템이 뭐냐고요? 이건 '누가 무엇을
언제까지 해야 하는지' 정리한 거예요. 예를 들어 조별 과제 회의
에서 '철수는 자료 조사, 영희는 PPT 만들기, 다음 주 금요일까
지' 이런 내용을 자동으로 찾아서 리스트를 뽑아줍니다. 정말 효
율적이고 편하죠?

젠스파크 AI와 애플 워치를 연동해 AI 회의록 기능을 켜는 가상 영상.

젠스파크의 AI 회의 노트는 세계 최초로 애플워치에서도 작동하게 되었답니다. 이게 얼마나 대단하냐면요, 휴대폰을 꺼낼 필요도 없이 손목에 찬 시계만 더블탭하면 녹음이 시작돼요.

회의하다가 손목 한 번 톡톡 치면 녹음이 시작되고, 여러분은 그냥 대화에 집중하면 되는 겁니다. 애플워치가 백그라운드에서 조용히 계속 녹음해주니까요. 시계를 보거나 다른 앱을 함께 써도 녹음은 계속되니 조금도 걱정할 필요 없습니다. 회의가 끝나면 자동으로 휴대폰에 업로드되고, 몇 초 안에 회의록이 뚝딱 완성되지요.

이보다 더 똑똑한 기능도 있어요. 구글 캘린더나 아웃룩 캘린더를 연결해두면 일정에 있는 회의 시간을 자동으로 알려줘요. 탭 한 번으로 녹음을 시작할 수 있고요. 회의록이 만들어지면 참석한 친구들에게 보내야 하잖아요? 이것도 원클릭으로 해결돼요. 회의에 참석한 친구들 이메일이나 연락처를 선택하고 공유 버튼 한 번만 누르면 모든 사람에게 똑같은 회의록이 전송돼요. 누가 "회의록 좀 보내줘" 하고 따로 요청할 필요도 없고, 여러분이 일일이 복사해서 보낼 필요도 없어요. 진짜 편하죠?

상상해보세요. '오늘 오후 3시 조별 과제 회의'라고 캘린더에 기록해놓았어요. 그러면 3시에 젠스파크가 알림을 주고, 버튼 하나만 누르면 녹음이 시작되는 거예요. 회의 끝나고 종료 버튼 누르면? 자동으로 회의록이 생성됩니다.

예전에는 정보가 텍스트로 되어 있어야만 검색할 수 있었어요. 구글에서 검색하려면 글자로 된 정보만 찾을 수 있었죠. 하지만 AI 회의 노트를 쓰면 말로 한 내용도 검색할 수 있어요. 예를

젠스파크 AI와 연동 가능한 플랫폼 목록.

들어 지난주에 했던 다섯 번의 조별 과제 회의가 모두 AI 회의 노
트로 기록되어 있다고 생각해봅시다. 그러면 검색 기능을 이용
하여 '자료 조사'라고 치면, 5번의 회의 중에서 자료 조사에 대해
언급한 부분만 쏙쏙 찾아낼 수 있습니다. 어느 회의에서 누가 뭐
라고 했는지 다시 듣지 않아도 되는 거죠!

　여기서 끝이 아니에요. 조별 과제 회의뿐만 아니라 중요한 강
의를 들을 때도 쓸 수 있어요. 강의 내용을 녹음해두면 AI가 자동
으로 필기해주거든요. 여러분은 선생님 설명에 집중하면서 듣기
만 하면 됩니다. 나중에 시험공부를 할 때는 AI가 정리해준 필기
내용을 참고하면 되니까요. 젠스파크는 특히 과학 실험 설명이
나 역사 강의처럼 정보가 많이 나오는 수업에 정말 유용해요. 놓
친 부분이 있어도 AI가 다 기록해뒀으니까 걱정할 필요가 없죠.

다만, 이 경우에는 반드시 강의해주시는 선생님께 허락을 구해야 합니다! 사전에 허락받지 않은 녹음은 중대한 저작권 침해 및 교권 침해로 연결될 수 있으니 녹음이 필요한 경우 선생님께 꼭 사전 동의를 구하시기 바랍니다.

3. 이미지 AI

여러분, 요즘 AI로 그림을 그려주는 서비스가 정말 많죠? 각각 어떤 특징이 있는지, 어떤 걸 써야 할지 오히려 헷갈릴 정도입니다. 특히나 이미지 AI의 발전은 정말 놀랍습니다.

여러분, 최근 굉장히 유행했던 '지브리풍 프로필 사진 만들기' 열풍을 기억하시죠? 여러분도 동참하셨을 것 같은데요. 정말 많은 사람이 챗지피티 무료 버전을 활용해 자신의 사진을 넣고 "지브리풍으로 만들어줘"라고 요청했을 겁니다. 프롬프트 한 줄만으로 지브리 애니메이션 화풍의 사진을 만들어내다니! 예상을 능가할 만큼 많은 사람이 이 작업에 동참하는 바람에 샘 알트먼 CEO는 소셜미디어(SNS) 엑스(X·옛 트위터)에 "챗지피티의 이미지 기능을 많은 사람이 즐기는 모습을 보는 건

샘 알트먼 Open AI 최고경영자 (CEO)(좌)가 교체했던 자신의 SNS 프로필 사진(우). '챗지피티-4o 이미지 제너레이션' 모델을 통해 실제 사진을 지브리 애니메이션 화풍으로 생성했다.

즐겁지만, 우리의 GPU(Graphic Processing Unit, 그래픽 처리 장치)
가 녹고 있다"는 말을 올리기도 했습니다. 챗지피티의 뛰어난 학습
능력에 대해 일본 애니메이션 제작사 스튜디오 지브리가 챗지피티
개발사인 오픈 AI에 "허락 없이 인공지능(AI) 학습을 중단하라"고
경고하기도 했고요.[17]

이처럼 이미지 AI의 기능이 폭발적으로 향상되는 가운데 우리가
고민해볼 지점이 하나 있어요. 단순히 재미로만 즐기기보다는 학
습과 진로에 활용할 수 있는 방법에 대해서죠. 이제부터 2025년 11
월 기준으로 학생들이 쓸 만한, 가장 활용도 높은 다섯 가지 플랫폼
을 비교해서 쉽게 설명드릴게요!

학습과 진로 탐색에 이용할 수 있는 이미지 생성 AI의 대장은 바
로 챗지피티, 젠스파크, 제미나이, 투닝 AI입니다. 이제 4개 플랫폼
의 AI 이미지 생성 기능은 각각 어떤 점에서 강점이 있는지 함께 알
아봅니다.

1) 챗지피티의 이미지 AI 기능

챗지피티는 여러분도 이미 많이 써봤을 거예요. 여기에는
'DALL-E 3'라는 이미지 생성 엔진이 들어 있는데요, 가장 큰 장
점은 **학습 맥락을 이해하면서 이미지를 만들어준다**는 것입니다.

---

17 한명오 기자, 「오픈AI 생성 이미지에 뿔난 지브리… "무단 학습 중단하라"」,
   국민일보, 2025.11.04. (https://www.kmib.co.kr/article/view.asp?arcid=
   0028924874&code=61131111&cp=nv)

예를 들어볼까요? 과학 시간에 '광합성 과정'을 발표해야 합니다. 이때 챗지피티한테 "중학생이 이해하기 쉽게 광합성 과정을 단계별로 보여주는 다이어그램을 만들어줘. 엽록체, 이산화탄소, 물, 포도당, 산소가 다 표시되어야 해"라고 요청하면, 교과서에 나올 법한 깔끔한 다이어그램을 만들어줍니다. 바로 이렇게요! 어때요, 그냥 예쁘기만 한 그림이 아니라 화살표와 설명이 포함된 진짜 학습 자료죠?

또 다른 예시를 보여드릴게요. 사회 과제로 '2030년에 펼쳐질 지구의 기후환경'을 시각화해야 합니다. 우선 여러분은 "2030년에 펼쳐질 지구의 기후환경을 심도 있게 분석해서 이미지로 만들어줘"라고 요청할 수 있어요. 그러면 챗지피티가 현재 벌어지고 있는 기후 위기에 대한 종합적인 분석을 토대로 이미지를 생

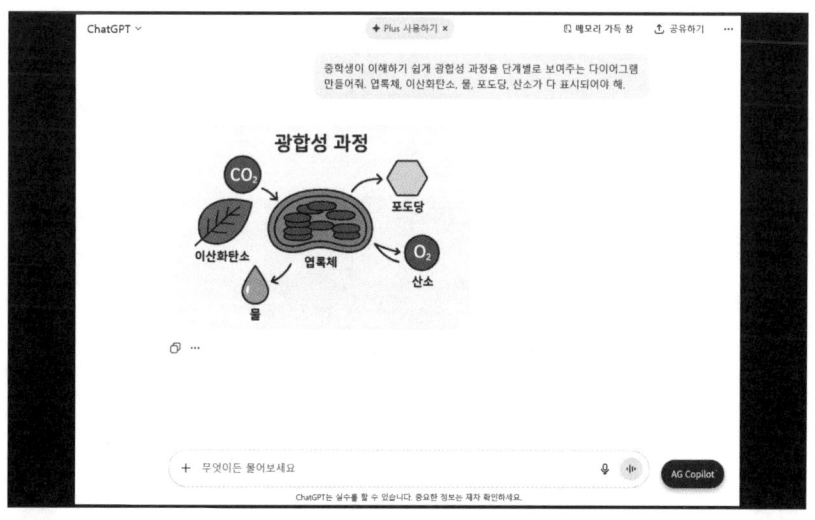

챗지피티를 활용해 광합성 과정을 시각화한 장면.

성해줍니다. 결과물을 체크한 다음 여기에 PPT 배경 화면이나
도표 혹은 그래프 같은 시각 자료를 추가하면 발표물의 수준이
두어 단계 업그레이드되지요.

디자이너나 마케터를 꿈꾸는 학생이라면, 챗지피티로 빠르게
아이디어 스케치를 할 수 있어요. '친환경 제품을 홍보하는 포스
터 디자인'이나 '우리 학교 축제 포스터 초안' 같은 걸 만들어보면
서 디자인 감각을 키울 수 있습니다. 캔버스 기능으로 수정도 가
능해서 시안 작업 연습에 큰 도움이 됩니다.

자, 이제 학생들이 챗지피티를 활용하여 이미지 AI를 생성하
면서 느꼈던 장단점을 정리해보겠습니다.

챗지피티를 활용해 2030년의 기후위기를 나타낸 모습.

챗지피티 장점 리뷰

"대화하면서 교육적 맥락을 설명하면 더 정확한 이미지가 나와요."

"한국어로 편하게 '이건 이렇게 바꿔줘'라고 수정해달라고 요청할 수 있어요."

"학습 자료에 필요한 다이어그램, 차트, 삽화를 빠르게 만들어요."

"발표 시간에 맞춰 급하게 이미지가 필요할 때 최고예요."

"수학 문제를 시각화하거나 과학 개념을 그림으로 표현할 때 유용해요."

챗지피티 단점 리뷰

"무료 버전은 하루에 몇 번만 쓸 수 있어서, 과제 시즌에 답답해요."

"유료 버전(Plus)은 월 $22인데 중학생 용돈으로는 부담스러워요."

"복잡한 수학 기호나 한글 텍스트가 들어간 이미지는 가끔 이상하게 나와요."

이번에는 여러분이 실제 학습 과정에서 과목별로 쓸 수 있는 명령어 예시를 간단히 알아볼게요.

학생들이 사용할 수 있는 과목별 AI 이미지 생성 프롬프트 예시

· 국어

"한국의 문학작품 「소나기」에 나오는 소년과 소녀가 개울가에서 만나는 장면, 1960년대 한국 시골 배경을 사실적으로 그려줘."

"한국의 문학작품「운수 좋은 날」의 주인공 김 첨지가 비 오는 서울 거리에서 인력거를 끄는 모습을 사실적으로 그려줘."

· 과학
"전구, 전지, 스위치가 연결된 간단한 전기회로 다이어그램을 사실적으로 그려줘."
"물 분자 H_2O의 3D 구조, 수소 원자 2개와 산소 원자 1개를 명확하게 그려줘."

· 역사
"조선시대 서당에서 훈장님과 학생들이 공부하는 장면을 사실적으로 그려줘. 반드시 역사적 사실에 근거하여 그려줘."
"세종대왕이 한글을 창제하는 모습, 책상 위에 훈민정음 문서를 사실적으로 그려줘. 반드시 역사적 사실에 근거하여 그려줘."

· 음악
"다양한 악기들(바이올린, 플루트, 트럼펫, 드럼)이 나란히 배치된 모습을 환상적으로 그려줘."
"오선지에 그려진 높은음자리표와 음계 도레미파솔라시도를 창의적으로 그려줘."

· 미술
"고흐 스타일로 우리 학교의 모습(학교 사진을 파일로 탑재)을 그려줘."
"색상환, 12가지 색이 원형으로 배치된 컬러 휠을 그려줘."

챗지피티는 "내일까지 발표 자료 만들어야 하는데 이미지가 필요해!"라고 할 때 정말 일 잘하는 비서처럼 **나에게 딱 맞는 결과를 제시**해줍니다. 영어 시간에 과제로 나온 환경 문제 포스터 만들기, 사회 시간에 쓸 지역 특산물 홍보 전단지 만들기, 과학 시간에 필요한 실험 과정 설명 자료 만들기 같은 실전 과제에서 더욱더 빛을 발하죠. 다만 영어로 입력할 때 결과가 더 좋다는 단점이 있긴 해요. 한국어로도 작동하지만 세밀한 표현은 영어가 유리합니다. 한 번에 한 장씩만 생성되므로 여러 스타일을 비교하려면 여러 번 만들어야 하고요. 하지만 정교함과 프롬프트 이해력만큼은 최고 수준이랍니다. 명령어 입력 시 영어 번역이 필요하다면 '딥플(DeepL)'을 사용해보세요. 무료로 회원가입 없이 정확한 번역을 진행할 수 있습니다.

딥플을 활용해 명령어를 영어로 번역한 모습.

2) 젠스파크의 이미지 AI 기능

이제 젠스파크의 이미지 AI 기능을 알아봅시다. 젠스파크는 타사 플랫폼과 완전히 다른 방식으로 작동해요. 앞서 설명했다시피 **MOA(Mixture of Agents)라는 특별한 시스템을 사용해 이용자가 입력한 명령어에 대한 최적의 결과물을 생성**해냅니다.

여러분이 무엇인가를 요청한다면, DALL-E 3, FLUX, Stable-Diffusion, Imagen 같은 여러 AI 모델이 동시에 작동해서 어떤 모델로 구현하는 것이 가장 적절한가를 젠스파크 스스로 판단하고, 네 가지 다른 스타일의 이미지를 만들어 비교한 후 가장 좋은 결과물을 내놓습니다. 마치 네 명의 화가에게 같은 주제로 그림을 그려달라고 한 후, 의뢰한 사람의 요구를 가장 잘 반영하는 그림을 선정하는 것과 비슷해요. 젠스파크 AI의 가장 큰 특징은 **한 번의 요청으로 최상의 결과를 동시에 볼 수 있다**는 점입니다. 단순히 효율성을 따지

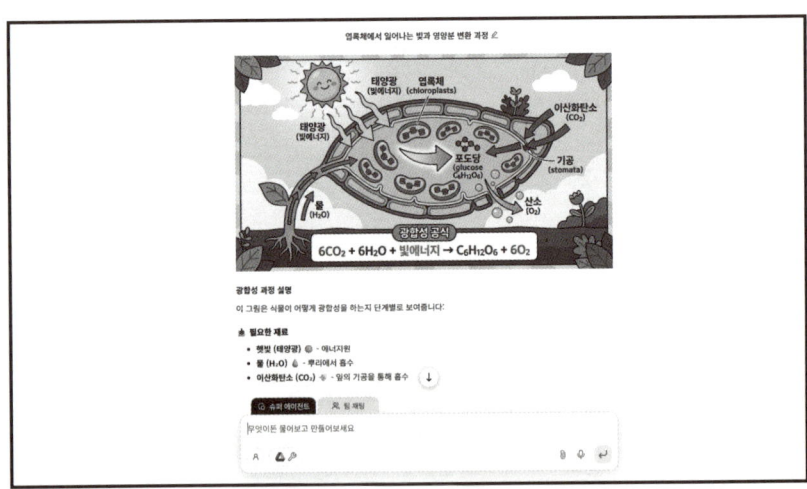

젠스파크 AI를 활용해 이미지를 생성한 모습.

기에 앞서 학습 과정에서 '미적 감각'까지 키울 수 있지요.

젠스파크 AI를 이용해 생성한 이미지는 매우 구체적이지만 단점
도 있습니다. 아쉽게도 이미지 속에서 한글을 표현해내는 능력이
다소 아쉽거든요. 젠스파크 AI의 경우 '자동 프롬프트' 기능을 제공
하므로 만약 제대로 된 결과가 나오지 않았다면 자동 프롬프트 기
능을 눌러 최적의 결과를 만들어낼 수도 있습니다. 자동 프롬프트
를 넣으면 다음과 같이 자동 이미지 생성 절차를 거치므로 더 좋은
결과물을 얻을 수 있습니다.

또 하나, **번역 측면에서 완벽한 한국어를 지원한다는 것**이 강점이에
요. 챗지피티처럼 영어를 입력했을 때가 더 유리한 게 아니라 한국
어로 편하게 입력해도 똑같이 좋은 결과가 나온다는 뜻입니다. "우
리 학교 운동장, 인상파 화풍, 햇빛이 반짝이는 오후를 그려줘"라고
한국어로 자연스럽게 말해도 원하는 결과를 얻을 수 있죠.

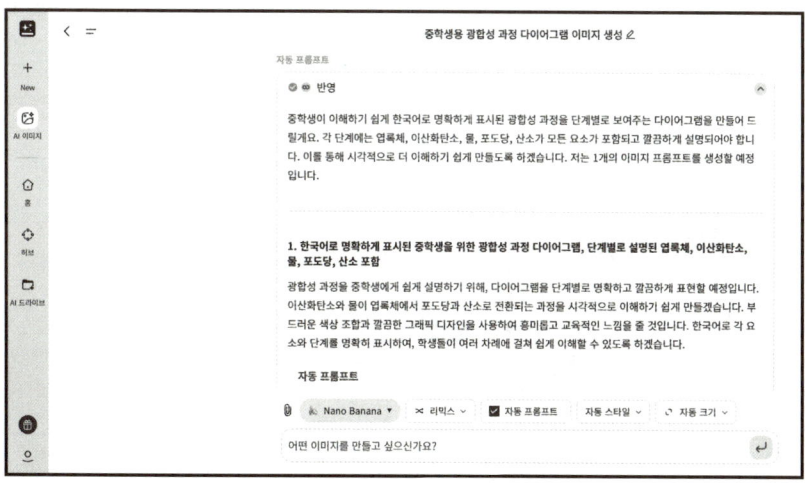

젠스파크 AI '자동 프롬프트'를 활용해 이미지를 생성하는 과정을 보여준다.

젠스파크는 내재된 AI 모델마다 장점이 서로 달라요. DALL-E 3
는 사실적이고 정교한 표현에 강하고, FLUX는 예술적이고 추상적
인 스타일을 잘 만들고, Stable Diffusion은 애니메이션이나 일러
스트 스타일에 강하죠. 네 가지를 동시에 고려해 최적의 결과를 보
여주므로 자연스럽게 각 AI의 특성을 비교하면서 배울 수 있어요.

광고 디자이너를 꿈꾸는 학생에게는 젠스파크 AI가 정말 최고입
니다. "청소년을 위한 친환경 텀블러의 광고 포스터를 모던하고 깔
끔한 느낌으로 그려줘"라고 입력하면 명령어의 콘셉트에 맞추어
정말 광고 포스터로 써도 손색없을 만한 포스터를 만들어줍니다.
정말이냐고요? 젠스파크가 그려준 광고 포스터를 한번 봅시다.

이걸 친구들에게 보여주고 "어떤 디자인이 효과적이야?"라고 물
어보세요. 실제 광고회사에서 하는 '다중 시안 제작과 A/B 테스트'
과정인데요. 학생 때부터 이런 전문적인 작업을 경험하는 거죠.

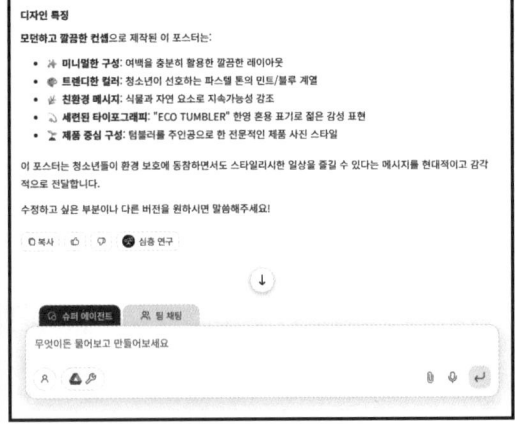

◀ 젠스파크 AI를 활용해 만든 청소년을 위한 에코 텀블러 광고 포스터.
▶ 젠스파크 AI를 활용해 만든 청소년을 위한 에코 텀블러 광고 포스터의 콘셉트.

이제 젠스파크를 활용해 생성한 이미지 AI에서 학생들이 느낀 장단점을 살펴볼게요.

젠스파크 장점 리뷰

"한국어로 '배경 색 바꿔줘', '글씨 크기 키워줘'처럼 편리하게 수정을 요청할 수 있어요."

"역사 인물 초상화나 시대별 의상 같은 교육 자료를 빠르게 만들 수 있어요."

"발표 자료에 필요한 일러스트를 급하게 만들 때 정말 유용해요."

"여러 스타일로 동시에 생성해주니까 마음에 드는 걸 골라 쓸 수 있어요."

"과학 실험 과정이나 역사적 사건을 시각화할 때 이해하기 쉽게 표현돼요."

"대화하면서 디테일을 설명하면 원하는 느낌의 이미지가 더 정확하게 나와요."

젠스파크 단점 리뷰

"이미지를 생성할 때마다 크레딧을 사용해서 마음껏 여러 번 시도하기 부담스러워요."

"한글 텍스트가 들어간 포스터나 카드뉴스는 글자가 깨지거나 이상하게 나올 때가 있어요."

"복잡한 도표나 그래프는 정확도가 떨어져서 직접 수정이 필요해요."

"생성 시간이 좀 걸려서 쉬는 시간에 급하게 만들기는 어려워요."

"학생 입장에서 크레딧 충전 비용이 얼마인지 명확하지 않아서 계속 쓸 수 있을지 걱정돼요."

3) 구글 제미나이(Gemini)의 이미지 AI 기능

제미나이는 구글이 만든 AI로 'Imagen 3'라는 최신 이미지 생성 기술을 사용합니다. 가장 큰 장점은 **구글 계정만 있으면 무료로 사용**할 수 있다는 점이고요. 무엇보다 **구글 문서, 구글 슬라이드, 구글 시트처럼 학생들이 매일 쓰는 도구들과 완벽하게 연결**된다는 점이 매력 포인트입니다.

Imagen 3의 가장 큰 특징은 다양한 스타일을 균형 있게 잘 소화해준다는 점입니다. 초현실적인 사진부터 인상파 풍경화, 추상화, 애니메이션 캐릭터까지… 어떤 스타일을 요청해도 안정적으로 좋은 결과를 내주죠. 챗지피티처럼 한 가지를 아주 정교하게 생성해내는 것도 아니고, 젠스파크처럼 여러 스타일을 비교해 최적화된 결과를 보여주는 것도 아니지만, 모든 스타일에서 평균 이상의 품질을 보장합니다. 그리고 1532×1532 해상도를 구현하여 다른 도구들보다 조금 더 큰 이미지를 만들어줘요. 발표 자료나 포스터를 만들 때 사용하면 결과물이 더 선명해진다는 장점이 있습니다.

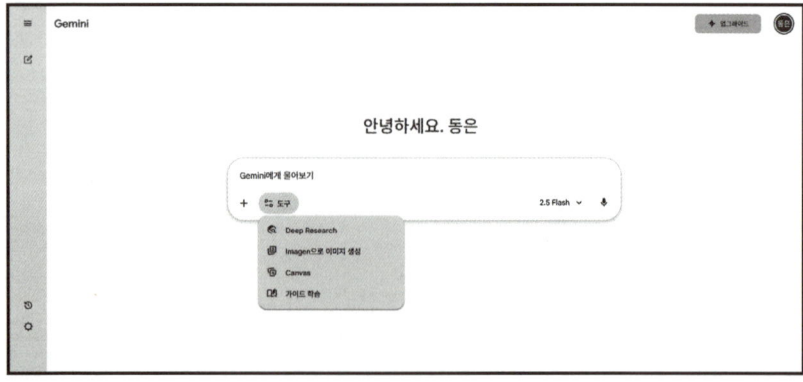

제미나이 AI 초기 화면.

그러나 가장 큰 장점은 역시 구글 생태계와의 완벽한 통합이랍니다. 사용자가 학생일 경우 더욱더 쓸 만하죠. 제미나이에서 이미지를 만들어 바로 구글 슬라이드에 삽입할 수 있거든요. 복사-붙여넣기 없이 클릭 한 번만으로요. 여러분도 학교에서 디지털 도구로 과제를 할 때 종종 구글 도구 쓰시지요? 제미나이를 사용하면 작업의 흐름이 절대 끊기지 않습니다.

제미나이 이미지에는 신스 아이디(Synth ID)라는 워터마크가 자동으로 들어가는데요. 신스 아이디란 눈에는 보이지 않지만, AI가 만든 이미지라는 걸 표시하는 디지털 서명입니다. 신스 아이디는 AI 시대에 사용자가 지켜야 할 윤리와 책임을 매 순간 자각하게 해준다는 점에서 교육적 의미가 있다고 봅니다.

◀ 제미나이 AI를 활용해 2050년의 미래를 그림으로 표현한 모습.
▶ 제미나이 AI를 활용해 생성한 이미지를 바로 구글 Slide에 옮겨놓은 모습.

여러분이 사회 시간에 '우리 지역의 미래'에 대해 발표한다고 생각해봅시다. 준비 과정에서 제미나이를 활용하려고 해요. 이때 "2050년의 친환경 스마트 도시, 전기차와 드론이 다니는 거리, 수직 농장이 있는 건물을 사실적으로 그려줘"라고 입력하면, 만들어진 이미지를 바로 드래그 앤 드랍(Drag & Drop, 마우스 커서로 사진을 끌어당겨 원하는 장소에 사진을 떨어뜨려 사진을 옮기는 방식)을 통해 구글 슬라이드에 삽입할 수 있습니다. 이미지를 만들고, 다운로드하고, 업로드하는 번거로운 과정이 전부 생략되는 거예요. 덕분에 작업 시간이 절반으로 줄어들죠.

다른 사례도 있어요. 여러분이 국어 시간에 쓴 시로 시집을 만들려고 해요. 자신이 쓴 시를 제미나이한테 보여주고 "이 시의 느낌을 표현하는 풍경화"를 요청해보세요. 놀랍게도 시의 감성을 담아낸 이미지가 나온답니다. 이것을 구글 문서에 있는 시 옆에 바로 배치

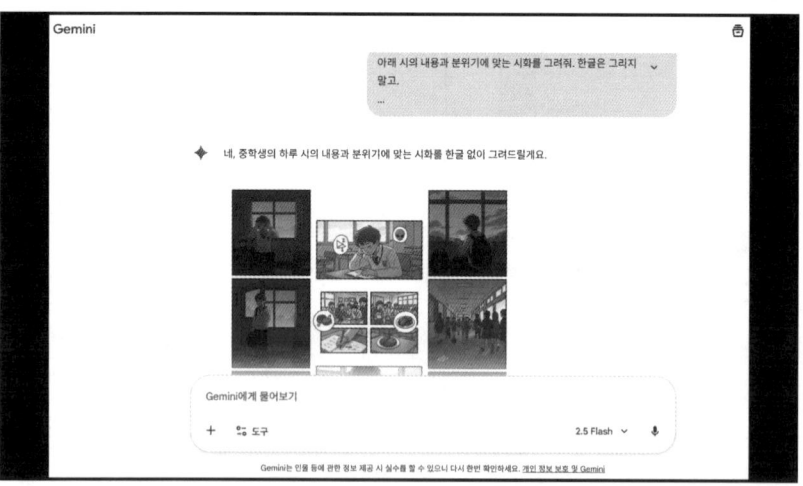

제미나이 AI를 활용해 학생이 작성한 시를 그림으로 표현하는 모습.

하면, 문학과 미술이 결합한 멋진 작품집이 완성되는 거예요. 구글 문서라서 친구들과 공유하고 피드백을 받기도 쉽고요.

환경운동가나 환경공학자를 꿈꾸는 친구들이라면, "플라스틱으로 오염된 바다와 깨끗한 바다를 대비한 그림을 사실적으로 그려줘" 하고 환경 교육 자료를 요청할 수 있습니다. 제미나이는 사실적인 스타일도 잘하고 교육적인 인포그래픽 스타일도 균형 있게 잘 만들어주니까요. 생성된 결과물로 구글 슬라이드 프레젠테이션을 만들면, 실제 환경단체에서 사용하는 것과 같은 수준의 프로젝트를 진행할 수 있습니다.

교사가 되고 싶은 학생이라면, 자신이 가르치고 싶은 내용을 시각 자료로 만들어보는 연습도 할 수 있어요. '삼각형의 종류를 설명하는 교육용 도표'를 만들고 구글 문서(Google Docs)에 정리하면, 예비 교사로서 교육 자료를 만드는 능력을 키워갈 수 있습니다. 이 내용을 구글 클래스룸에 바로 공유할 수도 있고요.

제미나이는 특히나 최근 AI 이미지 합성에 굉장한 능력을 보여준 나노 바나나(Nano Banana) 덕분에 다양하고 창의적인 결과물을 만들 수 있습니다. 다만, 현재 제미나이에서 나노 바나나를 이용하려면 모바일(휴대폰, 태블릿 등) 기기에 제공되는 어플을 이용해야 한다는 점을 기억하셔야 해요. 웹 페이지에서 이용하려면 젠스파크나 구글 AI 스튜디오(aistudio.google.com)에서 이용해야 하고요.

우리나라를 대표하는 독립운동가인 유관순 열사가 오늘날 같은 나이로 돌아와 현재를 살아간다면 어떤 삶을 살고 있을까요? 이를 상상하며 유관순 열사의 실제 사진을 바탕으로 이미지를 생성해보겠습니다. 유관순 열사의 학업과 독립에 대한 의지 등을 고려하여

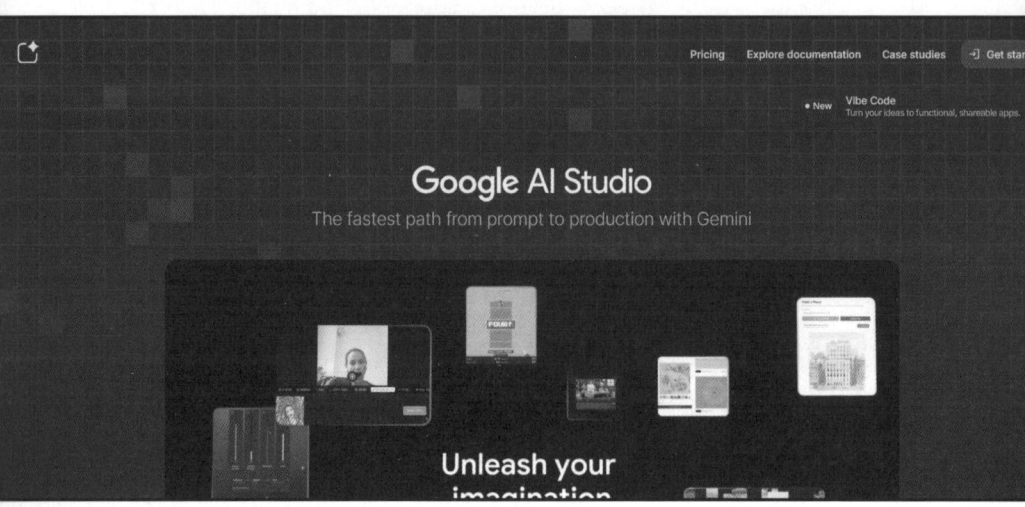

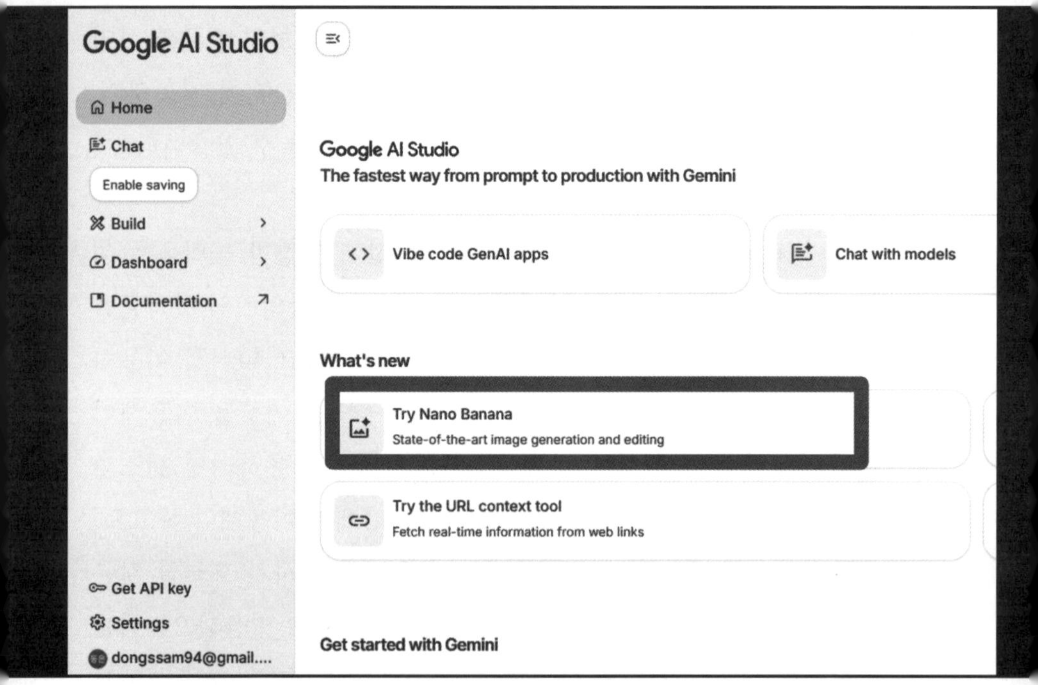

⬆ 구글 AI 스튜디오 메인 화면.
⬇ 구글 AI 스튜디오 나노 바나나 이용 화면.

UN에서 평화 이슈로 연설하는 모습을 가정해볼게요.

　생성된 결과물의 퀄리티가 정말 좋죠? 역사 과목의 사례이지만 다양한 과목의 내용과 충분히 연결하여 사용할 수 있습니다. 나노 바나나는 이처럼 이미지를 편집, 합성하여 생성하는 데 특화된 기능을 갖추고 있는데요. 다음 사진에서 설명하는 것처럼 젠스파크에서도 나노 바나나 기능을 이용할 수 있어요. 여러분이 편한 방식으로 활용하면 된답니다!

◀ 구글 AI 스튜디오 나노 바나나를 활용해 유관순 열사가 UN에서 연설하는 모습으로 바꾼 결과물.

▶ 구글 AI 스튜디오 나노 바나나를 활용해 유관순 열사가 UN에서 연설하는 모습으로 바꾸는 장면.

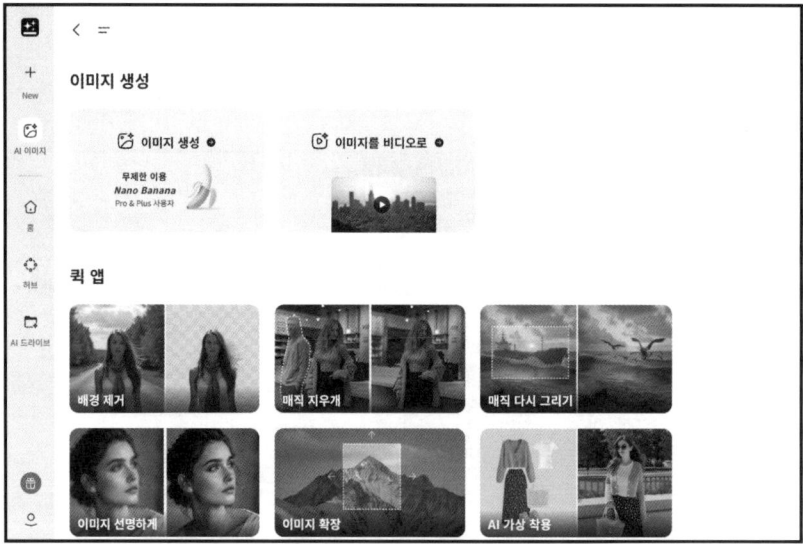

⬆ 젠스파크 메인 화면에 있는 나노 바나나 탭.
⬇ 젠스파크에서 볼 수 있는 나노 바나나의 다양한 기능.

그렇다고 해서 제미나이가 완벽한 것은 아니에요. 제미나이는 이미지를 한 번에 한 장씩만 생성하거든요. 젠스파크처럼 이미지를 여러 장 생성하거나 비교하는 데엔 어려움이 있죠. 챗지피티는 정밀한 작업을 수행하는 데 한계점이 분명한 툴이고요. 따라서 구글 생태계 통합과 안정적인 품질, 그리고 무료 사용이라는 세 가지 장점만으로도 제미나이는 학생들에게 가장 실용적인 도구가 될 수 있겠지요?

4) 투닝(Tooning) AI의 이미지 기능

투닝 AI는 한국 회사인 툰스퀘어가 만든 특별한 도구입니다. 일반적인 이미지 생성형 AI와 완전히 다른 방식으로 접근하는 AI인데요. 우선 **웹툰과 만화 제작에 특화되어 있고, 교육용으로 설계되었다**는 특이점이 있습니다. 또 하나, 교사 인증이 되면 PRO 버전을 평생 무료로 사용할 수 있어요. 하지만 걱정하지 마세요. 학생들도 일부 유료 기능을 제외하고는 무료 기능만으로 충분히 활용할 수 있

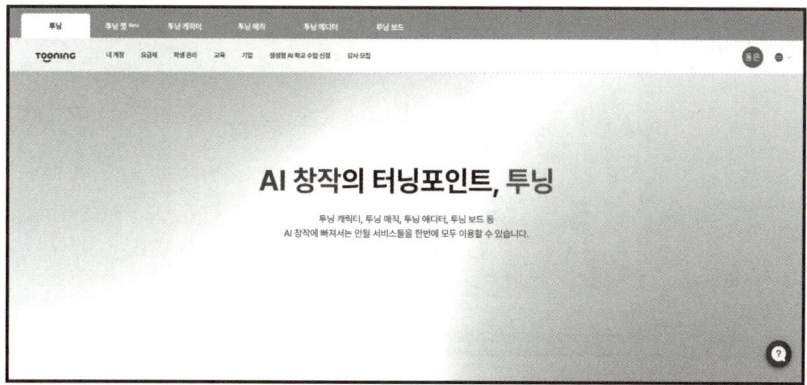

투닝 AI의 메인 페이지.

으니까요.

　다른 AI들이 '한 장의 완성된 이미지'를 만든다면, **투닝 AI는 '연속된 이야기'를 만듭니다.** 바로 이 점이 핵심적인 차이랍니다. 미리 만들어진 캐릭터가 약 450개 있는데요, 이 캐릭터들은 저마다 다양한 표정과 동작, 각도로 무장되어 있답니다. 여러분은 마음에 드는 캐릭터를 선택하고, 배경을 고르고, 말풍선을 넣고, 효과를 추가하면

⬆ 투닝 AI의 '투닝 매직' 페이지.
⬇ 투닝 AI의 '투닝 매직'을 활용해 김홍도 화풍으로 이미지를 생성한 모습.

서 웹툰 한 편을 완성하면 됩니다.

그중에서도 '투닝 매직'이라는 AI 기능은 정말 신기해요. 여러분이 사진을 찍으면 그것을 웹툰 캐릭터로 바꿔줍니다. 자기 얼굴을 넣어 역사상의 인물이 되어볼 수 있고, 친구들과 함께 찍은 사진으로 웹툰 캐릭터를 만들 수도 있습니다. 정말 특이한 점은 한 번 만든 캐릭터를 일관성 있게 여러 장면에 등장시킬 수 있다는 사실입니다. 챗지피티나 젠스파크는 같은 캐릭터를 여러 번 똑같이 만드는 것이 거의 불가능하거든요. 특히 투닝 매직은 빈센트 반 고흐, 신사임당, 이중섭 등 우리가 배우는 교과서에 등장하는 주요 화가들의 화풍을 학습한 AI를 탑재하고 있어요. 덕분에 원하는 이미지를 특정 화가 풍으로 담아내기가 수월합니다.

투닝 AI의 '투닝 캐릭터'의 프롬프트 엔지니어 GPT.

처음 투닝 매직을 이용하는 친구들은 어떤 명령어를 입력해야 할지 고민될 거예요. 이러한 초보 사용자들을 위해 투닝 AI에서는 '투닝 캐릭터'에 '매직 프롬프트 엔지니어'라고 하는 캐릭터 지피티

를 만들어놓았어요. 매직 프롬프트 엔지니어에 사용자가 원하는
결과를 단어 형식으로만 이야기해주어도 자연스러운 명령어를 만
들어준답니다. 이렇게 나온 프롬프트를 투닝 매직에 입력하면 쉽
게 이미지를 생성할 수 있지요.

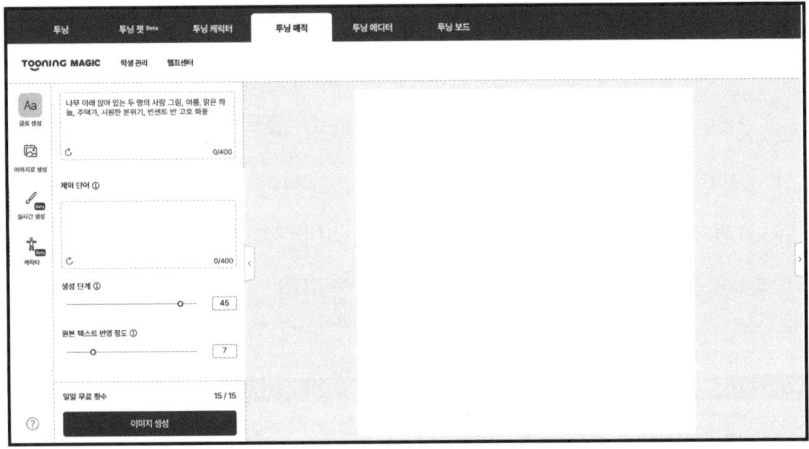

투닝 매직의 세부 설정 기능.

명령어를 입력했다면, 이미지를 생성하기 전에 조금 더 퀄리티
를 높일 수 있는 팁이 있어요! 바로 투닝 매직의 '세부 설정' 기능을
이용하는 것입니다. 이 기능에서 '생성 단계(이미지의 퀄리티)', '원
본 텍스트 반영 정도(프롬프트의 내용을 반영하는 정도)'를 조절해주
면 조금 더 원하는 결과에 가까운 이미지를 만들어낼 수 있어요. 생
성 단계를 올리면 이미지의 퀄리티가 올라가지만, 생성되는 시간
은 조금 더 오래 걸립니다. 하지만 그리 오랜 시간이 걸리는 것은
아니므로 생성 단계에서는 최대치를 놓고 작업을 요청하는 편이
좋습니다. 원본 텍스트 반영 정도는 AI에게 창의성의 자유도를 얼

마나 줄 것인가를 의미하는 것이기에 '중간 이상'을 설정하여 작업
할 것을 권합니다.

   그런데 투닝 AI가 웹툰 제작에 특화되어 있다 보니, 사실적인 풍
경 사진이나 콘셉트 아트 같은 것을 만드는 데엔 제한점이 있습니
다. 캐릭터 스타일이 정해져 있어서 챗지피티나 젠스파크처럼 완
전히 자유로운 스타일 구현도 어렵고요. 하지만 스토리가 있는 연
속된 이미지, 일관성 있는 캐릭터, 교육용 콘텐츠를 만들 때는 다른
도구들이 절대 따라올 수 없는 강점을 자랑합니다.

비교 항목	챗지피티	젠스파크	제미나이	투닝 AI
가장 큰 특징	퀄리티 최고! 완성도 높은 한 장	여러 스타일 한 번에 보기	구글 문서랑 같이 쓰기	웹툰처럼 연결된 그림
언제 쓰면 좋을까요?	■ 발표- 메인 이미지 딱 하나 ■ 진짜 사진같이 만들 때 ■ 과학/역사 자료 만들 때	■ 여러 버전 비교하고 싶을 때 ■ 어떤 스타일이 좋을지 고민될 때 ■ 광고 시안 여러 개 필요할 때	■ PPT나 문서 만들 때 ■ 친구들과 같이 작업할 때 ■ 과제 제출용으로 쓸 때	■ 4컷 만화 만들 때 ■ 같은 캐릭터로 여러 장면 ■ 스토리 있는 그림 그릴 때
어떤 과제에 이용하면 좋을까요?	과학 탐구 자료, 역사 보고서, 포스터	미술 과제, 디자인 비교, 스타일 연습	발표 자료, 보고서, 협업 과제	웹툰, 스토리북, 캐릭터 만들기

요금제는요?	무료 : GPT-4 계열 제한적 사용, 피크타임 제약, 일부 고급 기능 제한.	무료 : Google 계정으로 기본 텍스트,이미지 생성 가능	무료 : 하루 100 크레딧 정도를 제공하는 무료 플랜으로 기본 기능 체험	무료 : 일일 생성횟수 5회로 제한
	유료 : 챗지피티 Plus: 월 20달러 수준	유료 : 월 19.99달러 수준	유료 : 월 19.99~24.99달러 수준	유료 : 개인용 Pro: 월 11.99달러
이런 학생에게 추천해요!	완벽한 한 장의 이미지가 필요한 학생	가끔 쓰면서 여러 개 비교하고 싶은 학생	무료로 자주 쓰고 싶은 학생	웹툰 이미지를 그리고 싶은 학생
한마디 요약	비싸지만 품질 우수	쓴 만큼만 크레딧 지불	전체적으로 가성비 우수	웹툰 그림으로는 적합

4. 음성 AI

여러분, 수업 시간에 선생님 말씀을 놓치거나, 교과서를 읽다가 이해가 안 될 때 어떻게 하나요? 이제 AI가 여러분의 귀와 목소리가 되어줄 수 있어요. 이번에는 중학생 여러분이 무료로 사용할 수 있는 음성 AI 도구 3가지를 소개할 거예요. 바로 클로바노트(ClovaNote), 구글 문서(Google Docs), 스피치피이(Speechify)입니다. 이제부터 이 도구들을 학습과 진로에 어떻게 활용할 수 있는지 구체적으로 말씀드릴게요.

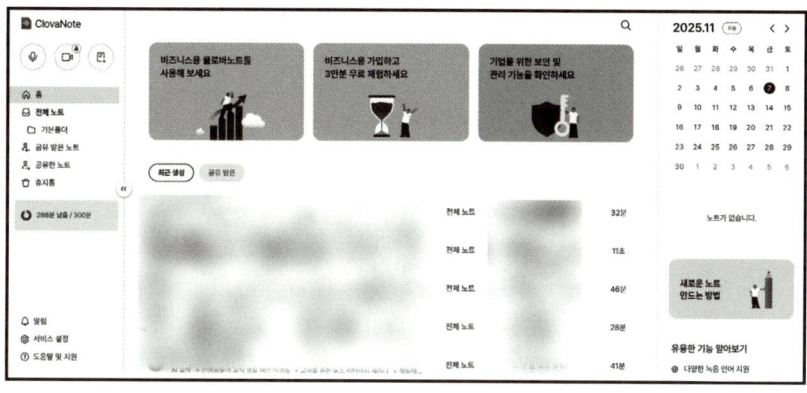

네이버 클로바노트 메인 화면.

1) 클로바노트(ClovaNote)

클로바노트의 가장 큰 강점은 **한국어 인식 정확도가 정말 뛰어나다**는 것입니다. 네이버가 수년간 660만 개의 한국어 데이터로 학습시킨 AI라서 그런지 한국 학생들이 쓰는 자연스러운 말투, 교과서에 나오는 전문 용어, 심지어 사투리까지 잘 알아들어요. 영어로 만들어진 다른 도구들과는 차원이 다르죠.

실시간 음성 인식 속도가 정말 빠르다는 것도 큰 장점이죠. 말하는 순간순간 내용이 텍스트로 바로 변환되어 화면에 나타나거든요. 회의나 토론 중에 사용해보면 마치 자막이 실시간으로 뜨는 것처럼 여겨진답니다. 녹음이 끝나면 AI가 자동으로 문단을 주제별로 나누어주고, 또 중요한 내용을 요약해주고요. 그러니 여러분은 대화에만 집중하면 되겠지요?

클로바노트에는 또 **화자 구분 기능**이 있어요. 여러 사람이 말해도 누가 뭐라고 했는지 구분해줍니다. 모둠 활동을 할 때 정말 유용한 기능이죠? 북마크 기능으로 중요한 순간을 표시해두면, 나중에 그

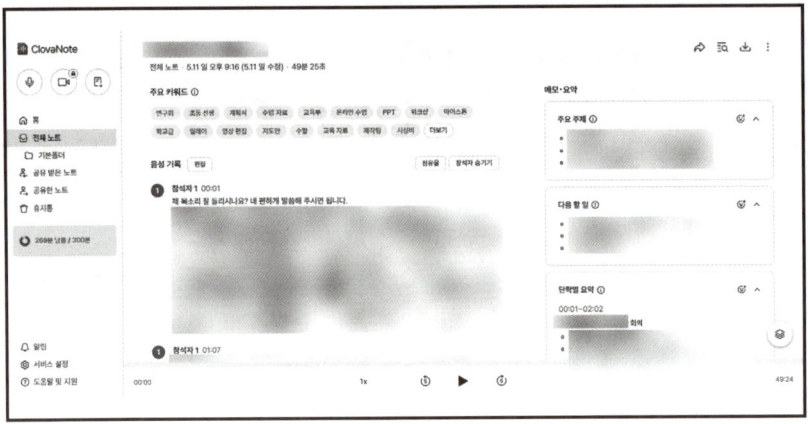

네이버 클로바노트를 활용해 실시간으로 회의를 정리하는 모습.

부분만 쏙 골라서 들을 수 있고요.

예를 들어 국어 시간에 토론 수업을 하기로 했어요. 이때 클로바노트를 어떻게 쓰면 좋을까요? 모둠별로 토론하는 내용을 클로바노트로 녹음하세요. 누가 어떤 의견을 냈는지 자동으로 구분되고, 텍스트로 기록됩니다.

(준호) "나는 이 소설의 주제가 가족의 사랑이라고 생각해."

(지민) "아니야, 나는 성장의 의미가 더 크다고 봐."

이런 식으로요. 토론을 마친 뒤 이 기록을 보면 토론문을 쉽게 작성할 수 있겠지요? 링크를 통해 모둠원들과 토론 내용을 공유하기도 편하고, 필요한 사람은 누구든 파일을 다운로드할 수도 있습니다.

클로바노트는 영어나 기타 **외국어를 공부할 때 발음 연습용으로 활용**하기 좋습니다. 교과서 지문을 소리 내어 읽고 클로바노트로 녹음해보세요. 여러분이 발음한 내용이 텍스트로 나타나는데요, 원래 교과서 내용과 결과물을 비교해보면 어떤 단어를 틀리게 발음

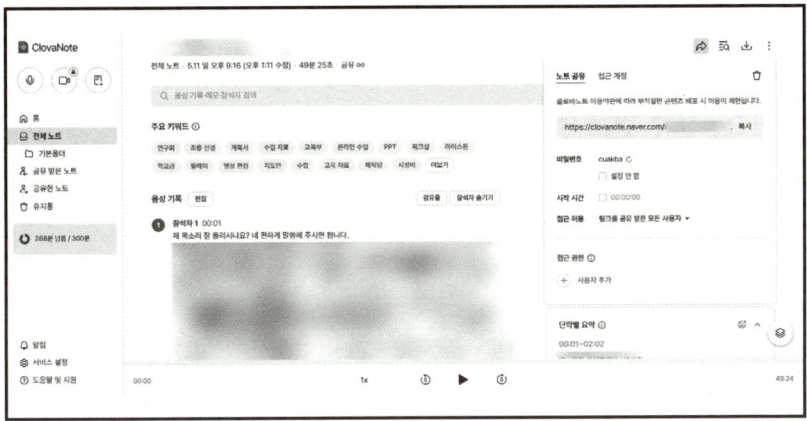

네이버 클로바노트를 활용해 회의 내용을 공유하는 모습.

했는지 바로 알 수 있습니다. 실제로 한국어과 대학생들이 클로바 노트로 자가 발음평가를 해서 학습 효과가 커졌다는 연구 사례도 있어요.[18]

기자나 작가를 꿈꾸는 학생이라면 인터뷰 연습에 클로바노트를 이용해보세요. 가족이나 친구를 인터뷰하고 클로바노트로 녹음하면, 대화한 내용이 전부 텍스트로 정리됩니다. 기자들도 실제로 이 도구로 인터뷰 기사를 쓴다고 해요. 여러분도 '우리 동네 빵집 사장님 인터뷰', '우리 동네 병원 취재' 같은 재미있는 프로젝트를 기획해보세요. 기자들이 하는 일을 미리 경험할 수 있을 겁니다.

변호사나 법조인을 꿈꾸는 학생들은 모의재판이나 토론 대회를 준비할 때 클로바노트가 도움이 됩니다. 이 도구로 모든 논리와 주

18 권민지, 「음성인식 프로그램 '네이버 클로바노트'를 활용한 한국어 학습자의 자가 발음평가 사례 연구」, 『외국어로서의 한국어교육』 69, 2023, p.28.

장을 기록한 뒤 나중에 텍스트를 보면서 "내 논리에 허점은 없었나?", "상대방은 어떤 근거를 댔나?" 등등 주요 이슈들을 분석할 수 있어요. 실제 변호사들도 의뢰인과의 상담을 이런 식으로 기록하거든요.

의사나 상담사를 꿈꾸는 학생에게도 클로바노트는 든든한 조력자가 됩니다. 친구의 고민 상담을 하게 되었다면 우선 친구의 동의를 얻은 후 그 과정을 녹음해보는 거예요. 나중에 상담 내용을 텍스트로 보면서 "내가 공감을 잘했나?", "적절하게 조언한 것인가?" 등등 주요 사항을 돌아볼 수 있어요. 상담 전문가들이 실제로 업무에 적용하는 방법이랍니다.

클로바노트는 무료로 활용할 수 있습니다. 매달 300분이라는 제한이 있지만 공부에 활용하기에는 적당해요. 하루에 10분씩 30일 쓸 수 있는 양이니까요. 조금 부족하다고 여긴다면 정말 중요한 수업이나 활동 위주로 사용할 것을 권합니다. 또 하나, 대화를 녹음하거나 강의실에서 사용할 때 소음이 많으면 인식 정확도가 떨어질 수 있으니 주의하세요. 조용한 환경에서 마이크를 가까이 두고 녹음하면 금상첨화겠죠.

2) 구글 문서(Google Docs)

구글 문서는 여러분이 이미 학교에서 사용하고 있는 도구죠? 그런데 여기에 음성 입력 기능이 있다는 걸 아는 학생은 많지 않아요. 이 기능은 완전 무료, 무제한이에요. 구글 계정만 있으면 누구나 사용할 수 있습니다.

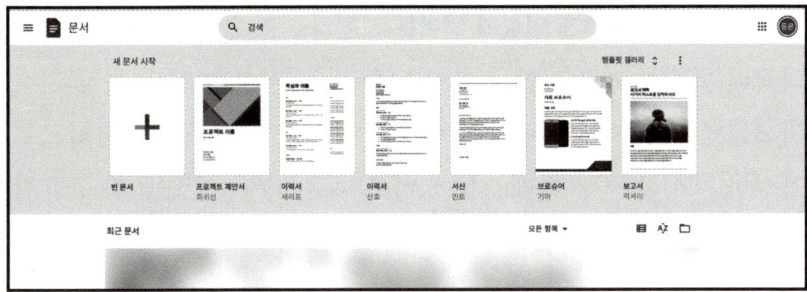

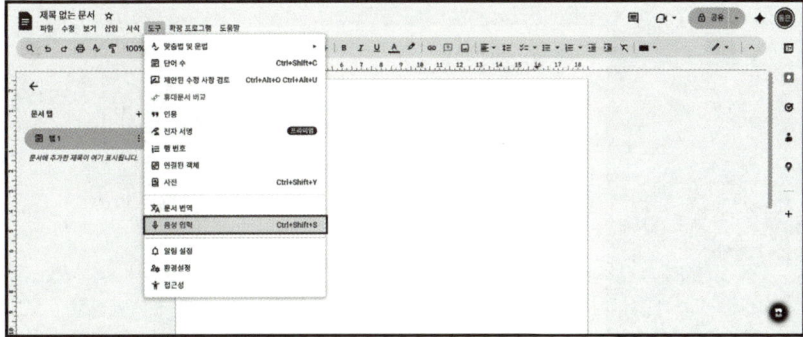

⬆ 구글 문서 메인 화면.
⬇ 구글 문서 음성 입력 기능 탭.

구글 문서 음성 입력의 가장 큰 특징은 쓰기와 말하기가 하나로 연결된다는 점입니다. 클로바노트는 녹음 후에 텍스트를 확인하는 방식이지만, 구글 문서는 말하는 즉시 문서에 글자가 입력되거든요. 마치 타자기를 사용하는 것처럼요. 손으로 쓰는 것보다 훨씬 빠르게 글을 완성할 수 있습니다.

재미있는 점은 구두점도 말로 입력할 수 있다는 것입니다. "오늘은 날씨가 좋다 마침표 새 줄 친구들과 공원에 갔다 느낌표" 이렇게 말하면 "오늘은 날씨가 좋다. 친구들과 공원에 갔다!"처럼 정확하게 입력된답니다. 말하기만으로 완성된 문장을 만들 수 있는 거죠.

구글 문서는 **100개 이상의 언어를 지원**하므로 영어나 중국어 같은 외국어 학습에도 편리합니다. 언어를 바꾸면 그 언어로 음성 인식이 되고, 구글 생태계(구글 워크 스페이스)와 완벽하게 연결되므로 작성한 문서를 구글 클래스룸에 바로 제출하거나 친구들과 공유할 수 있습니다.

구글 문서 공유 탭.

독후감이나 일기 쓰기가 힘든 학생들, 글을 어떻게 써야 하나 막막해하는 친구들에게 구글 문서는 정말 요긴합니다. 생각은 많은데 이것을 막상 글로 표현하려면 머릿속이 하얗게 탈색되는 경험, 다들 몇 번쯤 해보았죠? 이럴 때 구글 문서를 열고 음성 입력을 켜세요. 그런 다음 친구에게 이야기하듯이 편하게 말해봅니다. "이 책을 읽고 나는 주인공이 정말 용감하다고 느꼈어 마침표 왜냐하면…" 이런 식으로요. 자기 생각을 말로 표현하는 게 글로 쓰기보다 훨씬 쉽잖아요? 그러니까 일단 말로 다 입력한 다음, 나중에 문장을 다듬으면 됩니다. 훨씬 쉽게 글을 완성할 수 있을 거예요.

구글 문서는 영어를 공부할 때도 정말 유용합니다. 영어 교과서에 나오는 내용을 소리 내어 읽으면서 구글 문서에 입력한 다음, 언어를 영어로 바꿔보세요. 그러면 여러분이 읽은 영어 발음을 인식해서 텍스트로 바꿔줍니다. 이 자료를 원래 교과서 본문과 비교해 보면 어떤 단어를 틀리게 발음했는지 바로 알 수 있어요. 영어 선생님들이 실제로 수업에서 활용하는 방법이랍니다.

그뿐인가요? 구글 문서는 브레인스토밍을 할 때도 편리합니다. 과학 탐구 보고서의 주제를 정해야 하는데 아이디어가 안 떠오를 때, 구글 문서를 켜고 떠오르는 생각을 마구 말해보세요. "식물의 성장에 음악이 영향을 줄까 물음표 새 줄 우리 학교 급식의 영양 균형은 어떨까 물음표" 이렇게 생각나는 대로 말하다 보면, 어느새 10개가 훌쩍 넘는 아이디어가 문서에 정리되어 있을 겁니다.

유튜버나 방송인을 꿈꾸는 학생이라면, 구글 문서를 이용해서 영상 대본을 만들어보세요. 카메라 앞에 섰다고 가정하고는 자연스럽게 말하면서 대본을 작성하는 거죠. "안녕하세요 여러분 느낌표 오늘은 우리 학교 축제 준비 과정을 보여드릴게요" 하면서요. 이렇게 대본을 먼저 만들고 나서 관련 영상을 찍으면 말투가 훨씬 자연스러울 거예요.

교사가 되고 싶은 학생이라면, 발표 연습을 하면서 음성을 입력해보세요. 발표 원고를 그냥 읽는 게 아니라 청중에게 이야기하듯이 말하면서 그 내용이 문서로 만들어지는 경험을 쌓아가는 거죠. 나중에 텍스트를 보면서 "내가 어떤 말을 반복했나?", "설명이 논리적인가?"를 확인하면 됩니다. 만약 여러분이 음성을 통해 입력한 내용이 어수선하게 정리되어 있다면 구글 문서 안에 있는 도구 탭으로 들어가 맞춤법 검사를 해보세요. 문장을 깔끔하게 완성할 수 있습니다.

하지만 구글 문서도 완전한 만능은 아니에요. 실시간으로 음성이 텍스트로 입력되는 점은 좋은데, 클로바노트처럼 자동 요약 기능은 없거든요. 한국어 인식 면에서도 클로바노트보다 기능이 조금 떨어지고요. 특히 전문 용어나 고유명사를 틀리게 인식하는 경우가 종종 발생합니다. 하지만 무료인데다 무제한으로 활용할 수 있고, 작성하면서 바로 수정할 수 있다는 장점이 이런 단점을 상쇄해주니, 늘 곁에 두고 쓸 만하죠?

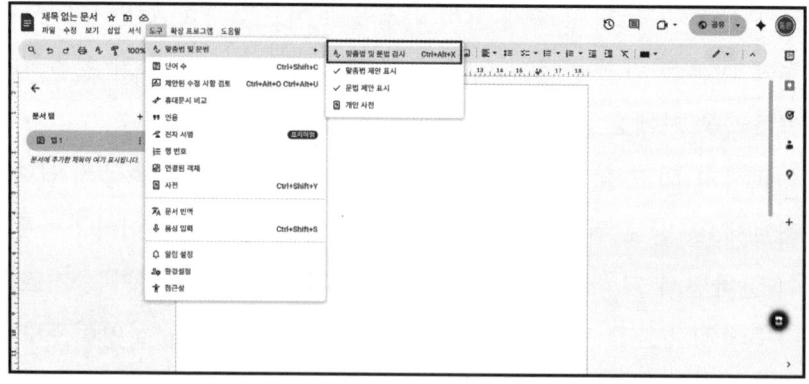

구글 문서를 활용해 맞춤법을 검사하는 장면.

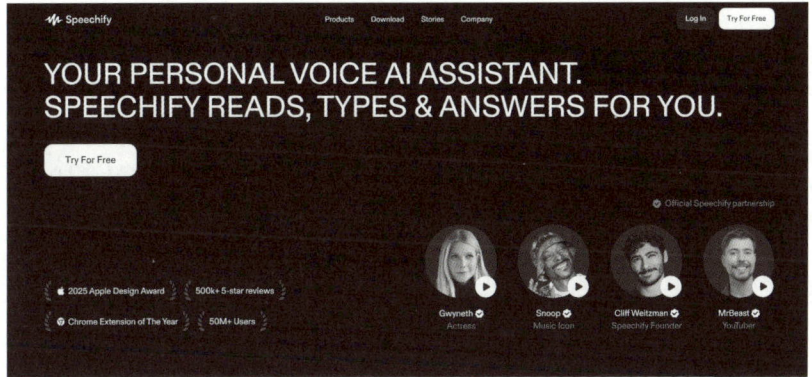

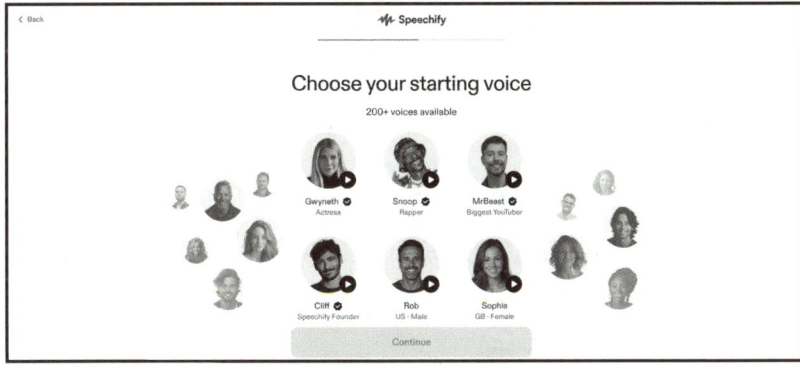

⬆️ 스피치파이 메인 페이지.
⬇️ 스피치파이의 스피커(Speaker) 선택 화면.

3) 스피치파이(Speechify)

스피치파이는 이제까지 살펴본 AI들과 반대 방향의 음성 AI입니다. 여러분이 말하는 걸 글로 바꾸는 게 아니라 글을 소리 내어 읽어주는 도구거든요. 무료 버전에서도 10개의 기본 음성으로 무제한 사용할 수 있어요.

스피치파이의 가장 큰 특징은 **어떤 텍스트든 자연스러운 음성으로 읽어준다**는 점입니다. PDF 교과서, 웹사이트 기사, 구글 문서, 이메일, 심지어 사진 속 글자까지 인식해서 읽어줘요. 마치 옆에서 누군가 읽어주는 것처럼 자연스럽죠.

마블 스튜디오의 영화 「아이언맨」 속 토니 스타크의 연인, 페퍼 포츠 역을 맡았던 배우 기네스 펠트로부터 래퍼 스눕독 등 다양한 유명 인사들의 목소리로 문서를 읽을 수 있다는 점은 여러분이 학습하는 과정에서 흥미를 높여주는 요소가 될 겁니다.

또 하나의 장점은 **속도 조절이 정말 다양하다**는 것입니다. 0.5배속부터 5배속까지 조절할 수 있거든요. 덕분에 이해하기 어려운 부분은 천천히, 쉬운 부분은 빠르게 들으면서 시간을 절약할 수 있습니다. 연구에 따르면, 듣기로 학습할 때 1.5~2배속이 집중력과 이해도가 가장 높다고 해요.

60개 이상의 언어를 지원하므로 영어 교과서도 원어민 발음으로 척척 읽어줍니다. 크롬 확장 프로그램이나 모바일 앱으로 제공되어서 어디서든 사용할 수 있고, 책을 읽다가 하이라이트한 부분만 골라서 들을 수도 있습니다.

아침에 등교할 때 이어폰을 끼고 스피치파이로 오늘 배울 교과서 내용을 들어보세요. 사회 교과서 3장을 사진으로 찍어 PDF로 만든 다음 스피치파이에 넣으면, 통학하는 시간에 전부 들을 수 있습니다. 수업 전에 미리 들어두면, 선생님께서 설명해주시는 내용이 훨씬 잘 이해되겠지요? 이런 방법을 사전 학습이라고 하는데요. 자투리 시간을 활용해 사전 학습을 반복하면 성적 향상에 정말 큰 도움이 됩니다.

이 도구는 영어 과목의 듣기 평가를 대비할 때도 유용합니다. 영어 지문을 스피치파이에 넣고 원어민 음성으로 들으면서 동시에

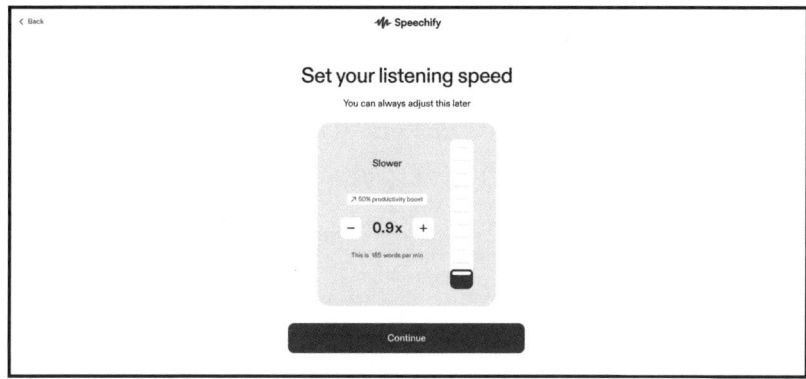

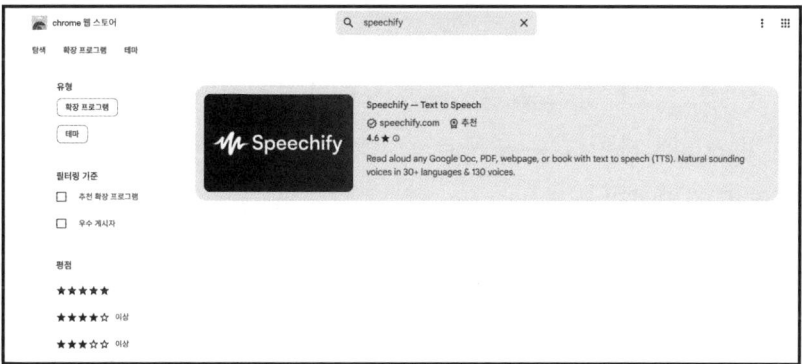

⬆ 스피치파이의 음성 속도 조절 화면.
⬇ 크롬 웹스토어의 스피치파이 확장 프로그램.

따라 읽어보세요. 이런 것을 '섀도잉(Shadowing) 기법'이라고 하는데, 영어 말하기와 듣기 실력이 동시에 늘 거예요. 속도를 천천히 해서 연습하다가 점점 빠르게 하면, 실전 듣기 평가가 훨씬 쉽게 느껴질 것입니다.

시험공부를 할 때도 활용해보세요. 여러분이 정리한 노트를 스피치파이로 읽게 하면서 청소하는 동안이나 운동 시간에 들어보는 겁니다. 꼭 책상에 앉아서 눈으로 보는 것만이 공부가 아니에요. 귀로 듣는 것 역시 훌륭한 복습 방법입니다. 특히 암기 과목은 반복 학습의 효과가 탁월한 분야죠.

난독증이나 읽기에 어려움이 있는 학생들에게는 더욱더 도움이 됩니다. 스피치파이는 원래 읽기 장애가 있는 학생들을 위해 만들어진 도구거든요. 글자를 읽는 것은 힘들어도 귀로 들으면 내용을 이해하기 수월하죠.

의사나 법조인처럼 공부를 많이 해야 하는 직업을 꿈꾸는 학생이라면 스피치파이로 효율적인 학습 습관을 다져보세요. 대학생이나 전문직 종사자들은 하루에 수백 페이지의 자료를 읽어야 하는데, 이 모든 것을 눈으로 읽으려면 시간이 부족하기 마련입니다. 이럴 때 스피치파이 같은 도구로 듣기와 읽기를 병행하는 습관을 지금부터 길러보면 어떨까요?

방송인이나 성우를 꿈꾸는 학생은 스피치파이의 음성들을 연구해보세요. "이 음성은 왜 자연스럽게 들릴까?", "감정은 어떻게 표현하지?" 등등 여러 요소를 분석하면서 좋은 목소리, 정확한 발성의 특징을 배울 수 있을 거예요. 자신의 목소리와 비교하면서 연습하는 데 정말 유용한 도구랍니다.

오디오북 제작자나 팟캐스터를 꿈꾸는 학생이라면 스피치파이가 어떻게 문장을 끊어 읽는지, 속도는 어떻게 조절하는지 유심히 관찰해보세요. 전문 내레이터들이 바로 이런 일을 하거든요. 여러분도 자기가 쓴 글을 스피치파이로 들어보면, '이 문장은 너무 길어서 듣기 어렵네' 하고 부족한 부분을 발견할 수 있게 됩니다.

무료 버전은 음성이 10개로 제한되어 있고, 가장 자연스러운 프리미엄 음성들은 유료예요. 한국어 음성은 영어 음성보다 자연스러움이 조금 떨어진다는 단점이 있지만, 영어 교과서나 영어 자료를 듣기에는 완벽하고, 한국어 교과서도 충분히 알아들을 수 있는 수준입니다.

이제 각 도구의 특징을 명확히 아셨죠?

정리해볼게요. **수업이나 토론을 기록하고 싶다면? 네이버 클로바노트!** 강의 녹음, 모둠 활동 기록, 인터뷰 연습처럼 여러 사람의 대화를 정확하게 기록하고 요약해야 할 때는 클로바노트가 최고예요. 한국어 정확도와 자동 요약 기능은 다른 도구가 따라올 수 없어요.

글쓰기를 빠르고 쉽게 하고 싶다면? 구글 문서 음성 입력! 독후감, 보고서, 발표 대본처럼 여러분이 직접 창작하는 글을 빠르게 작성하고 싶을 때는 구글 문서 음성 입력이 최적이에요. 무료 무제한이고, 구글 생태계와 연결되어 있어서 학교에서 내주는 다양한 과제를 하는 데 정말 최적이죠.

교과서나 자료를 읽어주는 도우미가 필요하다면? 스피치파이! 교과서 예습, 영어 듣기 연습, 복습 자료 듣기처럼 글로 된 자료를 음성으로 듣고 싶을 때는 스피치파이가 정답이에요. 특히 영어 공부나 이동 중 학습에 정말 유용해요.

5. 영상 AI

여러분, 유튜브나 인스타그램으로 멋진 영상을 보면서 '나도 저런 거 만들어보고 싶다'고 생각한 적 있나요? 예전에는 비싼 편집 프로그램을 배우고 촬영 장비도 사야 했지만, 이제는 AI가 여러분을 도와줄 수 있습니다. 이번 챕터에서는 여러분이 무료로, 또 쉽게 사용할 수 있는 영상 AI 도구 3가지를 소개하면서, 학습과 진로에 어떻게 활용할 수 있는지 구체적으로 이야기해볼게요. 그 주인공은 바로 캔바(Canva), 캡컷(Capcut), 브루(Vrew)입니다.

1) 캔바(Canva)

첫 번째 도구는 여러분도 한 번쯤 들어보고, 아마 사용해본 경험도 있을 법한 캔바인데요! 캔바는 원래 포스터나 프레젠테이션을 만드는 디자인 도구로 유명했는데, 이제 AI 영상 제작 기능까지 갖춘 만능 도구가 되었습니다.

가장 중요한 점은 초중고 학생들은 교육용 캔바를 100% 무료로 사용할 수 있다는 것입니다. 여러분이 대학생이 되면 대학 이메일로 인증해서 Pro 기능을 무료로 쓸 수 있고요.

캔바의 가장 큰 특징은 **템플릿의 종류가 아주 다양**하다는 점입니다. 빈 화면에서 디자인을 시작하는 게 아니라 이미 멋지게 준비된 영상 템플릿을 골라서 여러분만의 내용으로 바꾸면 됩니다. '학교 소개 영상', '과학 실험 발표', '독후감 영상' 같은 주제별 템플릿이 수천 개 준비되어 있으니까요. 마치 옷 가게에서 마음에 드는 옷을 고르듯이 템플릿을 선택하여 자신이 원하는 방향에 따라 쉽게 편

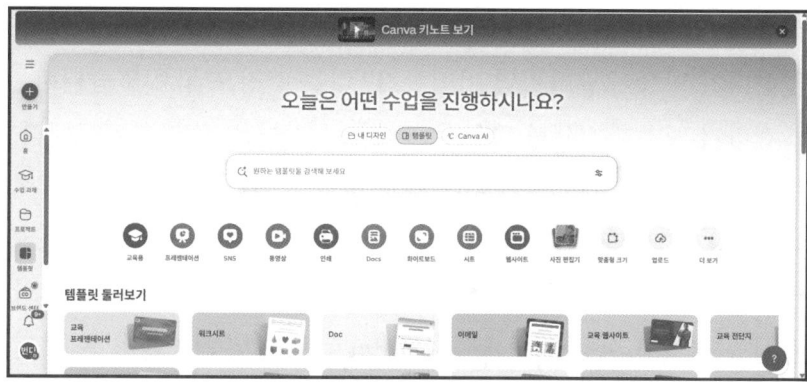

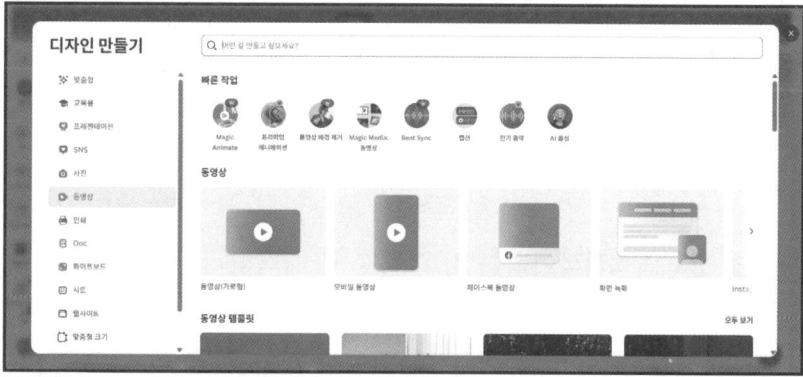

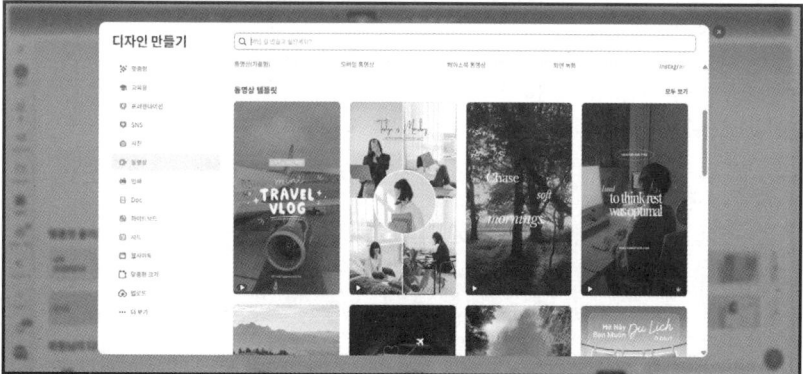

⬆ 캔바 메인 페이지.
➡ 캔바 영상 편집 설정 화면.
⬇ 캔바 동영상 템플릿 선택 화면.

집할 수 있습니다. 심지어 작업이 자동 저장되기 때문에 '중간에 작
업하다가 영상이 날아가면 어떡하지?'라는 걱정도 필요 없습니다.

캔바가 보유한 'Magic Media'라는 AI 기능은 정말 신기합니다.
'봄날 벚꽃이 흩날리는 한국의 학교 운동장'이라고 텍스트만 입력
하면, AI가 그 장면의 영상을 만들어줘요. 여러분이 직접 촬영하지
않아도 필요한 영상을 만들 수 있는 거죠. 무료 사용자는 AI 영상
생성을 월 5회 사용할 수 있고요. Magic Media 기능은 왼쪽 하단
의 '앱' 메뉴에서 확인할 수 있습니다.

게다가 드래그 앤 드롭 방식으로 작동하는 거라 사용하기도 정
말 쉬워요. 마우스로 끌어다 놓기만 하면 영상이 완성되잖아요. 타
임라인을 복잡하게 조작할 필요가 없는 거죠. 사진을 넣고, 텍스트
를 추가하고, 배경 음악을 고르는 게 전부랍니다. **초등학생도 사용할
수 있을 정도로 직관적**이라는 점이 가장 큰 매력입니다.

그뿐 아니에요. 상업적으로 사용할 수 있는 무료 소스도 엄청 많
아요. 캔바에 있는 사진, 영상 클립, 배경 음악은 전부 저작권 걱정
없이 사용할 수 있습니다. 유튜브에 올려도 괜찮고, 과제로 제출해
도 괜찮답니다. 이게 얼마나 큰 장점인지 아세요? 일반적으로는 저
작권이 있는 음악을 쓰면 영상이 삭제되거나 문제가 생길 수 있거
든요.

그렇다면 이 도구를 우리가 공부할 때 어떻게 활용할 수 있을까
요? 예를 들어 과학 시간에 '태양계 행성'에 대해 발표해야 한다면,
캔바의 '교육용 과학 영상' 템플릿을 선택하면 됩니다. 거기에 각
행성 사진을 넣고, 특징을 텍스트로 추가하면 3분짜리 발표 영상이
완성되지요. 여러분이 직접 말하는 목소리를 녹음해서 넣을 수도

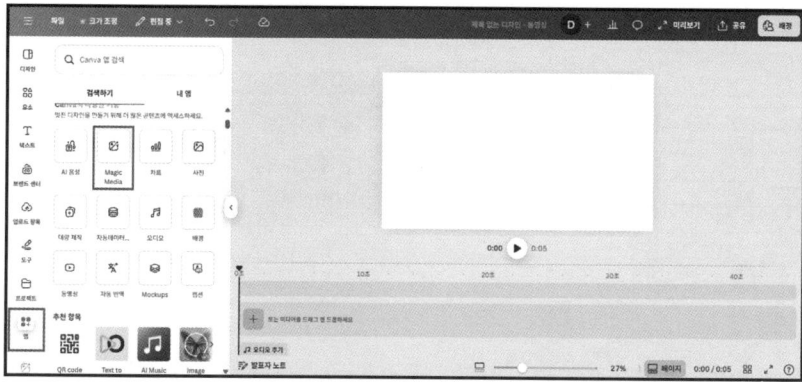

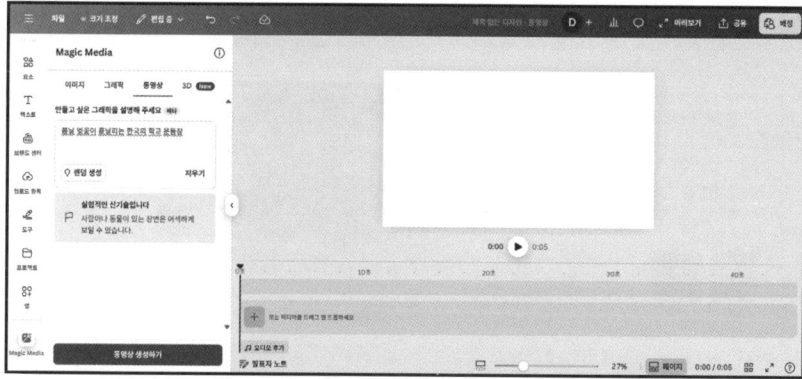

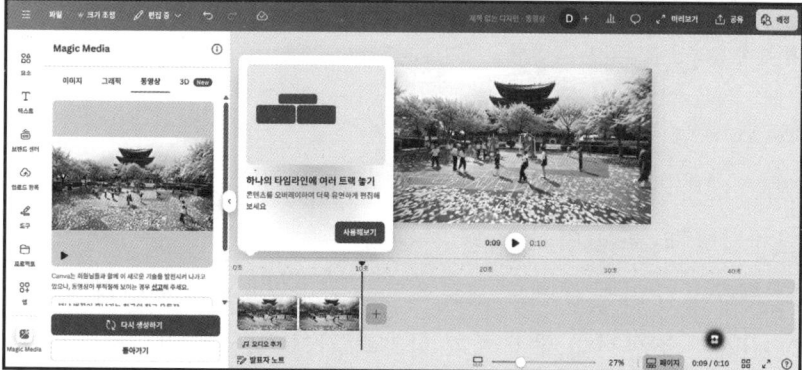

⬆ 캔바의 Magic Media 선택 화면.
➡ 캔바의 Magic Media를 통해 AI 동영상을 생성하는 장면.
⬇ 캔바의 Magic Media를 통해 생성한 AI 동영상.

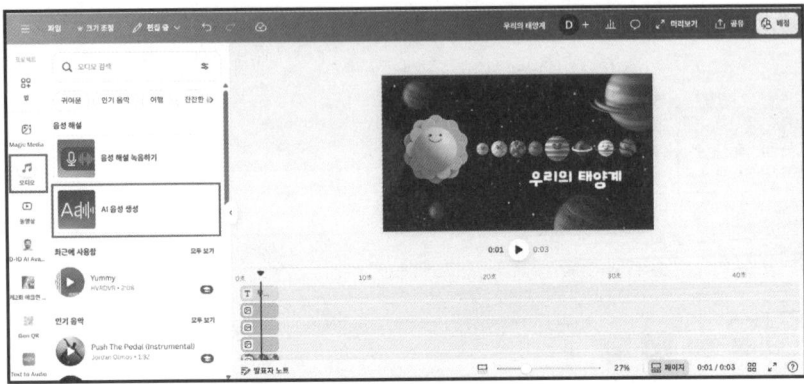

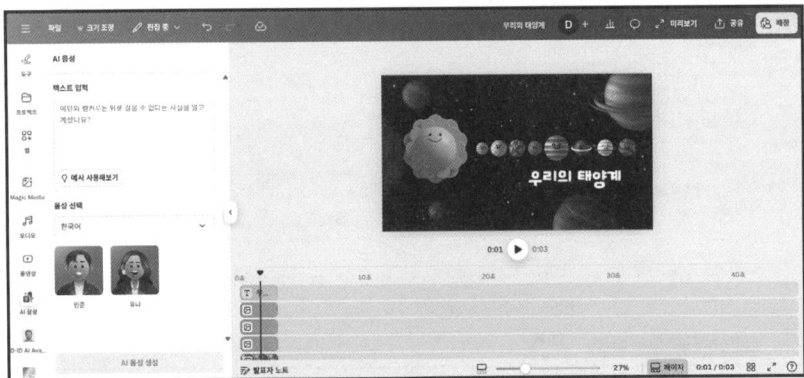

⬆ 캔바 동영상에 삽입할 AI 음성을 생성하는 탭.
⬇ 캔바 동영상에 삽입할 AI 음성을 선택하는 장면.

있고, 캔바의 AI 음성으로 대본을 읽어주게 할 수도 있어요.

만약 여러분이 역사 수업 시간에 '우리가 살아가는 지역의 역사 탐구하기'라는 주제로 프로젝트를 한다면요? 캔바 AI의 Magic Media로 '조선시대 세종 시기 한양의 거리' 영상을 생성하고, 역사적 사실을 설명하는 텍스트를 자막처럼 넣으면 됩니다. 그러고 나서 캔바에 있는 전통 음악을 배경으로 깔면, 마치 다큐멘터리 같은

캔바 동영상으로 역사 수업 과제를 진행하는 장면.

영상이 만들어져요.

국어 시간에 '책 소개 영상' 만들기 과제가 나왔다면? 캔바의 '북 리뷰' 템플릿을 사용하세요. 책 표지를 올리고, 줄거리를 요약한 텍스트를 넣고, 인상 깊었던 구절을 강조하면 돼요. 여기에 감정을 자극하는 배경 음악을 추가하면, 친구들이 정말 그 책을 읽고 싶어질 거예요.

유튜버나 콘텐츠 크리에이터를 꿈꾸는 학생이라면 캔바로 썸네일 디자인과 인트로 영상을 만들어보세요. 유튜버들이 가장 많이 고민하는 게 바로 이 두 가지거든요. 캔바의 '유튜브 썸네일' 템플릿으로 시선을 끄는 썸네일을 만들고, '인트로 영상' 템플릿으로 5초짜리 오프닝을 만들면 됩니다. 실제로 유튜브에 채널을 만들고 영상을 올려보면서 크리에이터들이 하는 일을 경험해볼 수 있죠.

마케터나 광고 기획자를 꿈꾸는 학생이라면 캔바로 제품 소개 영상을 만들어볼 수 있어요. '우리 학교 축제 홍보 영상', '동아리 모집 영상', '졸업식 영상'처럼 실제로 필요한 홍보 영상을 제작하면

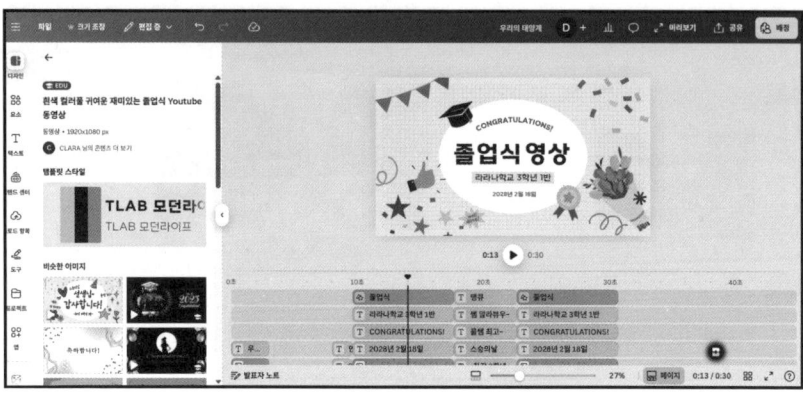

캔바 동영상 및 AI 기능으로 졸업식 영상을 생성한 모습.

서 마케팅의 기본까지 배울 수 있습니다. 어떤 이미지가 사람들의 시선을 끄는지, 어떤 문구가 효과적인지를 직접 실험해볼 수 있는 기회가 생기는 거예요.

교사가 되고 싶은 학생들은 캔바로 교육용 영상을 만들어보세요. '분수의 나눗셈을 쉽게 설명하는 3분 영상(쇼츠, 릴스)'과 같은 것을 만들어보면 어떻게 해야 어려운 개념을 쉽게 전달할 수 있을지 고민하게 된답니다. 실제로 특수학교 학생들이 캔바 AI로 학교 소개 영상을 만든 사례도 있어요.

캔바의 AI 영상 생성 기능과 템플릿이 굉장히 많다는 건 장점이지만, 자유도는 조금 떨어져요. 완전히 새로운 스타일을 만들기는 어렵거든요. 그리고 AI 영상 생성은 월 5회로 제한되어 있어서 영상을 많이 만들고 싶다면 요령껏 아껴 써야 합니다. 하지만 학생 무료 혜택과 사용 편의성을 생각하면 정말 좋은 시작점이죠?

캡컷 메인 화면.

2) 캡컷(CapCut)

두 번째로 소개할 AI 영상 생성 도구는 캡컷입니다. 캡컷은 틱톡을 만든 회사에서 출시한 영상 편집 앱이에요. 완전 무료로 워터마크도 없이 사용할 수 있어서 전 세계 학생들이 가장 많이 쓰는 영상 편집 도구 중 하나랍니다. 특히 모바일 앱이 정말 강력해서 스마트폰만 있으면 전문가 수준의 영상을 만들 수 있어요.

캡컷이 자랑하는 가장 큰 특징은 **AI 자동 편집 기능**입니다. 여러분이 찍은 영상 클립 여러 개를 넣으면, AI가 자동으로 리듬에 맞춰 편집해주는데요. 비트에 맞춰 컷을 나누고, 전환 효과를 넣고, 배경 음악까지 자동으로 싱크를 맞춰줍니다. 마치 전문 편집자가 대신 해주는 것 같죠?

게다가 AI 자막 생성 기능은 얼마나 유용한지 몰라요. 영상을 넣으면 AI가 음성을 인식해서 자동으로 자막을 만들어주니까요. 한국어도 잘 인식하고, 영어도 되고, 중국어, 일본어 등 여러 언어를 지원합니다. 유튜버들이 영상에 자막 입히는 데 시간을 가장 많이

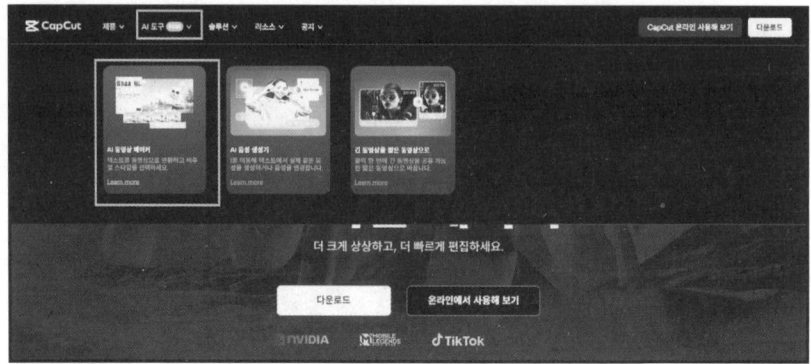

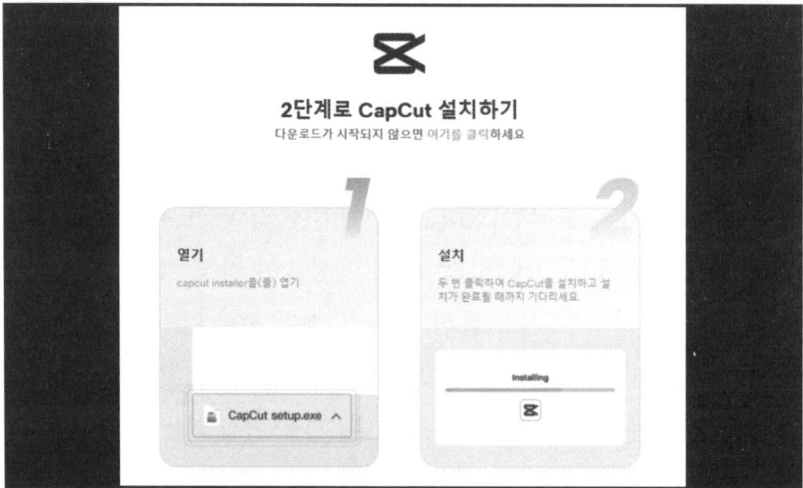

⬆ 캡컷의 설치 및 다운로드 장면.
⬇ 캡컷의 AI 영상 도구 탭 화면.

쓴다는 점을 고려하면 1분 만에 이 작업을 해결해주는 캡컷이 정말 놀라운 프로그램이란 걸 알 수 있지요.

또 하나, AI 음성 생성 기능도 있습니다. 텍스트를 입력하면 AI가 목소리로 읽어주는 기능인데요. 여러분 목소리를 녹음하기 부끄러울 때, 또는 내레이션이 필요할 때 정말 유용하지요. 남성 목소리,

여성 목소리, 밝은 톤, 차분한 톤 등 선택지도 다양하고요.

아쉬운 점이 있다면 웹 사이트 안에서 제작하고 공유하는 것이 아직은 어렵다는 것입니다. 모바일 기기(핸드폰, 태블릿 등)에서는 어플을 설치해야 하고, 데스크탑이나 노트북에서 작업하려면 반드시 홈페이지에서 별도의 프로그램을 설치해줘야 해요. 조금 번거롭기는 해도 수업이나 과제에 활용할 수 있는 트렌디한 효과와 필터가 계속 업데이트되니, 그 정도 번거로움은 감수해야겠죠? 또한 틱톡이나 인스타그램 릴스에서 유행하는 효과들도 바로 캡컷에 추가된답니다. 글리치 효과, 슬로 모션, 역재생, 그린스크린 같은 전문적인 효과도 클릭 몇 번으로 적용할 수 있고요.

만약 체육 시간에 '댄스 루틴 영상' 과제를 받았다면, 캡컷을 사용하는 게 최고의 선택이 될 겁니다. 여러분이 춤추는 영상을 찍어서 캡컷에 넣으면 AI가 음악 비트에 맞춰 자동으로 편집해줘요. 하이라이트 부분은 슬로모션으로, 역동적인 부분은 빠르게 편집되면서 정말 멋진 영상이 완성된답니다.

영어 시간에 '영어 뉴스 만들기' 프로젝트를 한다면? 여러분이 앵커가 되어 영어로 뉴스를 읽는 영상을 찍고, 캡컷의 자동 자막 기능을 켜보세요. 영어 발음을 AI가 인식해서 자막으로 만들어주는데, 이걸 확인하고는 '내가 이 단어를 잘못 발음했구나, 다음엔 주의해야지' 하면서 점점 실력을 키워갈 수 있습니다.

과학 실험 영상을 만들 때도 좋아요. 실험 과정을 촬영하고, 캡컷의 템플릿 기능으로 '과학 실험' 스타일을 적용하면, 자동으로 타이틀, 설명 자막, 효과음이 추가됩니다. 여러분은 실험에만 집중하고, 편집은 AI가 대신해주는 거죠.

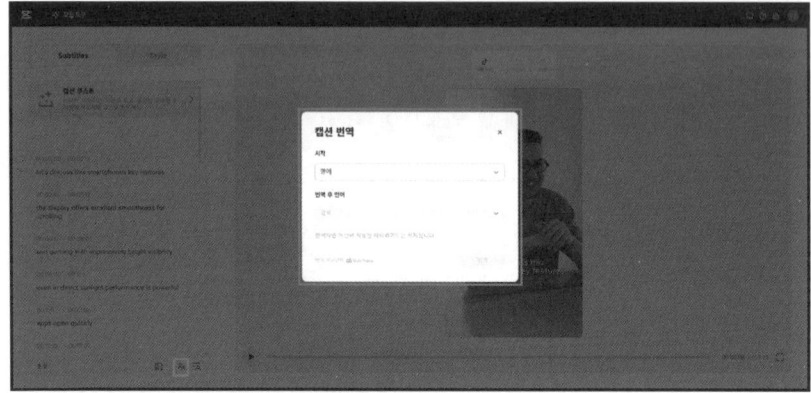

⬆ 캡컷의 AI 자막 기능.
⬇ 캡컷의 그린스크린 기능.

　영상 편집자가 되거나 유튜버가 되고 싶은 학생이라면, 캡컷으로 쇼츠 영상 만들기를 연습해보세요. 여러분도 알다시피, 요즘 콘텐츠 시장은 1분 이내 쇼츠가 대세죠? 앞으로 숏폼 영상(1분 내외의 짧은 형식의 영상) 시대를 넘어 다시 롱폼 영상(20분 이상의 긴 영상) 시대가 올 거라는 추측도 있지만, 롱폼을 만들기 전에 짤막한 영상

부터 만들어보는 게 더 쉽고 직접적으로 도움이 될 거예요. 그다음에 어느 정도 익숙해지면 롱폼을 숏폼으로 바꿔 전달하는 연습도 해보세요. 캡컷은 세로 영상 편집에 최적화되어 있어서 틱톡이나 인스타그램 릴스, 유튜브 쇼츠를 만들기 딱 좋은 프로그램입니다. 매일 하나씩 쇼츠를 만들면서 편집 감각을 키워볼까요?

유튜브 크리에이터 같은 1인 미디어 창작자를 꿈꾼다면, 캡컷의 그린스크린 기능을 활용해보세요. 여러분 방에서 촬영해도 배경을 우주나 바다로 바꿀 수 있어요. 촬영 장소의 제약 없이 다양한 콘텐츠를 만들 수 있죠. 이것이 바로 요즘 크리에이터들이 쓰는 기술이랍니다.

영화감독이나 영상 연출가가 되고 싶은 친구들이 있나요? 그렇다면 캡컷으로 짧은 단편 영화를 만들어보세요. 스마트폰으로 친구들과 짧은 스토리를 촬영하고, 영화 같은 색감과 효과를 넣어보세요. 실제로 많은 영화제에서 '스마트폰 영화 부문'이 생겼을 정도로 이제는 장비가 아니라 아이디어와 연출이 중요한 시대가 되었습니다. 대표적으로 세계 최초로 영화 아카데미를 통해 장애인과 비장애인이 함께 스마트폰으로 영화를 만들고 그 작품을 상영하는 새로운 형식의 영화제 '대한민국패럴스마트폰영화제'가 있습니다.

모바일 앱이 강력하긴 하지만, 긴 영상을 편집하는 데엔 한계가 있어요. 만일 영상의 길이가 10분을 넘긴다면 모바일보다는 PC 버전을 쓰는 편이 더욱 편리합니다. 그리고 AI 기능 중 일부는 Pro 버전에서만 사용할 수 있고요. 하지만 무료 버전만으로도 충분히 멋진 영상을 만들 수 있고, 무엇보다 **워터마크가 없다**는 게 큰 장점이랍니다.

대한민국패럴스마트폰영화제 홈페이지.

3) 브루(Vrew)

마지막으로 알아볼 AI 영상 생성 및 편집 도구는 브루입니다. 브루는 한국 회사 보이저엑스가 만든 AI 영상 편집 프로그램이에요. 완전 무료로 사용할 수 있고, 특히 **자막 작업에 정말 강력한 도구**랍니다. 인터뷰 영상이나 토론 영상에 자막을 넣어야 할 때 브루가 최고예요. 사회 시간에 '지역 주민 인터뷰 프로젝트'를 진행하기로 했다면, 인터뷰 영상을 브루에 넣기만 하세요. AI가 자동으로 누가 뭐라고 말했는지 전부 자막으로 만들어줘요. 여러분은 자막의 오타만 고치면 돼요.

게다가 브루는 AI 음성 인식으로도 자막을 자동 생성해줍니다. 영상을 넣으면 AI가 음성을 듣고 1분 만에 자막을 전부 만들어주거든요. 한국어 인식 정확도가 정말 높아서 사투리나 빠른 말도 잘 알아들어요. 영상 편집자들이 가장 싫어하는 자막 작업을 AI가 대신

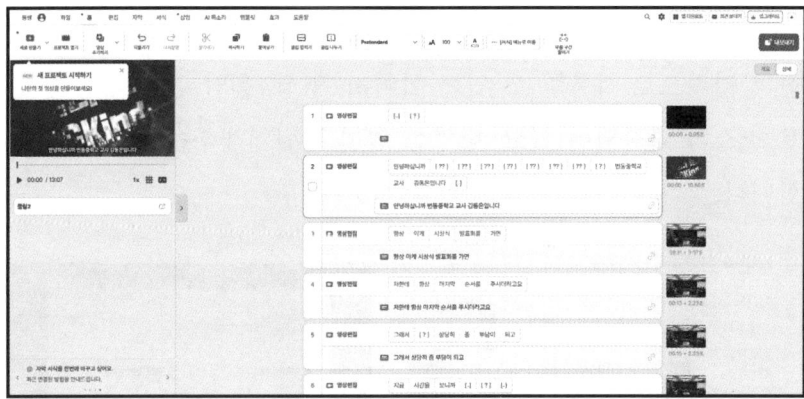

⬆ 브루 메인 페이지.
⬇ 브루의 AI 음성 인식 및 자막 생성 장면.

해주는 거죠.

브루의 텍스트 편집 방식은 정말 특별합니다. 영상을 타임라인에서 자르는 게 아니라 대본처럼 텍스트를 보면서 편집해요. "이 문장을 삭제하고 싶다"는 생각이 들면 그 자리에서 문장을 지우면 돼요. 그럼 해당하는 영상 부분도 자동으로 잘립니다. 마치 워드 문서

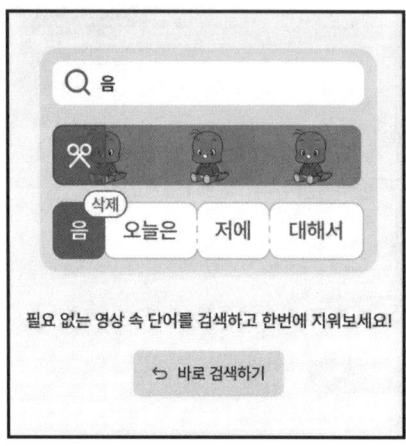

브루의 AI 텍스트 편집 장면.

에서 텍스트를 편집하듯이 영상을 편집하는 거예요.

　브루에는 500개 이상의 AI 목소리가 있어요. 여러분이 직접 녹음하지 않아도 AI 목소리만으로 내레이션을 만들 수 있지요. 밝은 여성 목소리, 차분한 남성 목소리, 어린이 목소리 등 상황에 맞는 목소리를 선택할 수 있습니다. 또한 상업적으로 사용할 수 있는 이미지, 영상, 음악 같은 다양한 무료 소스가 내장되어 있고, 다양한 언어로 번역해주는 기능도 지원합니다.

⬆ 브루의 AI 음성 생성 장면.
⬇ 브루의 AI 다국어 번역 장면.

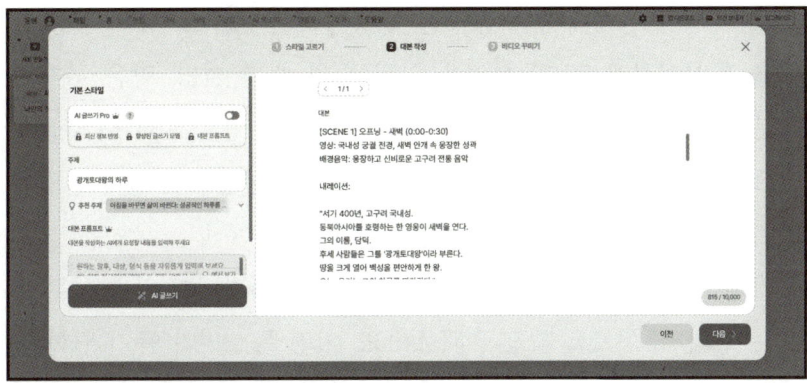

브루의 TTV(Text To Video, 텍스트로 영상 만들기) 기능.

　독특한 점은 **텍스트만으로도 고퀄리티의 영상을 만들 수 있다**는 것입니다. 이 기능은 정말 혁신적이에요. 대본만 쓰면, AI가 자동으로 그 대본에 맞는 이미지와 영상을 찾아서 영상을 만들어주거든요. 카메라나 폰으로 대상을 촬영하지 않아도 사용자가 원하는 영상을 완성할 수 있는 거예요.

　브루는 발표 연습 영상을 만들 때도 유용해요. 여러분이 발표하는 영상을 찍은 다음 브루에 넣으면, 말한 내용이 전부 텍스트로 변환돼요. 이걸 보면서 "어? 나 여기서 '음…', '저…' 이런 말을 너무 많이 했네"를 발견해낼 수 있습니다. 이때 불필요하다고 여겨지는 부분을 텍스트에서 삭제하면 해당 영상이 누락되면서 전체가 자동으로 편집됩니다.

　교과서 내용을 설명하는 영상을 만들 때, 텍스트로 영상 만들기 기능을 써보세요. '삼각형의 넓이 구하는 법'이라는 대본을 쓰면, AI가 삼각형 이미지를 찾아서 자동으로 설명 영상을 만들어줘요. 여러분은 대본만 쓰면 되니까 콘텐츠 내용에만 집중할 수 있어요.

교육 콘텐츠 제작자를 꿈꾸는 학생이라면 브루로 교육 영상 채널을 운영해보세요. '중학생을 위한 수학 개념 설명' 같은 주제로 대본을 쓰고, 브루로 영상을 만들어 유튜브에 올려보세요. 얼굴을 안 보여줘도 되고, 촬영 장비도 필요 없어요. 콘텐츠의 질과 설명력만 조금 키우면 충분히 가능한 일입니다.

팟캐스터(라디오 진행자)나 오디오 콘텐츠 제작자가 되고 싶은 분은 브루의 AI 목소리를 연구해보세요. 어떤 목소리가 듣기 편한지, 감정 표현은 어떻게 하는지 하나하나 분석하면서 좋은 내레이션의 특징을 배울 수 있어요. 그리고 자신이 만든 대본을 다양한 AI 목소리로 테스트해보면서 어떤 스타일이 자기 콘텐츠에 맞는지 찾아보는 연습을 해보면 좋을 겁니다. 그뿐 아니에요. 브루는 심지어 여러분의 목소리를 토대로 AI 음성을 만들어주기도 합니다.

기자나 다큐멘터리 제작자를 꿈꾼다면 브루로 리포트 영상을 만들어보세요. '우리 동네 환경 문제'를 취재하고, 인터뷰 영상에 자막을 달고, 내레이션을 넣으면 뉴스 리포트 같은 영상이 완성됩니다.

브루의 '나의 AI 음성 만들기' 기능.

실제로 기자들도 이런 도구로 영상 뉴스를 만들거든요.

　브루는 자막과 텍스트 기반 편집에 최적화되어 있어서 화려한 영상 효과는 캡컷보다 부족해요. 그리고 AI 음성이 자연스럽긴 하지만 그렇다고 해서 완벽한 사람 목소리까지 구현해내지는 못합니다. 감정 표현이 제한적이기 때문인데요. 하지만 자막 작업의 효율성과 텍스트 기반 편집 면에서의 편리함은 정말 압도적이랍니다.

　이제 각 도구의 특징을 명확히 아셨죠? 정리해볼게요.

비교 항목	캔바 AI	캡컷	브루
가장 큰 특징	템플릿 많고 디자인 쉬움	쇼츠 만들기 최고	자동 자막 우수
언제 사용할까?	학교과제, 홍보영상	틱톡, 인스타 쇼츠	인터뷰, 발표 영상
걸리는 시간은?	약 10분	약 10분	약 15분
복잡한 정도는?	매우 쉬움	쉬움	보통
요금제는?	학생 무료	제한적 무료	제한적 무료
추천 대상은?	처음 만드는 초보	쇼츠 좋아하는 학생	자막 영상 필요한 친구

특별 코너: 공부를 돕는 무료 AI 사이트 & 앱

지금까지 살펴본 학습용으로 활용할 수 있는 AI 도구 외에 공부를
도울 수 있는 무료 AI 사이트 혹은 앱으로 어떤 것들이 있을지 간단
히 알아볼까요?

1. 포토매쓰(Photomath) - 수학의 구세주, 단계별 풀이를 보여주는 AI

수학 문제를 풀다가 막혔을 때 해설지를 들여다봐도 '어떻게 이
식이 나왔지?' 하면서 궁금해한 적이 있을 거예요. 포토매쓰는 스
마트폰 카메라로 문제를 찍으면 단계별 풀이를 보여주는 앱입니
다. 완전 무료로 사용할 수 있는 데다가 와이파이가 없어도 작동하
는 신기한 앱이죠.

포토매쓰 공식 홈페이지.

한번 해보세요. 카메라로 문제를 찍으면 1초 만에 답이 나올 뿐 아니라 어떻게 풀었는지 단계별로 설명해준다니까요? 예를 들어, '1단계: 양변에 2를 곱한다, 2단계: 같은 항끼리 정리한다' 이런 식으로요. 단순히 답만 알려주는 게 아니라 풀이 과정을 이해하게 도와줍니다. 게다가 손으로 쓴 문제도 인식해요. 프린트된 문제집뿐 아니라 여러분이 공책에 쓴 문제도 인식하는 거예요. 'OCR 기능(이미지에 나타난 필기체를 인식하는 기능)'을 활용해 필기체도 잘 알아보니까 선생님이 칠판에 쓴 문제를 공책에 옮겨 적은 것도 인식할 수 있어요.

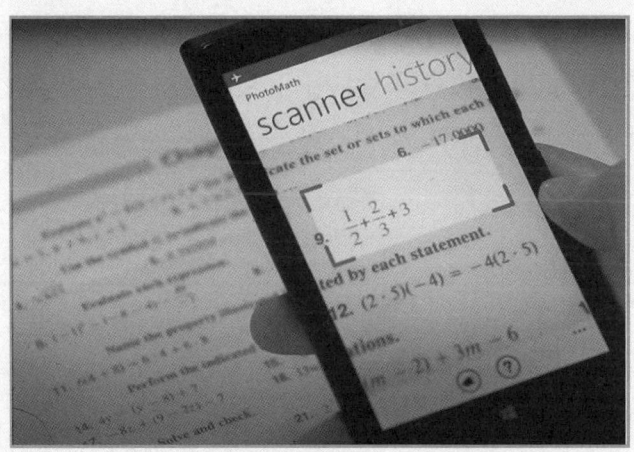

포토매쓰를 활용해 수학 문제를 인식하는 장면.

혼자 수학 문제를 풀다가 막혔을 때 포토매쓰를 사용해보세요. 답을 바로 보지 말고, 1단계씩 천천히 보면서 '아, 여기서 이렇게 하는구나'를 확인하세요. 이게 정말 중요한데요, 단순히 답을 베끼는 게 아니라 풀이 방법을 배워야 하니까요.

시험공부를 할 때는 틀린 문제를 포토매쓰로 찍어서 어디서 실수했는지 찾아보세요. 자기가 푼 과정과 포토매쓰의 풀이를 비교하면서 '아, 나는 여기서 부호를 잘못 봤구나' 같은 실수를 발견해낼 수 있을 겁니다. 물론 포토매쓰는 숙제를 대신해주는 도구가 아니에요. 답만 보고 베끼면 시험 때 똑같은 문제가 나와도 못 풀죠. 꼭 풀이 과정을 이해하고 나서 다시 직접 풀어보는 습관을 들여야 한다고 강조하는 이유랍니다. 그래야 진짜 실력도 늘고요.

2. 퀴즐렛(Quizlet) - 암기의 달인, AI가 도와주는 스마트 학습 카드

영어 단어, 역사 연도, 과학 용어를 외워야 하는데 막막하죠? 퀴즐렛은 AI가 도와주는 암기 도구입니다. 무료로 사용할 수 있고, 전 세계 학생들이 만든 5억 개 이상의 학습 세트를 공유할 수 있습니다.

퀴즐렛 메인 홈페이지.

퀴즐렛의 가장 큰 특징은 다양한 학습 모드입니다. 같은 단어장으로도 카드 넘기기, 게임하기, 테스트 보기, 매칭 게임 등 여러 방식으로 공부할 수 있거든요. 지루하지 않게 반복해서 학습할 수 있는 거죠.

AI 학습 모드는 정말 똑똑해요. 여러분이 어떤 단어를 틀렸는지, 어떤 단어는 잘 외웠는지를 일일이 분석해서 틀린 단어 위주로, 게다가 자동으로 문제까지 출제해줍니다. 효율적으로 복습하기엔 안성맞춤인 도구죠.

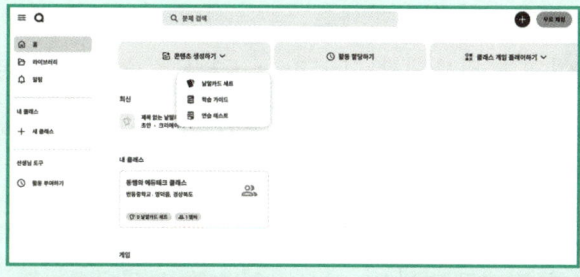

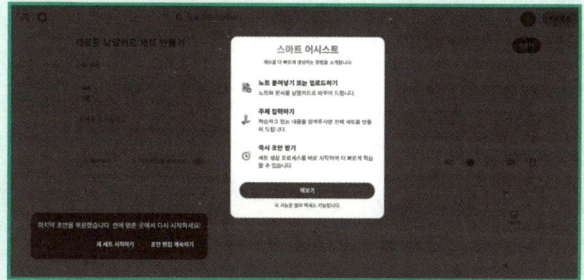

⬆ 퀴즐렛 퀴즈 제작 장면.
⬇ 퀴즐렛 퀴즈 제작 장면(스마트 어시스트 기능 활용).

그리고 다른 학생들이 만든 학습 세트도 검색해서 쓸 수 있어요. '중3 영어 교과서 1과'를 검색하면, 이미 누군가 만들어놓은 단어장이 나와요. 부지런한 어떤 친구 덕분에 여러분은 직접 만들 필요 없이 바로 공부를 시작할 수 있는 거예요. 그러니까 학습 세트는 위키피디아처럼 일종의 집단 지성의 산물 같은 거라고 볼 수 있겠죠.

영어 시간에 치를 단어 시험을 준비한다면 여러분이 직접 퀴즐렛을 이용하여 단어장을 만들 수도 있고, 다른 학생이 만든 단어장을 찾아서 사용할 수도 있습니다. 먼저 카드 모드로 단어를 쭉 본 다음, 게임 모드로 재미있게 복습하고, 마지막에 테스트 모드로 내가 얼마나 외웠는지 확인하세요. 역사 시험 때는 연도와 사건을 카드로 만들어서 외워보세요. '1919년=3·1운동' 이런 식으로요. 퀴즐렛의 매칭 게임으로 연도와 사건을 연결하는 연습을 계속하면, 복잡한 내용도 재미있게 외울 수 있습니다.

만약 의사나 생명과학 연구원을 꿈꾸는 학생이라면 퀴즐렛으로 생물 용어를 정리해보세요. 전문직일수록 외워야 할 전문 용어가 많기 마련인데, 지금부터 퀴즐렛으로 효율적인 암기 방법을 익혀둔다면 나중에 대학에 가서 공부할 때 큰 도움이 될 거예요.

3. 듀오링고(Duolingo) - 게임하듯 배우는 영어, AI 개인 튜터

외국어 공부가 지루하고 재미없다고요? 듀오링고는 게임하듯이 외국어를 배울 수 있는 앱이에요. 완전 무료로 사용할 수 있고, 광고만 조금 참으면 모든 기능을 쓸 수 있어요.

듀오링고 메인 페이지.

듀오링고의 가장 큰 특징은 '게이미피케이션(gamification)'[19]이에요. 문제를 맞히면 경험치를 얻고, 레벨이 올라가고, 캐릭터를 키우고, 친구들과 순위를 경쟁하거든요. 외국어 공부가 게임하는 것처럼 느껴지니까 재미있을 수밖에요.

듀오링고는 사용자의 실력을 분석해서 여러분에게 딱 맞는 난이도의 문제를 내줍니다. 너무 쉬우면 지루하고, 너무 어려우면 포기하잖아요? 그런 까닭에 듀오링고는 여러분이 70~80% 정도 맞힐 수 있는 난이도로 계속 문제를 조절한답니다. 항상 적절한 도전감

---

19 게임이 아닌 분야(여기에서는 교육, 수업 분야)에 대한 지식 전달, 행동 및 관심을 유도하거나 게임의 시스템, 사고방식과 같은 게임의 요소를 접목하는 것을 말한다.

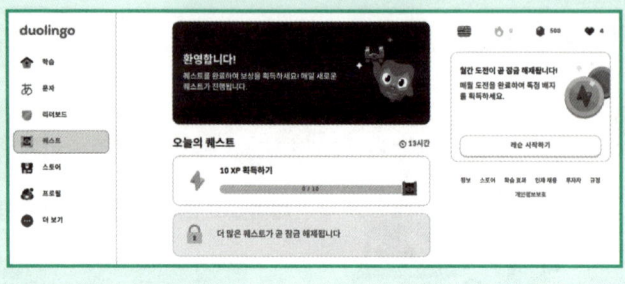

⬆ 듀오링고 퀘스트 페이지-1.
⬇ 듀오링고 퀘스트 페이지-2.

과 성취감을 느끼게 해주는 거죠.

큰 결심도 필요 없어요. 하루에 5분씩만 투자하면 되거든요. 출석 체크하듯 매일 조금씩 그러나 꾸준히 하는 것이 이 앱의 활용 포인트입니다. 한 번에 몰아서 하는 것보다 매일 조금씩 하는 게 외국어 공부에는 훨씬 효과적이니까요. 여러분도 아침에 일어나자마자 또는 잠들기 전에 듀오링고로 5분씩 공부해보세요. 단어, 문법, 듣기, 말하기 등등 외국어 공부 전반에 필요한 요소들을 고루 연습할 수 있습니다. 특히 말하기 연습 기능이 좋죠. 스마트폰 마이크로 외

◀ 듀오링고 친구 초대 및 함께 학습 기능(출처: 듀오링고 공식 블로그).
➡ 듀오링고에서 친구와의 공동 학습 기능(출처: 듀오링고 공식 블로그).

국어를 말하면 AI가 발음을 채점해주니, 혼자서도 얼마든지 말하기 연습을 할 수 있답니다.

참, 친구들과 함께 사용하면 더 재미있어요. 친구를 추가하면 서로 순위가 보이거든요. '너 오늘 몇 점 받았어?' 하면서 경쟁하듯이 공부할 수 있죠. 혼자 하면 금방 질리지만, 친구들과 함께하면 계속하게 되더라고요.

외교관, 통역사, 국제 변호사처럼 영어가 필수인 직업을 꿈꾸는 학생이라면 듀오링고로 기초를 탄탄히 다지세요. 하루 5분이면 1년에 약 30시간이잖아요? 3년만 꾸준히 하면 90시간이죠. 이 정도면 영어 기초는 확실히 다져져요.

이제까지 다양한 AI 도구를 소개했는데요, 그래도 여전히 어떻게 사용해야 할지 막막하죠? 몇 가지 팁을 드릴게요.

① **한 번에 하나씩 시작하세요.**

모든 도구를 다 쓰려고 하지 마세요. 먼저 여러분에게 가장 필요한 도구를 하나 골라서 2주 정도 꾸준히 써보세요. 익숙해지면 다른 도구를 추가하는 거예요.

② **루틴을 만드세요.**

'아침마다 듀오링고 5분', '수학 숙제 전에 포토매쓰로 복습'… 이런 식으로 일상에 자연스럽게 녹여내기를 추천합니다. 생각날 때만 하면 금방 잊어버려요.

③ **친구들과 함께하세요.**

혼자 하면 지루하고 금방 포기하게 되니까요. 친구를 초대해서 함께 사용하면 훨씬 재미있어요. "너 오늘 듀오링고 했어?" 하면서 서로 독려할 수 있죠.

④ **AI에게 구체적으로 상황을 설명하세요.**

AI에게 질문할 때는 구체적으로 물어보아야 해요. "수학 몰라"가 아니라 "이차방정식 근의 공식을 왜 사용하는지 모르겠어"와 같이 구체적으로 물으면 훨씬 좋은 답을 얻을 수 있습니다.

⑤ **답보다 과정을 배우세요.**

AI가 답을 알려줘도 바로 베끼지 마세요. '왜 이렇게 풀었을까?'를 먼저 생각하고, 그 뒤에 스스로 풀어보세요. 그래야 진짜 실력이 늘어요.

여러분, AI 도구는 마법 지팡이가 아니에요. 도구를 가지고 있다고 저절로 성적이 오르지는 않습니다. 하지만 올바르게 사용하면 공부가 훨씬 쉽고 재미있어져요. 막히는 부분을 빠르게 해결하고, 지루한 암기를 게임처럼 즐기고, 세계 최고의 강의를 무료로 들을 수 있으니까요.

물론 가장 중요한 포인트는 '꾸준함'을 유지하는 일입니다. 하루에 딱 10분만 AI 학습 도구를 사용해도 1년이면 60시간! 이 정도면 정말 큰 변화가 생길 거예요. 지금 바로, 여러분에게 필요한 도구 하나를 골라서 시작해보세요. 미래의 어느 순간, 여러분은 "그때 시작하기를 정말 잘했어"라고 말하게 될 겁니다!

3장—
AI와 함께 어떤 일들을 할 수 있을까?

'수학 문제 풀다가 막혔는데 물어볼 사람이 없어', '영어 작문 숙제를 해야 하는데 문법을 어떻게 확인하지', '역사 과제 자료 찾기가 너무 힘들어'…. 이럴 때 옆에 친절한 선생님이 있으면 좋겠다는 생각, 누구나 한 번쯤 해봤죠? 이제 AI가 그 역할을 해줄 수 있습니다. 이번 장에서는 과목별로 어떤 AI 도구를 어떻게 활용하면 효과적으로 공부할 수 있을지 자세히 알아볼게요.

1. 공부 계획 초안 작성하기(전 영역 공통)

공부를 시작하기 전 가장 중요한 일은 계획을 세우는 것입니다. 하지만 막상 계획을 세우려고 하면 막막하죠? '어디서부터 시작해야 하지?', '하루에 얼마나 해야 하지?', '언제가 좋지' 하면서요. 이럴 때 이전에 살펴봤던 챗지피티나 퍼플렉시티 같은 AI를 활용하면 나만의 맞춤 학습 계획을 세우는 데 큰 도움을 받을 수 있습니다.

1) 프롬프트 엔지니어링(Prompt Engineering)이 뭐지?

모든 AI 활용 학습의 출발 단계에서 중요한 점은 AI에게 구체적인 내용을 요청하는 것입니다. 예를 들어볼게요. 막연하게 "수학 공부 계획 세워줘"라고 하기보다 "나는 중학교 2학년이고, 다음 주 화요일에 일차함수 단원평가가 있어. 하루에 1시간씩 공부할 수 있는데, 오늘부터 시험 전날까지 어떻게 공부하면 좋을까?"라고 구체적으로 질문해야 합니다. 앞서 살펴봤듯이 **AI에게 질문하는 기법을 프롬프트 엔지니어링**이라고 하는데요. 이 프롬프트 엔지니어링만 잘 써도 훨씬 더 구체적이고 좋은 답변을 얻을 수 있습니다. 학습 계획을 잘 작성하기 위한 실전 프롬프트 예시를 한 번 살펴볼까요?

프롬프트 엔지니어링의 4가지 기법

· 역할 부여(Role Assignment)
AI에게 명확한 역할을 지정하면 더 적합한 답변을 얻을 수 있어요.

· 구체적인 맥락 제공(Context)
현재 상황과 필요한 정보를 명확히 전달합니다.
* 포함할 정보
- 학년: 중1, 중2, 중3
- 목표: 시험 대비, 성적 향상, 특정 과목 집중
- 현재 수준: 취약 과목, 강한 과목
- 시간: 하루 공부 가능 시간, 시험까지 남은 기간
* 주의 사항: 민감한 개인정보는 절대 포함하면 안 돼요!

· 명확한 요청 사항(Task)
현재 상황과 필요한 정보를 명확히 전달합니다.

· 출력 형식 지정(Format)
답변의 형태를 미리 정하여 입력해주면 활용하기 쉬운 결과를 얻습니다.

이제 위 내용을 반영하여 여러분이 실제 작성할 수 있는 프롬프트 예시를 살펴보기로 해요.

기본형 프롬프트 예시

너는 중학생 학습 코치야. 나는 중2 학생이고, 다음 달 중간고사를 준비하고 있어. 수학과 영어가 약하고, 하루에 3시간 공부할 수 있어. 4주간의 주간 학습 계획을 표 형식으로 만들어줘. 과목별 우선순위와 구체적인 학습 활동을 포함해줘.

심화형 프롬프트 예시

너는 15년 경력의 중학생 학습 전문 코치야. 나의 현재 상태와 요청 사항은 다음과 같아.

· 내 현재 상황
- 학년: 중학교 3학년
- 목표: 고등학교 진학을 위한 내신 성적 향상
- 강한 과목: 국어(90점), 사회(85점)
- 약한 과목: 수학(65점), 과학(70점)
- 공부 가능 시간: 평일 하루 4시간, 주말 하루 6시간
- 기간: 중간고사까지 3주 남음

· **요청 사항**
- 3주간의 상세한 주간 학습 계획표 작성
- 약한 과목에 더 많은 시간 배분
- 과목별로 구체적인 학습 활동 제시(예: 문제집 몇 페이지, 개념 정리 등)
- 주말에는 복습 시간 포함
- 휴식 시간도 배치
· **출력 형식**
- 주차별 표 형식
- 요일별 시간대 구분
- 과목별 색상 표시

2) 챗지피티로 학습 계획을 세운다

챗지피티는 무료 버전만으로도 충분히 훌륭한 학습 계획을 만들어줘요. 앞서 살펴봤던 프롬프트 엔지니어링을 통해 명령어를 입력했다면, 챗지피티가 다음과 같이 대답해줄 거예요.

1일 차(오늘): 일차함수의 기본 개념 복습 - 기울기와 y절편의 의미 이해하기(30분), 교과서 기본 문제 10개 풀기(30분)
2일 차: 일차함수의 그래프 그리기 연습 - 다양한 일차함수 그래프 5개 그려보기(30분), 그래프 해석 문제 풀기(30분)
3일 차: 두 일차함수의 관계 - 평행과 일치 조건 정리(20분), 관련 문제 풀이(40분)…

이런 식으로 매일 무엇을 공부할지 단계별로 알려주는 거예요.

더 좋은 점은 계획대로 되지 않았을 경우 "어제 계획한 1일 차 내용
이 너무 어려웠어. 기울기 개념을 아직 잘 모르겠어. 어떻게 하지?"
라고 다시 물어보았을 때 AI가 계획을 수정해주거나 모호한 개념
을 더 쉽게 설명해줄 수 있다는 것입니다.

3) 맞춤형 학습 로드맵을 짜는 데엔 퍼플렉시티가 최고!

퍼플렉시티는 챗지피티와 비슷하게 도움을 받을 수 있지만, 실
시간 정보를 검색해서 최신 자료와 함께 답변해준다는 장점이 있
어요. 특히 교육용 계정을 만들면 1년 동안 무제한으로 사용할 수
있어서 정말 유용하고요.

예를 들어 "중학교 3학년 과학 교육과정에서 중요한 단원을 순서
대로 알려주고, 단원별로 어떻게 공부하면 좋을지 계획을 세워줘"
라고 요청하면, 퍼플렉시티는 최신 교육과정 정보를 검색해서 실
제 교과서 순서에 맞춰 학습 계획을 제시해줍니다. 단원별로 참고
할 만한 사이트 링크까지 함께 알려주니까 더 신뢰할 수 있고요.

퍼플렉시티에게 학습 계획을 부탁할 때는 다음과 같은 정보를
함께 알려주면 좋아요.

- 현재 학년과 공부할 과목/단원
- 목표 날짜(시험일, 과제 제출일 등)
- 하루에 공부할 수 있는 시간
- 현재 나의 실력 수준(어려운지, 보통인지, 쉬운지)
- 특히 어려워하는 부분이 있다면 그것도 말해주기

이렇게 구체적으로 정보를 줄수록 AI는 나에게 딱 맞는 계획을 세워줄 수 있습니다.

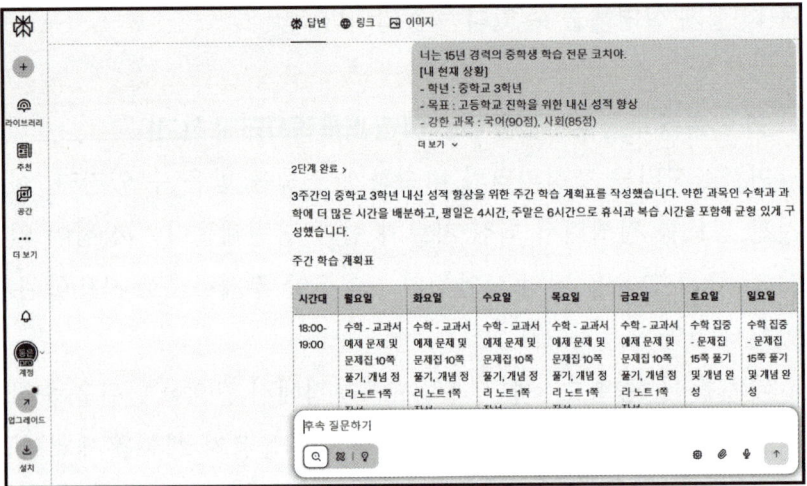

퍼플렉시티를 활용해 학습 로드맵 만들기.

4) 챗지피티로 내가 쓴 답안을 점검해볼까?

계획을 세워 공부했다면, 이제 내가 제대로 이해했는지 확인할 차례입니다. 선생님께 직접 물어보면 가장 좋겠지만, 수업 시간 외에는 쉽지 않은 일이잖아요? 이럴 때도 AI가 훌륭한 학습 코치가 되어줍니다.

서술형 문제를 풀고 나서 내 답안이 맞는지 확인하고 싶을 때도 챗지피티에게 물어볼 수 있어요. 예를 들어 사회 시간에 '민주주의의 특징을 3가지 이상 서술하시오'라는 문제가 나왔고, 여러분이 "민주주의는 국민이 주인인 정치 체제이다. 투표로 대표를 뽑고, 다수의 의견을 따르며, 법으로 모든 것을 결정한다"라고 답을 썼다고 가정해볼게요.

 이 답안을 챗지피티에게 보여주면서 "이건 내가 작성한 중학교 사회 서술형 문제 답안이야. 어떤 점이 좋은지, 어떤 점을 보완하면 좋을지 알려줘"라는 요청 내용을 적어보세요. 그러면 AI가 이렇게 피드백해줄 거예요.

챗지피티 피드백의 장단점

· 좋은 점

- 핵심 개념 제시: '국민이 주인인 정치 체제'라는 정의가 정확합니다.
- 구체적 예시 제시: '투표로 대표를 뽑고'는 민주주의의 절차(선거)를 잘 설명하고 있습니다.
- 다수결과 법치 언급: 민주주의의 원리를 빠짐없이 언급했어요.

· 보완할 점

- 문장 간 논리 연결 강화: 현재는 나열형 문장이라 '왜' 또는 '어떻게' 의 연결이 약합니다. → "국민이 선거를 통해 대표를 뽑아 정치에 참여하고, 다수의 의견을 존중하며, 법에 따라 사회를 운영한다."
- 표현의 구체성: 법으로 모든 것을 결정한다" → 민주주의는 단순히 '법으로 결정'하는 게 아니라 '법에 따라 정치가 운영되는 체제(법치주의)'임을 명확히 하면 좋습니다.
- 핵심 가치 언급: 자유와 평등, 인권 존중 등 민주주의의 가치가 포함되면 더 높은 수준의 답안이 됩니다.

 이런 식으로 구체적인 피드백을 받으면서 자신의 답안을 개선해 나가는 것입니다.

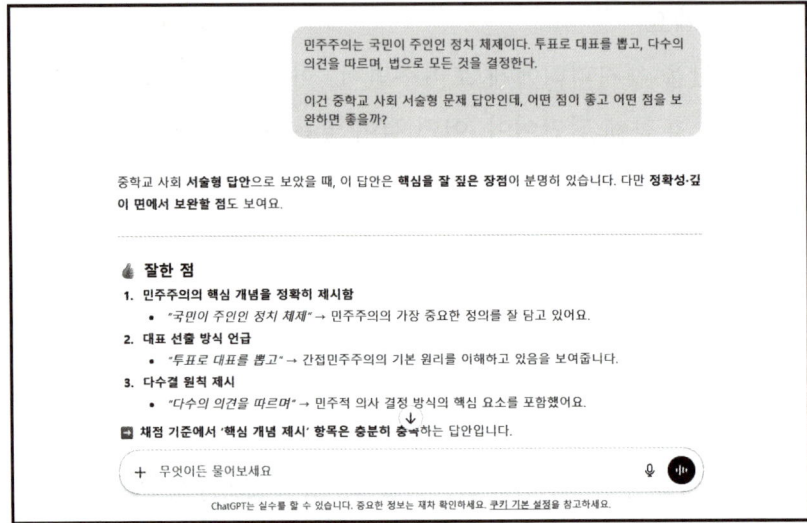

민주주의는 국민이 주인인 정치 체제이다. 투표로 대표를 뽑고, 다수의 의견을 따르며, 법으로 모든 것을 결정한다.

이건 중학교 사회 서술형 문제 답안인데, 어떤 점이 좋고 어떤 점을 보완하면 좋을까?

중학교 사회 **서술형 답안**으로 보았을 때, 이 답안은 **핵심을 잘 짚은 장점**이 분명히 있습니다. 다만 **정확성·길이** 면에서 보완할 점도 보여요.

💧 **잘한 점**
1. **민주주의 핵심 개념을 정확히 제시함**
   - "*국민이 주인인 정치 체제*" → 민주주의의 가장 중요한 정의를 잘 담고 있어요.
2. **대표 선출 방식 언급**
   - "*투표로 대표를 뽑고*" → 간접민주주의의 기본 원리를 이해하고 있음을 보여줍니다.
3. **다수결 원칙 제시**
   - "*다수의 의견을 따르며*" → 민주적 의사 결정 방식의 핵심 요소를 포함했어요.

📋 채점 기준에서 '**핵심 개념 제시**' 항목은 **충분히 충족**하는 답안입니다.

➕ 무엇이든 물어보세요   🎙 🔊

ChatGPT는 실수를 할 수 있습니다. 중요한 정보는 재차 확인하세요. 쿠키 기본 설정을 참고하세요.

챗지피티를 활용해 작성한 답안을 피드백 받는 모습.

5) 퍼플렉시티로 심화 학습 하기

공부하다가 궁금한 게 생겼을 때, 퍼플렉시티는 정말 유용해요. 예를 들어 역사 시간에 '삼국 시대의 불교 수용'에 대해 배웠는데, "삼국이 불교를 받아들인 순서가 왜 다르고, 각 나라에 어떤 영향을 미쳤을까?"처럼 교과서에 자세히 나오지 않은 내용이 궁금할 수 있잖아요. 이럴 때 퍼플렉시티에 질문하면, 여러 자료를 검색해서 종합적으로 설명해주고, 각 정보의 출처도 함께 보여줍니다. 그래서 나중에 과제나 발표 자료를 만들 때 참고 자료로 활용하기도 좋아요. 물론 AI가 알려준 내용을 그대로 베끼면 절대 안 되고, 여러 자료를 읽어보고 내 언어로 다시 정리하는 과정이 꼭 필요하지요.

2. 국어: AI의 도움으로 사고능력과 글쓰기 실력 높이기

국어 공부의 기본 중 기본은 낱말 뜻을 정확히 아는 것입니다. 하지만 사전을 찾아보면 너무 어렵게 설명되어 있다고 느낄 때가 많죠. 이럴 때 챗지피티에게 물어보세요. 소설이나 시를 읽다가 모르는 단어가 나올 때도 챗지피티에게 물어볼 수 있고요. 예를 들어 "'회한'이라는 단어가 무슨 뜻이야? 중학생이 이해하기 쉽게 설명해주고, 비슷한 상황의 예시도 들어줘"라고 요청해봅시다.

　그러면 다음과 같은 답이 나옵니다.

> "'회한'은 '지나간 일을 돌이켜보며 후회하고 한탄하는 마음'이에요. 예를 들어, 친한 친구와 사소한 일로 다퉜는데 사과하지 못한 채 전학을 가버렸어요. 몇 년이 지나 그때를 떠올리면 '그때 내가 먼저 사과할걸…' 하며 안타까워하는 마음이 드는데 그게 바로 회한이에요."

　이렇게 이해한 다음, 여러분이 직접 그 단어를 사용해서 문장을 만들어보는 거예요. "주인공은 과거의 선택에 대한 회한을 느꼈다"와 같은 식으로요. 소설이나 시를 더 깊이 이해하려면 작품의 배경을 아는 게 도움이 돼요. 그때도 AI를 활용할 수 있죠.

　예를 들어 "윤동주 시인의 「별 헤는 밤」이 쓰인 시대적 배경은?"이라고 물어보면 퍼플렉시티가 일제강점기 상황, 윤동주의 생애 등을 알려줄 거예요. 그러면 이제 여러분은 앞의 정보를 바탕으로 직접 시를 읽으면서 어떤 의미인지 다시 한번 생각해보는 거죠. 한 가지 명심할 점이 있어요. 글을 쓴 후에는 반드시 맞춤법과 문법을 확인해야 한다는 것입니다. 이때도 AI가 정말 유용합니다. 대표적으로 우리나라 글의 문법을 확인할 때는 아래와 같은 사이트를 이용할 수 있어요.

네이버 맞춤법 검사기 :
https://search.naver.com/search.naver?query=맞춤법+검사
부산대 맞춤법 검사기 : http://speller.cs.pusan.ac.kr/

틀린 부분을 확인하고, 왜 틀렸는지 이유를 보면서 배우는 거예요. 자주 틀리는 맞춤법은 따로 노트에 정리해두면 좋아요. 맞춤법 검사기가 틀렸다고 표시했는데, 왜 틀렸는지 이해되지 않을 때 챗지피티에게 물어볼 수 있어요. 이를테면, "'~든'과 '~던'의 차이가 뭐야? 언제 어떤 걸 써야 해?", "'언제 만날지'가 맞아, '언제 만날지'가 맞아?" 하고 말이에요.

이렇게 문법 규칙을 이해하고, 여러분이 직접 문장을 만들어보면서 연습하세요. 단, 글이나 보고서를 AI에게 대신 써달라고 하면 안 돼요! 책 내용을 정리하거나 배경지식을 얻는 데 AI를 활용하는 것이 효과적입니다.

3. 영어: AI와 함께 영어 실력 키우기

영어와 AI의 관계를 설명하면 가장 먼저 떠올릴 수 있는 주제가 AI 번역인데요. 번역기를 잘못 사용하면 영어 실력이 하나도 늘지 않아요. 올바른 활용법을 알아볼게요.

1) 딥플(DeepL)로 문장의 의미 확인하기

영어 지문을 읽다가 뜻을 이해하기 어려운 문장이 나오면 어떻게 할까요? 일단 여러분 스스로 앞뒤 문맥의 뜻을 견주어가며 내용을 추측해보세요. 그다음 번역기로 확인합니다. 예를 들어, 다음과 같은 문장이 있다고 가정해볼게요.

"The weather was so nice that we decided to go hiking."

보통 여러분은 영어 문장을 해석할 때 다음과 같은 과정을 경험하게 될 거예요.

"날씨가/좋아서/우리가/결정했다/하이킹 가기로?"

이번에는 이 문장을 AI 번역기 중 가장 높은 정확성을 보여주는 딥플로 번역해봅니다.

"날씨가 너무 좋아서 우리는 등산하기로 결정했다"라고 번역된 문장을 보면서 여러분은 "아, 내 추측이 맞았구나! 'so that' 구조는 '너무 ~해서 ~하다'는 뜻이구나"라고 이해할 수 있게 되잖아요? 이렇게 확인용으로 AI를 사용하는 게 올바른 방법입니다.

그럼 어떤 경우에 번역기를 사용하면 안 될까요? 만약 영어 시간에 선생님께서 영어 작문 숙제를 내주셨는데, 이것을 AI한테 통째로 맡겨서 숙제하고는 그 결과를 제출하는 예가 여기에 해당합니다. AI가 여러분이 숙제하는 것을 도와 편리하다고 생각하겠지만 이렇게 하면 영어 실력이 절대 늘지 않습니다.

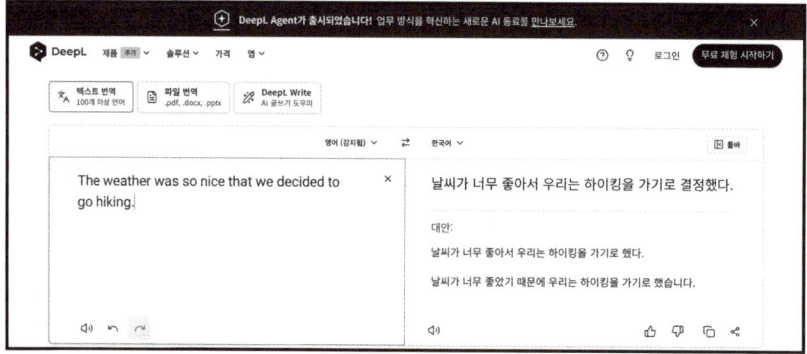

딥플을 활용해 번역을 진행하는 장면.

올바른 사용법

- 자신이 아는 단어와 문법으로 직접 영어 문장 써보기
- 잘 모르는 단어 사전 찾기
- 다 쓴 후 전체 의미가 맞는지 번역기로 확인하기

내가 생각한 내용을 영어로 쓰고 싶은데 AI 번역기로는 복합적인 문장을 쓰기 어려울 때가 있죠. 어떻게 표현해야 할지 잘 모를 때도 있고요. 어떻게 해야 할까요? 이때는 영어에 대한 이해도가 다른 플랫폼에 비해 월등히 높은 챗지피티가 여러분의 든든한 조력자가 될 수 있어요.

여러분이 챗지피티한테 "'나는 오늘 기분이 별로야'를 영어로 어

떻게 표현해? 여러 가지 방법을 알려줘"라고 요청했다고 칩시다. 그러면 챗지피티가 해당하는 다양한 표현을 알려줄 거예요. "I'm not feeling great today.", "I'm not in a good mood today.", "I'm feeling a bit off today." 등등요. 여러분은 그중에서 상황에 맞는 것을 선택하면 됩니다.

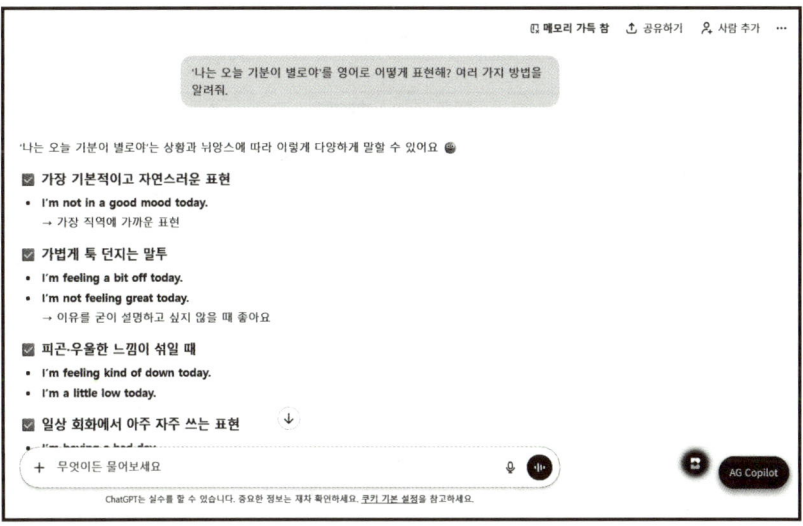

챗지피티를 활용해 영어의 다양한 표현 방법을 학습하는 장면.

2) 문법을 확인하자

영어 문장을 여러분이 직접 쓴 후, 문법이 맞는지 확인할 때 AI를 사용할 수 있어요. 크롬 웹 스토어에서 '그래머리(Grammarly)'라는 확장 프로그램을 설치하면, 영어로 글을 쓸 때 실시간으로 오류를 표시해줘요.

예를 들어, 여러분이 "He don't like apples"라고 쓰면, 그래머리

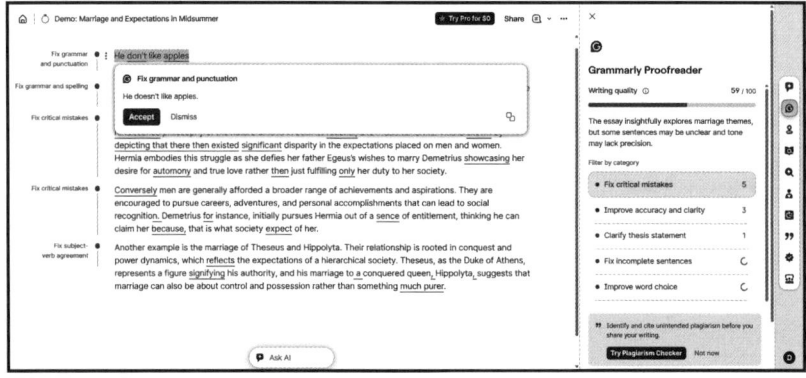

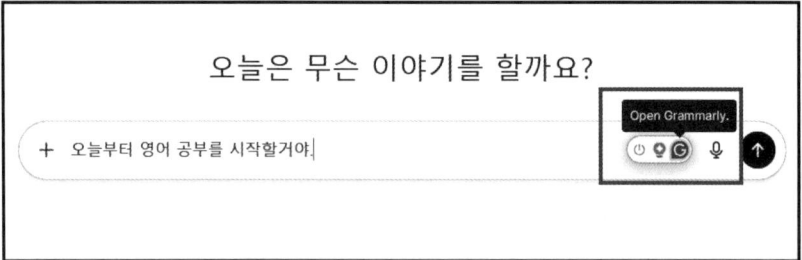

⬆ 크롬 웹스토어 확장 프로그램 그래머리.
➡ 그래머리를 활용한 문법 교정 과정.
⬇ 그래머리가 설치되어 작동되는 모습.

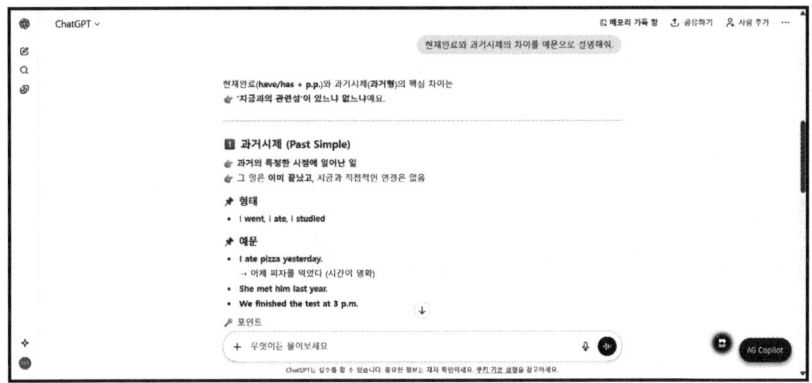

챗지피티로 문법을 이해하는 모습.

가 'don't → doesn't'으로 수정하라고 제안합니다. 그러면 여러분도 "아, 3인칭 단수니까 doesn't를 써야 했는데!" 하면서 실수를 깨닫게 되지요. 중요한 점은 자신의 문장을 다시 보면서 단순히 빨간 줄을 없앤다고 생각할 게 아니라 '왜 실수했는지', '어떤 부분이 틀렸는지'를 이해하는 것입니다.

만약 문법에 관련된 사항이 궁금하다면, 영어에 대한 이해도가 높은 챗지피티에게 문법 규칙을 물어볼 수 있어요. 예를 들어 "현재완료와 과거시제의 차이를 예문으로 설명해줘"라고 요청하면, 챗지피티가 다음과 같이 대답해줍니다.

이렇게 문법 규칙을 차근차근 이해하면서 여러분이 직접 예문을 만들어보는 연습을 해봅시다.

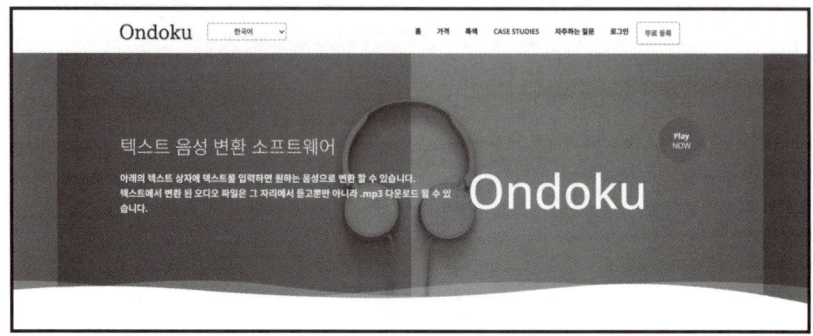

온도쿠 홈페이지.

3) 영어 발음을 연습해보자

영어 발음은 AI의 도움을 받아 혼자서도 충분히 연습할 수 있어요. '온도쿠(Ondoku)'는 AI 기술을 활용한 텍스트 음성 변환 서비스(Text to Speech)예요. 쉽게 말해서 글자로 쓰인 문장을 자연스러운 목소리로 읽어주는 도구죠. 2020년 5월에 출시된 비교적 새로운 서비스인데, 예전의 로봇 같은 음성과는 차원이 다른 자연스러운 발음을 제공해요. 무엇보다 영어를 포함해 50개 이상의 언어를 지원하고, 웹 사이트에서 바로 사용할 수 있어서 별도의 앱을 설치하거나 프로그램을 다운로드할 필요가 없죠.

온도쿠의 가장 큰 장점은 무료로 사용할 수 있다는 점이에요. 물론 월 5,000자까지라는 제한이 있긴 하지만, 영어 발음을 확인하고 연습하는 용도로는 충분합니다. 미국 영어뿐만 아니라 영국 영어도 지원하고, 남성 목소리와 여성 목소리 중에서 선택할 수도 있어요. 심지어 인도 영어 같은 다른 지역의 영어 발음도 들어볼 수 있어서 다양한 억양에 익숙해질 수 있다는 장점이 있죠.

온도쿠는 생각보다 다양한 기능을 제공합니다. 가장 기본적인

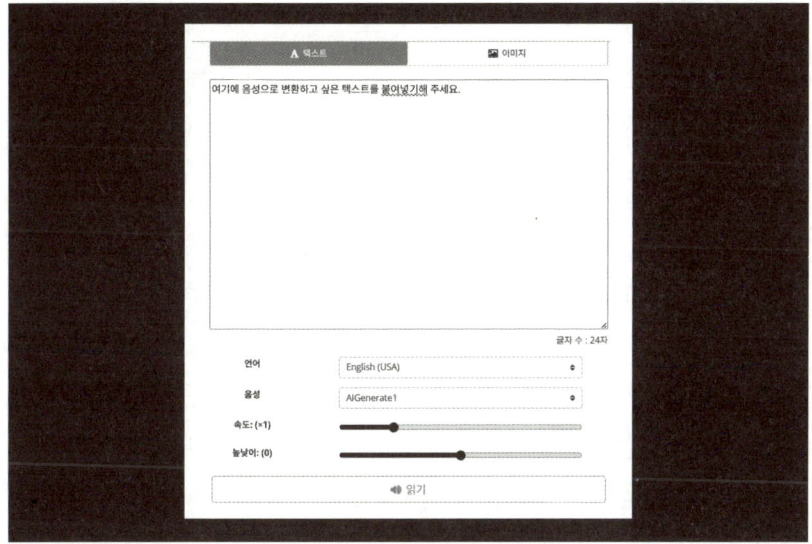

온도쿠 TTS 변경 화면.

기능은 텍스트를 음성으로 바꿔주는 거예요. 영어 단어든 문장이든, 긴 지문이든 상관없이 입력만 하면 몇 초 안에 자연스러운 음성 파일을 만들어주죠. 이때 음성의 속도를 조절할 수 있어요. 처음 배우는 내용이라면 느리게 설정해서 정확하게 듣고, 익숙해지면 점차 빠르게 해서 실전 감각을 키울 수 있습니다. 음성의 높낮이도 조절할 수 있어서 자신이 듣기 편한 톤으로 맞춰서 사용하면 됩니다.

특히 주목할 기능은 **이미지 음성 변환**입니다. 교과서나 프린트물, 문제집을 스마트폰으로 사진 찍어서 업로드하면, 온도쿠가 자동으로 사진 속 텍스트를 인식해서 읽어주거든요. 일일이 타이핑할 필요 없이 사진만 찍으면 되니까 정말 편리하죠. 학교에서 받은 영어 학습지를 반복적으로 공부하고 싶을 때, 교과서를 읽는 데 발음을 모를 때 이 기능을 사용해보세요.

생성된 음성은 MP3 파일로 다운로드할 수 있어요. 이 기능이 왜 중요하냐면, 한 번 만들어둔 음성 파일을 스마트폰에 저장했다가 오프라인 상태에서도 반복해서 들을 수 있기 때문이에요. 등하교 할 때나 운동할 때, 잠들기 전 침대에서도 이어폰으로 계속 들으면서 자연스럽게 발음을 익힐 수 있습니다.

그 외에 앞서 살펴봤던 듀오링고를 활용해서도 발음 연습을 할 수 있습니다. 특히 말하기 문제에서 AI가 여러분의 발음을 분석해서 정확도를 향상시켜줄 거예요. 외국어 공부는 꾸준히 하는 것이 가장 중요하다고 했죠? 매일 10분씩 잊어버리지 말고 계속해보세요. 연속된 학습량을 유지하려고 노력하다 보면 매일 자연스럽게 영어 공부를 할 수 있게 됩니다. 발음 연습에서 중요한 포인트는 단어와 예문을 함께 발음해보는 것입니다. 단어만 반복하지 말고 '이 단어가 문장에서 어떻게 쓰이는지'까지 확인하는 연습을 해보세요.

4. 수학: AI를 통해 수학 들여다보기

수학과 AI의 관계를 설명하면 가장 먼저 떠올릴 수 있는 주제가 AI 문제 풀이인데요. 단순히 답만 받아 적으면 수학 실력이 하나도 늘지 않아요. AI를 통해 수학적 사고력을 키우는 올바른 활용법을 알아볼게요.

울프럼 알파의 메인 페이지.

1) 울프럼 알파(Wolfram Alpha)로 수학 그래프 이해하기

울프럼 알파는 수학 문제를 입력하면 답과 그래프를 바로 보여주는 똑똑한 AI 계산 도구예요. 일반 계산기와 달리 복잡한 수식도 이해하고, 그래프도 그려주며, 문제 푸는 과정까지 설명해준답니다. 울프럼 알파를 활용하면 교과서 속 어려운 함수 그래프도 직접 그려보고, 모양이 왜 그렇게 나오는지 탐구할 수 있어요. 단순히 답을 확인하는 것을 넘어, 수식과 그래프의 관계를 눈으로 보며 이해하는 방법을 알아볼게요.

울프럼 알파는 앞서 살펴보았던 포토매쓰보다 더 높은 수준의 수학 문제를 다룰 수 있어요. 예시로 일차함수를 배운다고 가정해볼게요. 일차함수를 배울 때는 그래프를 그려보는 게 정말 중요합니다.

울프럼 알파에 'y=2x+3'을 입력하면, 그래프와 함께 동등한 수식, 근까지 나오죠. 일단 값을 울프럼 알파에 입력하기 전에, 여러분이 노트에 직접 그래프를 그려보고 비교해보는 것이 중요합니다. 또는 역으로 울프럼 알파에 입력한 그래프를 따라 그려보고, 기울기가 2이면 왜 이런 모양이 되는지 생각해볼 수도 있고요.

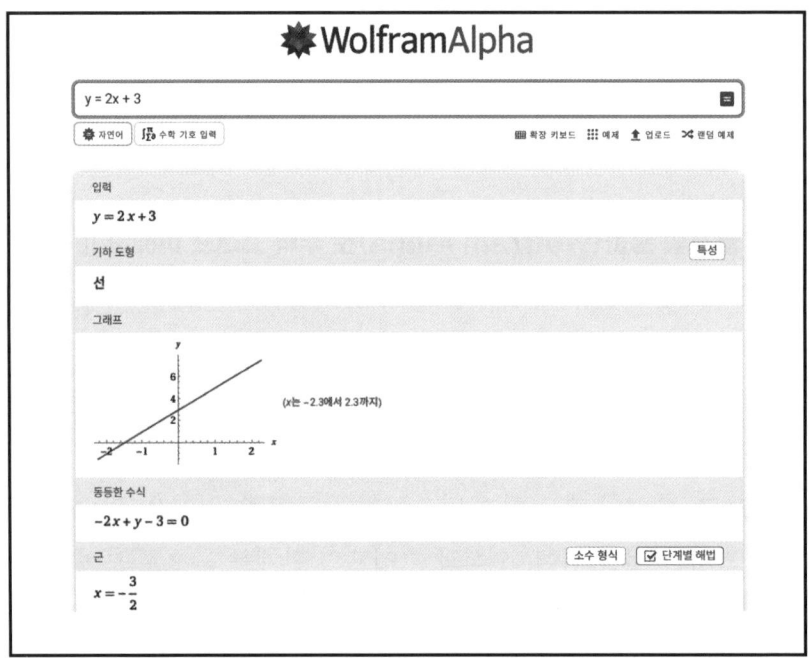

울프럼 알파를 활용해 수학 그래프 그려보기.

그리고 여러 함수(y=x+3, y=2x+3, y=3x+3 등)를 입력해보면서 기울기가 커지면 그래프가 어떻게 달라지는지 여러분이 직접 관찰하고 결론을 내려보세요. 또한 복잡한 계산을 했을 때도 답이 맞는지 확인하는 용도로 사용할 수 있습니다.

예를 들어, 인수분해 'x²-5x+6'의 답을 여러분이 (x-2)(x-3)이라고 풀었다면, 울프럼 알파에 'factor x^2-5x+6'을 입력하면 돼요. 그리고 여러분의 답이 맞는지 확인하면 됩니다. 맞으면 다음 문제로 넘어가고, 틀렸으면 어디서 실수했는지 찾아볼 수 있어요.

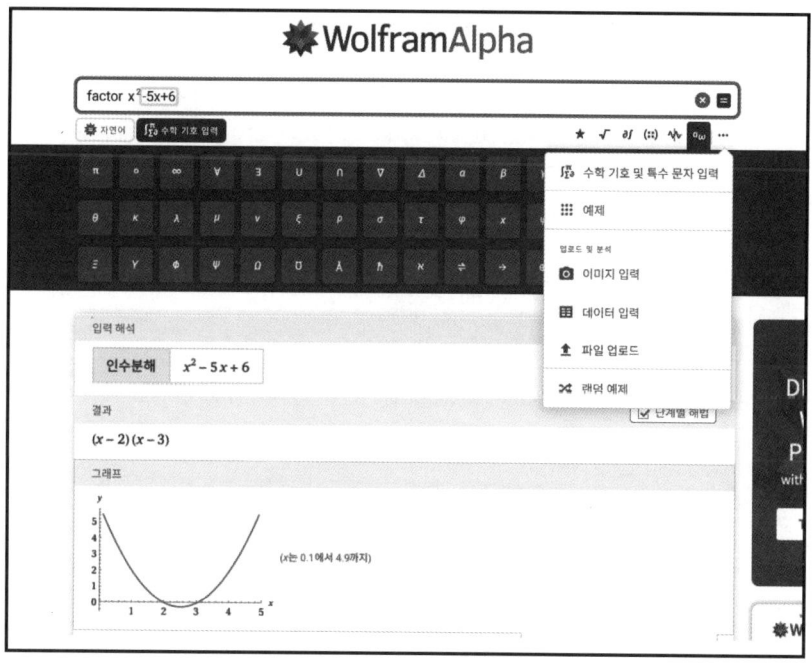

울프럼 알파를 활용해 인수분해 수식 시각화하기.

2) 챗지피티는 수학 개념을 잘 설명해준다

수학은 문제를 푸는 것도 중요하지만, 개념을 정확히 이해하는 것이 더 중요합니다. 이때 챗지피티를 활용하면 우리 실생활과 연계된 설명을 통해 내용을 더 쉽게 이해할 수 있습니다. 챗지피티가 예시를 설명해주면, 여러분이 직접 다른 예시를 생각해보세요. "휴대폰 데이터 요금도 일차함수로 나타낼 수 있겠네!" 이런 식으로 스스로 연결하고 다른 방향으로 확장해보는 연습을 하면 정말 좋겠죠?

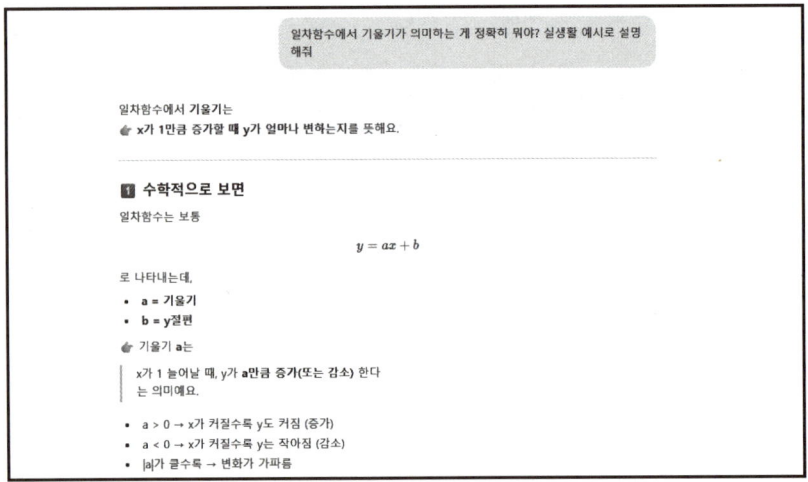

챗지피티에게 일차함수의 기울기 개념을 실생활 사례로 설명해달라고 요청한 결과 장면.

5. 사회·역사: AI로 자료를 찾고 이해 넓히기

사회와 역사를 공부할 때 가장 중요한 것이 다양한 자료를 찾고 비판적으로 분석하는 능력인데요. AI 검색 도구를 활용하면 방대한 정보 속에서 필요한 자료를 빠르게 찾고, 여러 관점을 비교하며 역사적 사건을 입체적으로 이해할 수 있어요. 단순히 정보를 모으는 것을 넘어, AI와 함께 자료의 신뢰성을 판단하고 깊이 있는 탐구를 하는 방법을 알아볼게요.

1) 퍼플렉시티로 신뢰할 수 있는 자료 찾기

다른 과목도 마찬가지겠지만, 특히 사회와 역사 과목은 신뢰도 높은 정보를 찾고 이해하고, 정리하는 작업이 정말 중요합니다. 앞서 언급했듯이 퍼플렉시티는 **출처가 명확한 정보를 찾는 데 최고**예요. 먼저 역사 과목에서의 자료 조사 과정을 살펴볼게요. 학교 수업 과제로 '3·1 운동이 다른 나라에 미친 영향'을 조사해야 한다고 가정해봅시다.

퍼플렉시티 자료 조사 단계

1단계: 퍼플렉시티에 '3·1 운동이 중국, 인도 등 아시아 다른 나라의 독립운동에 미친 영향' 검색하기

2단계: 퍼플렉시티가 생성해낸 결과 읽고 출처 확인하기
- 국사편찬위원회 한국사데이터 베이스, 우리역사넷, 독립기념관 같은 공식 기관 자료 우선

- 각 출처 링크를 직접 방문해서 원문 읽기

3단계: 온라인 문서(구글 Docs 등) 혹은 직접 노트에 '자신의 언어'로 바꾸어 정리하기

- AI가 알려준 내용을 그대로 복사 붙여넣기는 절대 금지!
- 여러 자료를 읽고 '나의 언어'로 다시 쓰기! AI는 정보를 보다 효율적으로 찾고 정리하는 데 유용한 도구일 뿐, 우리의 분신이 아님!

4단계: 참고 문헌 정리하기

- 어떤 사이트에서 정보를 얻었는지 출처 기록하기

　그럼 사회 과목에서는 어떻게 퍼플렉시티를 활용하여 깊이 있는 학습을 해나갈 수 있을까요?

　사회 시간에 배운 개념이 실제 뉴스에서 어떻게 나타나는지 찾아보는 방법도 있습니다. 이런 공부법은 이해도를 높여주죠. '2024년 한국의 최저임금 인상이 자영업자에게 미친 영향'이라는 주제를 탐구한다고 생각해볼게요. 이 주제와 관련해 퍼플렉시티가 최신 뉴스와 통계를 찾아주면, 그 자료들을 읽고 여러분이 직접 생각해봅니다. '왜 이런 결과가 나왔을까?', '교과서에서 배운 수요와 공급 개념과 어떻게 연결될까?', '나라면 어떤 정책을 제안할까?'와 같은 식으로 말이에요.

2) 빅카인즈(BIG KINDS) AI로 뉴스 데이터를 한 번에 정리한다

　사회 과목에서 자주 다루는 시사 문제에 관해서 퍼플렉시티와 함께 활용할 수 있는 좋은 AI 도구를 알려드릴게요. 바로 한국언론

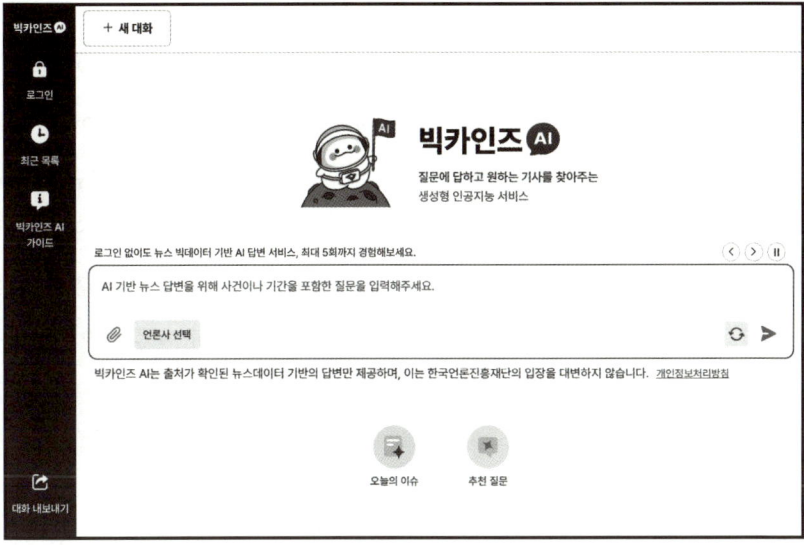

빅카인즈 AI 홈페이지.

진흥재단에서 운영하는 뉴스 빅데이터 분석 도구인 'BIG KINDS AI'(https://www.bigkinds.or.kr/bigkindsAi/home.do)입니다.

빅카인즈 AI는 단순한 검색 도구가 아니에요. 국내 주요 언론사의 방대한 뉴스 데이터를 AI가 분석해서 보여주는 똑똑한 도우미라고 생각하면 됩니다. 여러분이 사용하는 챗지피티나 퍼플렉시티의 뉴스 전문가 버전이 바로 빅카인즈 AI입니다.

가장 큰 장점은 **정부가 인정하는 데이터 공공 플랫폼이자 무료 플랫폼이며, 신뢰할 수 있는 국내 언론사의 기사만을 바탕으로 답변**한다는 것입니다. 해외 AI 도구들이 때로 한국 상황을 정확히 파악하지 못하거나 출처가 불분명한 정보를 제공하는 것과 달리 빅카인즈 AI는 「중앙일보」, 「한겨레」, KBS 등 검증된 언론사의 기사를 근거로 답변을 만듭니다.

빅카인즈 AI로 할 수 있는 일에는 어떤 것이 있을까요? '최근 반
도체 산업 동향'처럼 복잡한 주제를 검색하면, AI가 관련 기사들을
분석해서 핵심 내용을 요약해줘요. 수십 개의 기사를 일일이 읽지
않아도 주요 흐름을 빠르게 이해할 수 있게 도와줍니다. 이를테면
'2024년 기후변화 국제회의 결과', '청소년 게임 규제 논란', '인공지
능 기술의 교육 활용 사례' 등과 같이 교과서에 등장하는 사례들 역
시 최신 뉴스 기사를 바탕으로 쉽게 분석할 수 있다는 강점이 있습
니다.

빅카인즈 AI는 사회 수행평가에서 토론 주제를 준비할 때 정말
유용합니다. 예를 들어 '교복 자율화에 대한 찬성·반대 입장'을 검
색하면, 찬성하는 쪽과 반대하는 쪽의 기사들을 각각 분석해서 보
여주죠. 양쪽 논거를 균형 있게 이해할 수 있어서 깊이 있는 토론이
가능해집니다.

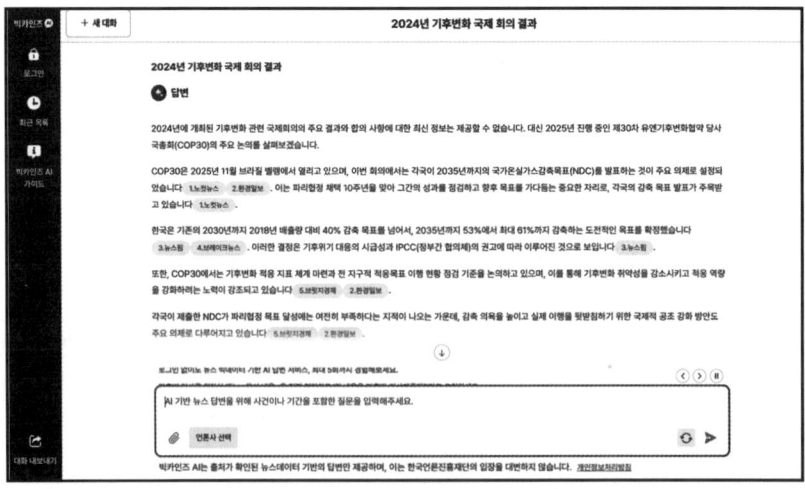

빅카인즈 AI를 통해 검색한 내용.

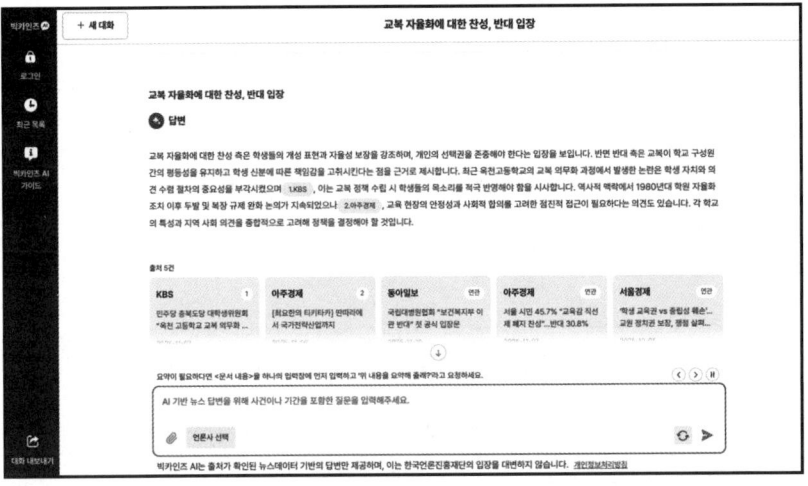

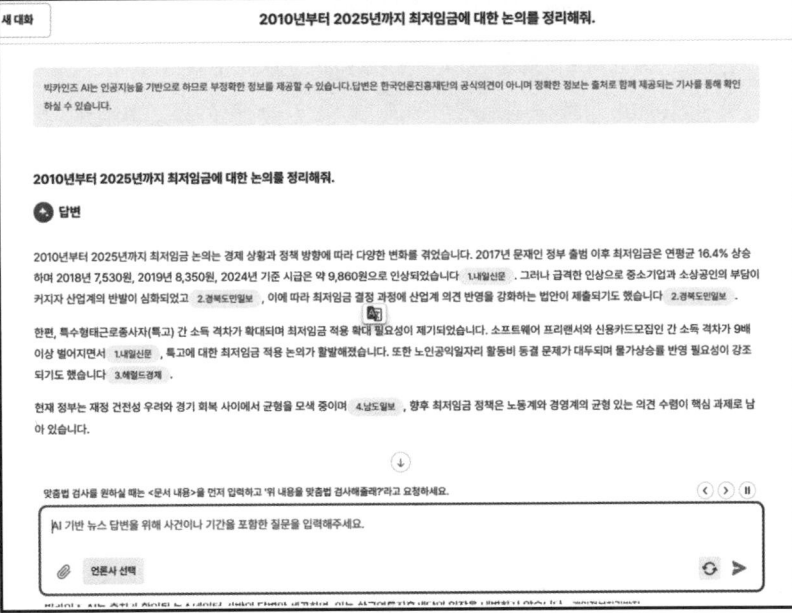

⬆ 빅카인즈 AI를 통해 교복 자율화에 대한 찬성 및 반대 입장을 정리한 내용.
⬇ 빅카인즈 AI를 통해 시기별 최저임금 논의에 대해 정리한 내용.

또한, 특정 이슈가 시간이 지나면서 어떻게 변화했는지 살펴볼
수도 있어요. "2010년부터 2025년까지 최저임금에 대한 논의를 정
리해줘"처럼 매년 반복되는 주제를 검색하면, 연도별로 어떤 변화
가 있었는지 한눈에 파악할 수 있어요. 빅카인즈 AI를 제대로 활용
하려면 몇 가지 팁을 알아두어야 합니다.

빅카인즈(BIG KINDS) AI 활용 팁

- 질문의 의도를 포함해 구체적으로 정확하게 질문합니다.
- 질문의 형식을 세부적으로 세팅하기: 예를 들어 '시점+목표+형식+
  어투+지시어'로 만들어 질문하면 훨씬 더 구체적이고 정확한 답변을
  받을 수 있습니다. 예를 들어 이런 식이죠. "최근 생성형 인공지능의
  발전에 대한 정보를 중학생이 이해할 수 있는 수준으로 2010~2025
  년까지의 내용을 구어체로 요약해서 작성해줘."

빅카인즈 AI 가이드   ✕

사용자 가이드

- ❶ **질문의 의도를 포함해** 구체적으로 정확한 질문 **하세요.**
- ❶ '최근'을 사용 **하면 한 달 이내의 기사를 더 쉽게 찾을 수 있습니다.**
- ❶ '특정기간'을 지정 **하면 '해당 날짜'의 기사를 검색해 드립니다.**
- ❶ '~에 대해 분석해줘' **와 같이 질문하면 보다 자세한 답변을 제공합니다.**
- ❶ **질문이** 너무 길어질 경우 답변의 품질이 저하 **될 수 있습니다.**
- ❶ **답변 내용은 함께 표시되는** 출처를 반드시 확인 **하세요.**
- ❶ **요약 / 번역 / 맞춤법 검사가 필요할 때** <문서내용>을 하나의 입력창에 먼저 넣고 **- '위 내용 요약 / 번역 / 맞춤법 검사 해 줘'라고 요청하세요.**
- ❶ **부적절한 내용이나 개인정보는 절대 입력하지 마세요.**

빅카인즈 AI를 효과적으로 활용하기 위한 프롬프트 엔지니어링(프롬프트 작성법).

3) 챗지피티로 개념 이해하기

사회 과목의 어려운 경제, 정치 개념을 쉽게 이해할 수 있어요. 예를 들어, '삼권분립', '권력분립의 원칙'이라는 용어를 처음 접했다고 가정해볼게요. "권력분립이 무엇인지와 민주주의에서 권력분립이 왜 중요한지 중학생이 이해할 수 있게 설명해줘"라고 이야기하고, 챗지피티가 답변해준 내용을 그대로 받아들이는 것이 아니라 챗지피티의 답변을 토대로 여러분이 아래와 같이 작업해야 합니다.

첫째, 실제 예시를 생각해보는 것이죠. 가령, "우리나라와 우리나라 주변의 국가들은 어떻게 권력을 나누고 있을까?"라는 질문을 생각해보고, 가족이나 친구에게 설명할 수 있는지 확인해봅니다.

둘째, 노트에 자신만의 언어로 내용을 다시 정리합니다. 챗지피티는 정보를 정리하고 돕는 조력자일 뿐, 여러분의 생각 자체를 대변하지 못해요. 그래서 챗지피티가 정리해준 내용을 충분히 파악하여 이해한 후 이를 바탕으로 여러분만의 언어로 다시 정리하라고 이야기한 것입니다. 이 과정에서 정보를 종합하고 정리하며 글을 쓰는 능력을 키워갈 수 있습니다.

6. 과학: AI로 개념 이해하고 실험 기록하기

솔직히 말해볼게요. 과학 시험 때 세포 분열 단계 외우느라 머리 아팠던 경험 있죠? 화학 반응식 계수 맞추다가 포기하고 싶었던 적도 있을 거고요. 물리 문제를 풀 때 '이게 대체 뭔 소리야?'라고 생각한 적도 분명 있을 테지요. 그런데 AI를 쓰면 이런 일들이 진짜 쉬워집니다. 마법처럼요!

여러분이 어른이 됐을 때를 한번 상상해봐요. 그때는 의사도 AI와 함께 일하고, 과학자도 AI와 함께 연구하고, 심지어 요리사도 AI로 레시피를 개발할 거예요. 지금까지 약을 만드는 데 10년 걸렸다면 이제는 AI 덕분에 그 기간을 1년으로 단축할 수 있습니다. 날씨예보도 AI가 더 정확하게 맞추고, 암 같은 무서운 병도 AI가 더 빨리 찾아내고요. 그러니까 여러분이 지금 AI로 과학 공부하는 것은 미래를 준비하는 거나 마찬가지예요. 자, 그럼 AI를 통해 우리가 쉽게 과학을 공부할 수 있는 사례를 살펴봅시다.

1) AI와 함께 실제처럼 생물 수업하기

학생 때 가장 많이 이루어지는 과학 실험 활동이 생물 수업 관련 실험인데요. 실험을 제대로 이해하기 위해서는 교과서 내용을 먼저 제대로 파악해야 합니다. 그런데 미토콘드리아, 세포질, 외막, 내막 등 처음 들어보는 용어가 많아서 헷갈릴 거예요. 이럴 때는 젠스파크의 도움을 받으세요. 수업을 들어도 이해가 잘 안될 때는 AI를 켜고 이렇게 물어보세요. "세포 분열을 중학교 3학년이 알아들을 수 있게 설명해줘. 간기, 전기, 중기, 후기, 말기를 일상생활에 비

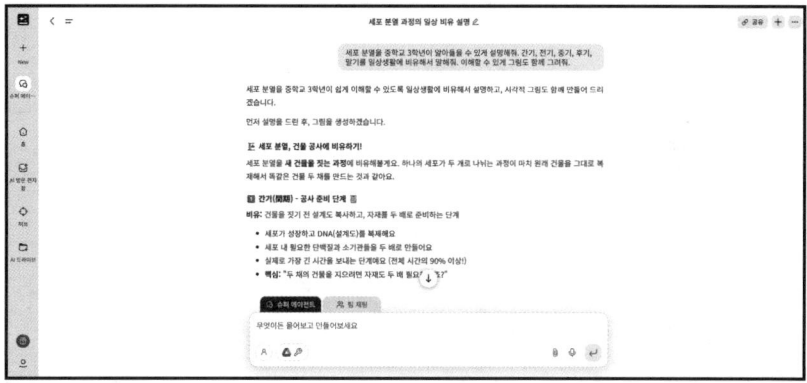

젠스파크를 활용해 세포 분열 과정 이해하기.

유해서 말해줘. 그리고 이해할 수 있게 그림도 함께 그려줘."

그러면 젠스파크가 여러분이 이해할 수 있는 수준으로 설명해주면서도 적절한 예시를 들어 내용을 작성해줄 거예요.

교과서에 나오는 정보나 사례들은 너무 한정적이어서 종종 이해하기 어려울 수 있어요. 그럴 때는 AI가 제시하는 관련 그림을 확인하면서 살펴보세요. 교과서 그림보다 더 선명하고 이해하기 쉬울 거예요. 여러분은 이런 그림들을 모아서 '나만의 세포 분열 도감'을 만들 수 있어요. 단계마다 그림을 배치하고 그 밑에 여러분이 이해한 내용을 직접 써넣는 거예요. 이것을 친구들이랑 공유하면 진짜 멋있을 거예요!

그런데 여기서 중요한 게 있어요. 젠스파크가 설명해준 내용을 그냥 공책에 베끼면 안 됩니다. 여러분 머릿속에 입력되지 않거든요. 대신 이렇게 해보세요. AI 설명을 읽고 나서 눈을 감은 다음, 여러분의 말로 찬찬히 되새겨보는 거예요. "아, 간기는 준비하는 시간이고, 전기는 막 시작하는 시간이구나!" 이런 식으로요. 그리고 여

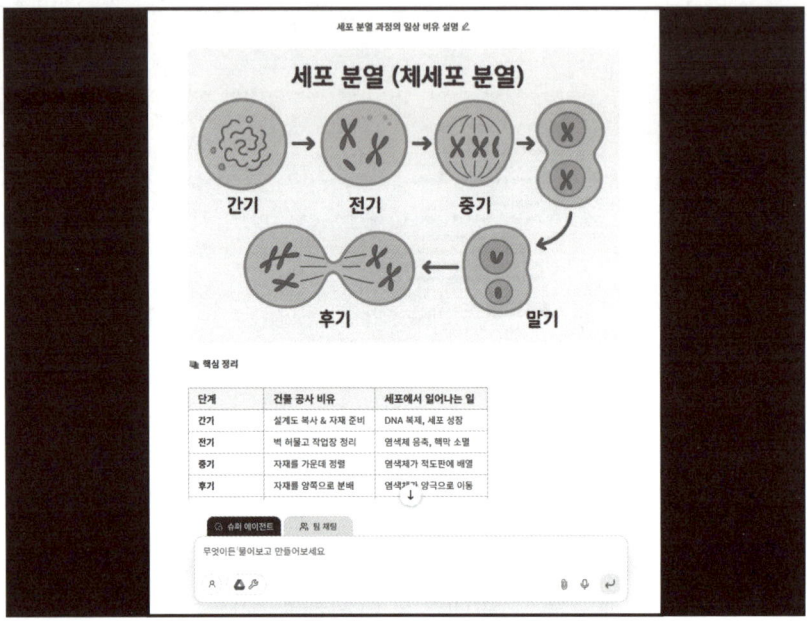

젠스파크를 활용해 세포 분열 과정 그림으로 이해하기.

러분이 학습한 내용을 친구한테 설명해보세요. 설명하다가 막히면 완벽히 이해하지 못한 거예요.

만일 이해되지 않는 부분이 있다면 한 번 더 깊게 물어봅니다. "염색체가 왜 복제되어야 하는데? 복제 안 하면 어떻게 되는데?" 하고요. 그러면 젠스파크가 또 친절하게 설명해줄 거예요. 이게 진짜 좋은 점이랍니다. 궁금한 부분을 끝까지 파고들 수 있다는 거요! 그러고 나서 이렇게 물어보세요. "세포 분열에 대한 문제 좀 내줘. 객관식 5개, 서술형 2개 정도. 중학교 3학년 수준으로. 그리고 답이랑 설명도 같이 해줘."

그러면 젠스파크가 시험 문제를 만들어준답니다. 혼자 공부하기

세포 분열 과정의 일상 비유 설명 ✎

📋 **세포 분열 평가 문제**

❤ **객관식 문제 (5문제)**

1번. 세포 분열 과정에서 DNA가 복제되는 시기는 언제인가? ① 간기
② 전기
③ 중기
④ 후기
⑤ 말기

2번. 다음 중 세포 분열의 중기에 대한 설명으로 옳은 것은? ① 염색체가 세포의 양쪽 끝으로 이동한다.
② 핵막이 사라지고 염색체가 나타나기 시작한다.
③ 염색체가 세포의 중앙에 일렬로 배열된다.
④ 세포질이 두 개로 나뉜다.
⑤ DNA가 복제된다.

3번. 세포 분열 결과 생긴 두 개의 딸세포에 대한 설명으로 ↓ 은 것은? ① 어머니 세포보다 염색체 수가 2배 많다.

무엇이든 물어보고 만들어보세요

젠스파크를 활용해 세포 분열 과정을 퀴즈로 알아보기.

딱 좋죠? 틀린 문제가 있으면 젠스파크한테 "이 문제 답이 왜 이거야? 구체적인 풀이 과정을 중학교 3학년이 이해할 수 있는 수준으로 설명해줘"라고 요청하면 됩니다.

이렇게 공부하다 보면 어느 순간 자신도 모르게 미래 직업에 대해 생각하게 되지요. 'AI로 세포 사진 분석해서 암을 빨리 찾는 의사가 되면 어떨까?', '컴퓨터로 DNA 분석하는 과학자가 되면 재밌겠다!' 이런 생각 말이에요.

실제로 '바이오인포매틱스 전문가'라는 직업이 있어요. 생물학과 컴퓨터를 다 잘하는 사람들이 하는 일이죠. 이름이 조금 어려워 보이죠? 쉽게 말해, 생물학(Biology) 지식에 정보학(Informatics) 기

술을 갖춘 직업입니다. 바이오인포매틱스는 여러분이 AI로 세포를 분석하듯이, 실제로는 컴퓨터와 AI를 사용해서 방대한 생물 정보를 분석해요. DNA를 해석해서 '이 사람은 유전적으로 어떤 질병에 취약하겠구나', '이 동물의 진화 과정은 이렇겠구나'를 밝혀냅니다. 또, AI를 활용해 수천, 수만 가지 물질 중에서 어떤 것이 병을 치료하는 데 효과가 있을지 수많은 시뮬레이션을 돌려가며 가장 가능성이 높은 후보 물질을 찾아내 신약 개발을 하는 데 기여합니다.

2) AI와 함께 흥미진진한 우주 탐구

우주는 언제나 사람들의 무한한 호기심과 흥미를 자극하는 분야입니다! 여러분도 수업 시간에 겉보기등급, 별, 행성, 블랙홀 같은 지구과학 이야기를 들어본 적 있을 거예요. 그런데 지구과학을 공부할 때도 AI는 최고의 탐험 파트너가 될 수 있답니다.

교과서에서 배우는 공전, 자전, 계절의 변화 같은 개념은 눈으로 직접 보이지 않아서 이해하기 어려운데요, 이럴 때 젠스파크에게 시뮬레이션을 요청해보세요. "지구가 태양 주위를 공전할 때, 북반구와 남반구에 계절이 다르게 생기는 이유를 쉽게 설명해줘. 지구가 태양 주위를 기울어진 채로 도는 그림을 움직이는 영상처럼 보여줄 수 있을까?" 하고 말이에요. 그러면 젠스파크는 지구가 기울어진 채 태양 주위를 도는 3D 모델이나 시뮬레이션 영상을 찾아줄 거예요. 그리고 그 원리를 마치 지구가 태양 주변을 여행하는 이야기처럼 풀어줄 겁니다. 이 내용을 그림으로 함께 보면 여러분은 '아, 지구가 기울어져서 태양 빛을 받는 각도가 달라지는구나!' 하고 바로 이해할 수 있지요.

뉴스에서 '허블 망원경이 발견한 새로운 은하' 같은 기사를 봤다고 해볼게요. 이름도 생소하고 설명도 어려워서 그냥 넘어가기 쉬운데요. 그럴 때도 젠스파크에게 물어보세요.

젠스파크(Genspark) 활용 팁

- 용어를 쉽게 풀이하기: "이 기사에 나온 '퀘이사'가 정확히 뭐야? 중학생이 이해할 수 있게 설명해줘."
- 최신 정보 요청하기: "우리 태양계 밖에서 발견된 '외계 행성' 중에서 생명체가 살 가능성이 높은 3곳을 이유와 함께 알려줘."

젠스파크는 최신 과학 기사와 연구 결과까지 접근해서 여러분의 호기심을 풀어줄 수 있어요. 단순히 교과서 지식만 외우는 게 아니라 살아있는 과학 지식을 배우게 되는 거죠!

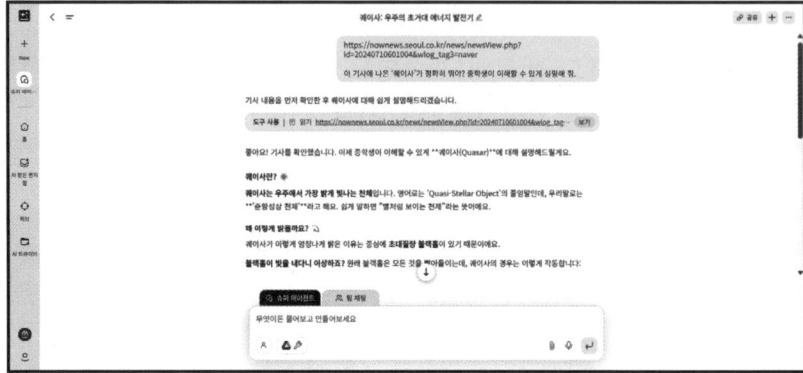

⬆ 젠스파크를 활용해 퀘이사의 용어 설명을 쉽게 표현해달라고 요청하는 장면.

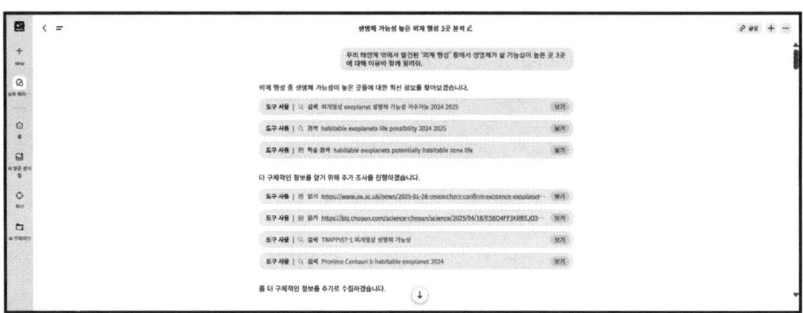

⬆ 젠스파크가 태양계 밖 외계 행성 중 생명체가 살 가능성이 높은 곳을 탐색하는 모습. 다양한 이미지 자료와 학술 정보를 비교하고 있다.

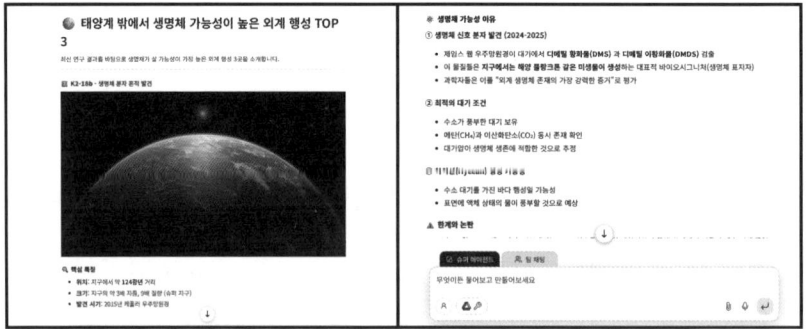

⬇ 젠스파크가 태양계 밖 외계 행성 중 생명체가 살 가능성이 높은 곳을 탐색한 결과. 이미지를 요청하지 않았음에도 사용자의 편의성을 위해 이미지도 함께 제시해주는 모습을 보여준다.

3) AI와 함께라면 화학도 문제 없어

화학 반응식 계수 맞추기, 진짜 짜증 나죠? 계수 하나만 틀려도 다 틀리고요. 그런데 AI가 있으면 상황은 완전히 달라집니다. 예를 들어볼게요. 메탄이 탈 때의 반응식은 이렇게 생겼어요.

$$CH_4 + O_2 \rightarrow CO_2 + H_2O$$

이걸 균형을 맞춰야 하는 문제가 있다고 생각해볼게요. 여러분이 문제를 먼저 풀고 답안을 확인했는데도 이해가 안 된다? 그러면 젠스파크한테 이렇게 물어보는 거예요. "이 반응식에서 균형을 맞춰줘. 그리고 어떻게 맞추는 건지 단계별로 설명해줘."

젠스파크를 활용해 화학 반응식의 균형을 맞추는 장면.

그러면 젠스파크가 위 이미지처럼 대답할 거예요. "자, 이 화학 반응식의 균형을 어떻게 맞추는지 차근차근 설명해볼게요. 먼저 원래 반응식을 보면 메테인(CH_4)이 산소(O_2)와 만나서 이산화탄소(CO_2)와 물(H_2O)을 만드는 연소 반응이에요. 그런데 이 상태로는 원자의 개수가 좌변과 우변에서 맞지 않거든요. 화학 반응에서는 원자가 새로 생기거나 사라지지 않기 때문에 양쪽의 원자 개수를 똑같이 맞춰줘야 해요. 처음에 탄소를 보면 좌변에도 1개, 우변에도 1개라서 이미 균형이 맞아 있어요. 그런데 수소를 세어보면 좌변에는 CH_4에 4개가 있는데, 우변에는 H_2O에 2개밖에 없죠. 그래서 물 분자 앞에 계수 2를 붙여서 $2H_2O$로 만들어주면 수소가 4개가 되면서 균형이 맞아요…." 젠스파크는 이런 식으로 차근차근 알려줄 겁니다.

핵심은 이거예요. 단순히 답만 얻는 게 아니라 '어떤 과정을 통해 문제를 해결할 수 있는지'를 배우는 거죠. 그래서 다음번엔 혼자서도 문제를 풀 수 있도록요. AI가 설명해준 방법으로 다른 문제를 풀어보고, 내가 문제를 해결해가는 과정이 이치에 맞는지 젠스파크한테 확인해보세요. AI의 환각 현상과 데이터 편향성 등으로 인해 잘못 답변하는 과정도 있을 수 있겠지만, "정확한 정보를 바탕으로

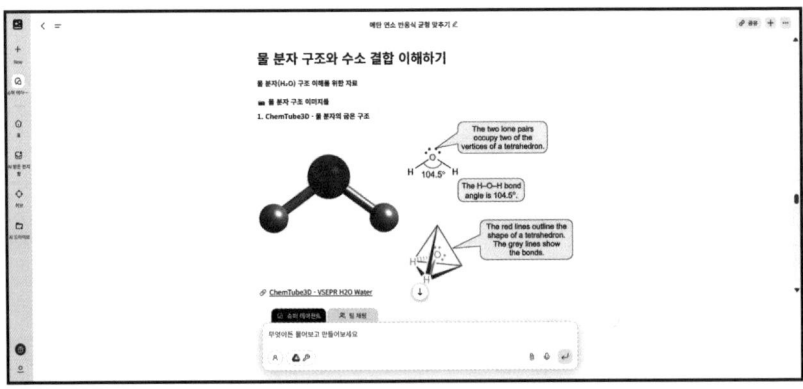

젠스파크를 활용해 물 분자 구조의 이미지를 확인하는 장면.

답이 옳은지 확인해줘"라고 프롬프트를 입력하면 중학교 수준의 화학식에 대해서는 거의 정확한 정보를 제공하는 편입니다.

또, 화학 분야는 그림을 함께 보면 그 내용을 훨씬 이해하기 쉽습니다. 그래서 이렇게 물어보면 좋아요. "물 분자 구조를 이해할 수 있는 그림을 찾아줘. 수소 원자 2개랑 산소 원자 1개가 어떻게 붙어 있는지를 이해할 수 있는 그림인데, 사이트 주소를 남겨줘도 좋아. 그리고 수소 결합이 뭔지도 설명해줘." 그러면 젠스파크가 입체적인 그림을 보여줘요. 교과서에서 H-O-H로만 봤던 게 실제로는 굽은 모양이라는 걸 알게 돼요. 신기하죠?

더 재밌는 건 일상생활이랑 연결하는 거예요. "빵을 만들 때 부풀어 오르는 게 어떤 화학 반응 때문에 그래? 효모가 하는 일이 뭐야?"

이렇게 물어보면 젠스파크가 발효 과정을 화학 반응식으로 보여줄 거예요. 포도당이 이산화탄소랑 알코올로 변하는 과정을요. 그럼 여러분은 "아! 그래서 빵이 부풀었구나!"라고 이해하게 되죠. 이

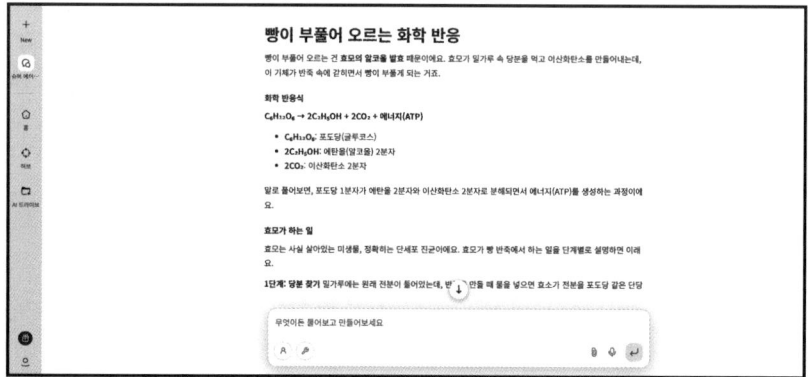

젠스파크를 활용해 화학 반응의 실생활 예시를 확인하는 장면.

런 일상생활 속의 화학 반응식은 실제 학교 시험 문제로 출제되기도 하고, 우리 삶을 이해하는 데 직접적인 영향을 미치므로 궁금한 내용이 생기면 젠스파크와 대화하며 찾아보세요.

이렇게 해서 알게 된 내용을 진짜로 실험해볼 수 있습니다. 집에서 베이킹소다랑 식초를 섞어보는 거죠. 이 둘을 섞으면 부글부글 거품이 나잖아요? 그때 촬영한 사진을 탑재하고, 젠스파크한테 다시 물어봅니다. "이거 무슨 반응이야? 어떤 기체가 나오는 거야?" 그러면 젠스파크가 반응식도 알려주고, 이산화탄소가 나온다는 것도 알려줍니다. 여러분은 휴대폰으로 영상을 찍고, 젠스파크에게 실험 보고서를 작성하기 위한 절차나 팁을 물어볼 수 있어요.

하지만 절대 젠스파크에게 실험 보고서 내용을 요청하거나 젠스파크가 작성한 절차나 팁을 그대로 베끼거나 따라 쓰면 안 돼요! 이렇게 하는 것은 표절인 동시에 여러분의 실력 향상이나 학습 습관 형성에 전혀 도움이 되지 않거든요. 언제나 AI가 알려준 내용을 읽고 이해하고 나서, 여러분의 말로 다시 써야 합니다.

이런 공부를 하다 보면 화학공학자나 제약 연구원이 하는 일이 궁금해질 거예요. AI로 신약을 개발하거나 새로운 물질을 만드는 사람들이요. 실제로 화학공학을 전공한 많은 사람이 제약회사에 취직한답니다.

4) 어려운 물리도 AI와 함께하면 든든해

물리는 솔직히 많이 어렵죠? 특히 그래프 나오면 머리 아프고요. 그런데 AI가 있으면 어려웠던 물리도 조금 더 쉽게 접근할 수 있어요. 속도, 가속도와 같이 여러분이 어려워하는 내용을 배워야 할 때

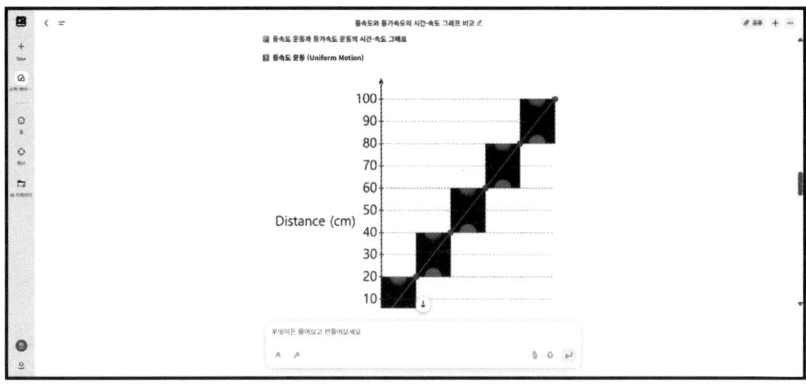

젠스파크를 활용해 물리 운동의 그래프와 내용을 확인하는 장면.

AI를 적절하게 활용해보세요. 예를 들어 "등속도 운동이랑 등가속도 운동의 시간-속도 그래프를 그려줘. 그리고 중학생이 알아듣게 설명해줘"라고 요청하면, AI가 그래프를 그리면서 설명해줍니다.

"등속도 운동은 그래프가 수평선이에요. 왜냐면 속도가 계속 똑같거든요. 그런데 등가속도 운동은 그래프가 비스듬한 직선이에요. 시간이 지날수록 속도가 계속 빨라지거나 느려지니까요. 그래프의 기울기가 바로 가속도예요!"라고 이해하기 쉽게 답변해줄 거예요.

여기서 여러분이 한 단계 더 나아가고 싶다면 다음과 같이 질문을 이어가면 됩니다. "만약 기울기가 더 가파르면 어떻게 돼?"라고 물어보는 거죠. 그러면 AI가 "가속도가 더 크다는 뜻이에요. 더 빨라진다는 뜻이죠!"라고 대답해줍니다. 이렇게 뭔가 미진한 것이 있을 때 '만약에?'라는 질문을 계속하면 개념을 확실하게 이해하게 될 겁니다.

교실에서 실제로 실험해볼 수도 있어요. 책상에서 공을 굴려보는 거예요. 휴대폰 스톱워치로 시간을 재고, 자로 거리도 재고. 그 데이터를 문서로 기록해서 AI에 업로드한 다음 "이 데이터로 그래프를 그려줘"라고 요청하면, AI가 멋진 그래프를 만들어줍니다. 여러분이 굴린 공의 운동이 그래프로 나타나는 거죠!

5) AI로 실험 계획을 세워보자

과학 실험에서 제일 어려운 것은 복잡한 공식도, 꼼꼼하게 기록해야 하는 번거로움도 아니에요. 바로 실험을 어떻게 시작해야 할지 계획을 세우는 단계랍니다. '뭘 어떻게 준비해야 하지?' 이런 마음이 들면서 머리가 어질어질해지는 순간 말입니다. 그런데 AI가 있으면 걱정할 일이 못됩니다.

식물 키우기 실험을 한다고 생각해볼게요. AI한테 이렇게 물어보는 거예요. "중학생이 학교에서 할 수 있는 식물 실험 아이디어 좀 줄래? 재료는 쉽게 구할 수 있고, 2주 정도면 결과가 나오는 실험으로." 그러면 AI가 여러 가지를 제안해줘요.

빛의 색깔에 따른 성장 차이, 물의 양에 따른 차이, 음악 들려주기, 비료 종류에 따른 차이 등 AI가 다양한 제안을 해주면 여러분은 그중에서 가장 흥미로운 것을 선택하면 됩니다.

예를 들어 '빛의 색깔'을 골랐다고 해요. 자, 그다음엔 변인을 정해야 합니다. 변인이 뭐냐고요? 쉽게 말하면 '뭘 바꾸고, 뭘 재고, 뭘 똑같이 유지할까'를 정하는 거예요. 만약, "빛의 색깔 실험에서 독립변인, 종속변인, 통제변인이 뭐야? 중학생이 이해할 수 있는 수준으로 쉽게 설명해줘"라고 입력하면 AI가 아래와 같이 대답해줄 거예요. "독립변인은 너희가 일부러 바꾸는 거야. 여기서는 빛의

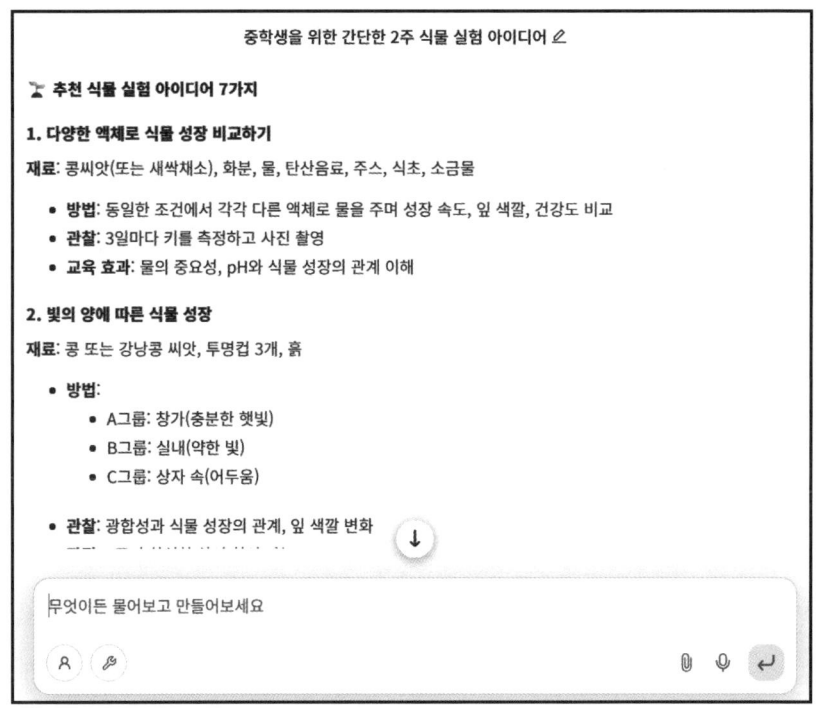

중학생을 활용한 중학생을 위한 간단한 식물 실험 아이디어 검색.

색깔이지. 빨강, 파랑, 초록, 흰색 이렇게 다르게 해주는 거잖아. 종 속변인은 그 결과로 변하는 거야. 식물 키, 잎 개수, 이런 거. 통제변 인은 똑같이 유지해야 하는 거야. 물의 양, 온도, 화분 크기, 이런 거 말이야. 이걸 똑같이 안 하면 뭐 때문에 식물이 더 자랐는지 알 수 가 없거든!"

그러고 나서는 구체적으로 어떻게 할지 정해야 합니다. "실험 순 서를 단계별로 알려줘. 초등학생도 따라 할 수 있을 정도로 자세하 게." 그러면 AI가 1단계, 2단계, 3단계··· 이렇게 쭉 알려줘요. 화분 4개 준비하기, 똑같은 크기의 콩나물 심기, 색깔별로 LED 전구 또는 색깔 필터 씌우기, 매일 같은 시간에 같은 양의 물 주기, 일주일에 두 번 키 재기… 이런 식으로요.

　여기서 중요한 게 있어요! AI가 알려준 대로 그대로 하면 안 된다는 점입니다. 우리 학교의 상황과 여러분의 상황에 맞게 바꿔야 해요. LED 전구가 없으면? 색종이를 창문에 붙이는 방법도 있죠. 선생님께 여쭤보고 친구들이랑 의논해서 우리만의 방법으로 바꾸는 거예요. 이게 진짜 과학자가 하는 일이에요!

6) 실험 노트를 작성하고, 데이터 분석은 AI와 함께!

　실험을 시작한 뒤 가장 중요한 것은 관찰한 내용을 잘 기록하는 일입니다. 그냥 "식물이 자랐다"처럼 쓰면 안 돼요. 구체적으로 써야 해요. 이럴 때 AI한테 실험 노트 양식을 만들어달라고 할 수 있어요. "중학생용 실험 노트 양식을 만들어줘. 날짜, 시간, 관찰 내용, 측정 숫자, 사진, 느낀 점… 이런 칸이 있으면 좋겠어."

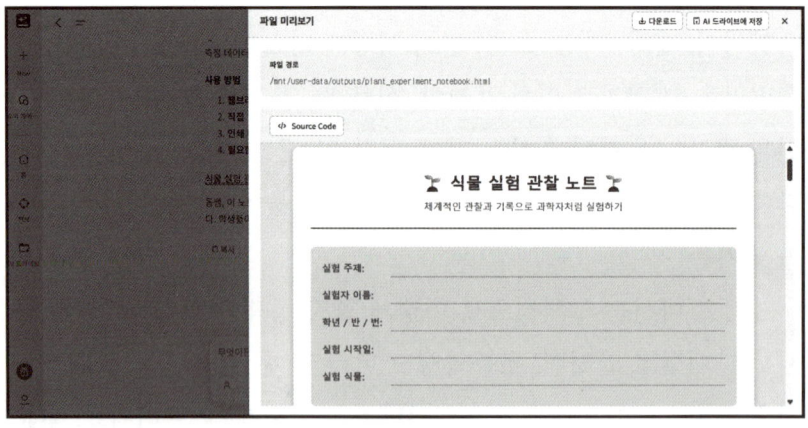

젠스파크를 활용해 작성한 식물 실험 관찰 노트 양식.

그러면 AI가 깔끔한 표를 만들어줘요. 여러분은 그걸 프린트하거나 공책에 따라 그리면 돼요. 매일 같은 시간에 식물 키를 재요. 자로 정확하게! 그리고 사진도 찍고, 어떻게 변했는지 적어요.

- 빨간빛을 받은 식물이 어제보다 0.5cm 자랐다.
- 잎이 어제보다 더 진한 초록색이 되었다.
- 줄기가 약간 굽었다.

이렇게 구체적으로 쓰는 거예요. 그냥 '자랐다'가 아니라 "0.5cm 자랐다"라고 적는 겁니다. 일주일이 지나면 어느 정도 데이터가 쌓이겠지요? 이 내용을 표로 정리하는 겁니다. 그런 다음 이 표를 AI와 함께 분석해보고, 시각화해보는 거예요. 어떡하냐고요? 이렇게 요청하면 되겠지요. "이 데이터로 꺾은선 그래프를 만들어줘. 어떤 빛에서 제일 잘 자랐는지 한눈에 보이게."

그러면 AI가 꺾은선 그래프를 그려줘요. '와, 흰빛이 제일 높네!', '빨간빛도 괜찮고!', '초록빛은 좀 낮네?' 이런 내용들이 한눈에 보이는 거죠. 더 재밌는 단계는 AI한테 분석을 부탁하는 것입니다. 예를 들어 "흰빛에서 가장 잘 자란 이유는 뭘까? 중학생이 이해할 수 있는 수준으로 과학적인 측면에서 설명해줘" 하고 말입니다. 그러면 AI가 이렇게 대답할 거예요. "흰빛은 사실 여러 색깔이 섞인 것입니다! 프리즘에 흰빛을 통과시키면 빨주노초파남보 7가지 색으로 나뉘는 것을 본 적 있죠? 이것은 흰빛이 사실 모든 파장의 빛이 합쳐진 것이라는 증거입니다. 즉, 흰빛=빨강+주황+노랑+초록+

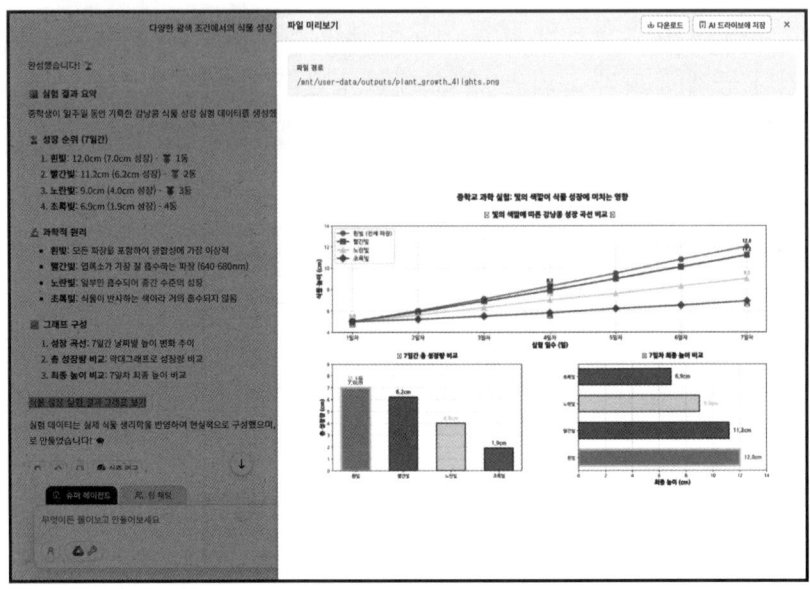

일주일 동안 관찰한 결과를 엑셀로 정리하여 젠스파크를 활용해 꺾은선 그래프로 나타낸 모습.

파랑+남색+보라입니다. 태양에서 오는 자연광도 바로 이 흰빛입니다.”

하지만 여기서 끝내면 안 돼요! AI 말을 그냥 믿지 말고, 교과서에서 찾아 확인해봐야 합니다. 정말로 엽록소가 빨간빛과 파란빛을 흡수하는지 직접 찾아보는 거죠. AI도 가끔 틀릴 수 있으니까요. 확인하고 검증하는 습관이 진짜 과학자의 태도랍니다!

또 하나, 여러분만의 생각을 추가해야 해요. “초록빛에서 식물이 덜 자란 건 초록빛을 식물이 반사하기 때문인 것 같다. 그래서 식물이 초록색으로 보이는 거니까.” 이런 식으로 여러분이 추론한 내용을 추가하여 써넣는 거죠.

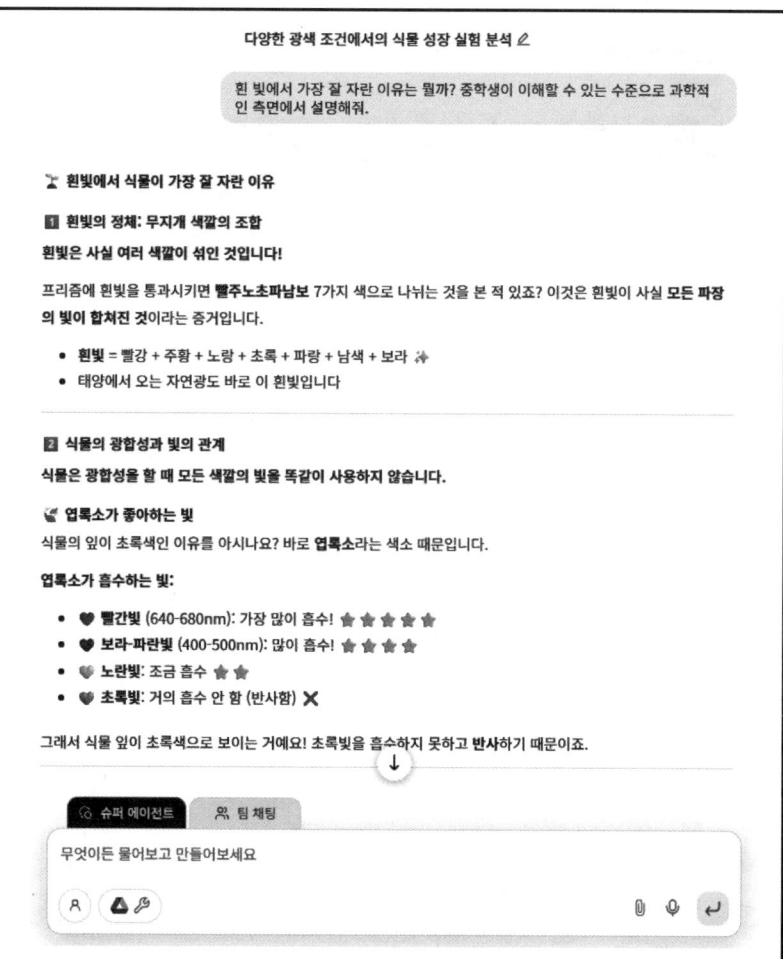

다양한 광색 조건에서의 식물 성장 실험 분석 ✍

> 흰 빛에서 가장 잘 자란 이유는 뭘까? 중학생이 이해할 수 있는 수준으로 과학적인 측면에서 설명해줘.

🌱 **흰빛에서 식물이 가장 잘 자란 이유**

1 흰빛의 정체: 무지개 색깔의 조합

흰빛은 사실 여러 색깔이 섞인 것입니다!

프리즘에 흰빛을 통과시키면 **빨주노초파남보** 7가지 색으로 나뉘는 것을 본 적 있죠? 이것은 흰빛이 사실 **모든 파장의 빛이 합쳐진 것**이라는 증거입니다.

- **흰빛 = 빨강 + 주황 + 노랑 + 초록 + 파랑 + 남색 + 보라** 🌈
- 태양에서 오는 자연광도 바로 이 흰빛입니다

---

2 식물의 광합성과 빛의 관계

식물은 광합성을 할 때 모든 색깔의 빛을 똑같이 사용하지 않습니다.

🌿 **엽록소가 좋아하는 빛**

식물의 잎이 초록색인 이유를 아시나요? 바로 **엽록소**라는 색소 때문입니다.

엽록소가 흡수하는 빛:

- 💙 **빨간빛 (640-680nm):** 가장 많이 흡수! ⭐⭐⭐⭐⭐
- 💙 **보라-파란빛 (400-500nm):** 많이 흡수! ⭐⭐⭐⭐
- 💛 **노란빛:** 조금 흡수 ⭐⭐
- 💚 **초록빛:** 거의 흡수 안 함 (반사함) ❌

그래서 식물 잎이 초록색으로 보이는 거예요! 초록빛을 흡수하지 못하고 **반사**하기 때문이죠.

↓

| ⚙ 슈퍼 에이전트 | 요 팀 채팅 |

무엇이든 물어보고 만들어보세요

(A) (🔧)   📎 🎤 ↵

젠스파크를 활용해 식물의 성장을 과학적으로 분석하는 모습.

4장—
AI로 창의력을 키우자

머릿속에 떠오르는 멋진 이야기들을 글로 옮기고 싶었는데 막막했던 경험이 있나요? 이번 장에서는 AI와 함께 여러분만의 창의적인 이야기를 만들어볼 거예요. AI는 우리의 상상력을 현실로 만들어주는 최고의 파트너랍니다!

1. AI를 활용해 이야기 만들기

이야기 창작은 단순히 '글쓰기'를 넘어서 우리의 사고력, 창의력, 표현력을 기르는 중요한 활동입니다. 그런데 막상 이야기를 글로 써보려고 하면 어디서부터 시작해야 할지, 어떻게 써야 할지 막막하지요? 머릿속에는 정말 재미있는 이야기 소재가 많은데 막상 공책에 써보려고 하면 첫 줄부터 막히는 경우가 대부분입니다. "옛날에…"로 시작해야 하나, 아니면 "어느 날 갑자기…"로 시작해야 하나 고민하게 되지요. 그러다가 결국 포기했던 적도 있을 겁니다. 하지만 이제는 달라요! AI라는 정말 똑똑한 친구가 우리와 함께 이야기 만드는 걸 도와줄 수 있거든요.

AI와 함께 이야기를 만드는 것은 상상력이 아주 풍부한 친구와 함께 여러 가지 경험을 쌓는 것과 같습니다. 여러분이 "우주에서 온 고양이 이야기를 만들어줘"라고 하면, AI는 "어떤 행성에서 왔을까? 무슨 특별한 능력이 있을까? 지구에 와서 무엇을 하게 될까?"
하면서 함께 고민해주는 친구 같은 존재예요. 그리고 여러분의 아
이디어를 바탕으로 정말 멋진 이야기를 완성해줍니다.

이제 본격적으로 AI와 함께 이야기를 만들어볼까요? 처음에는
어색할 수도 있지만, 몇 번 해보고, 자신만의 이야기를 덧붙여나가
면 하나의 작품이 완성될 거예요!

1) 어떤 AI 플랫폼과 함께 이야기를 만들어갈지 정한다

앞서 이야기했던 다양한 AI 도구에 대한 이해도를 어느 정도 쌓
은 후 진행할 것을 추천해요. 그중에서 함께 이야기를 써나가는 동
반자로 추천할 만한 플랫폼은 Google 계정으로 쉽게 접근할 수 있
으면서도 다양한 확장성을 지닌 제미나이와 젠스파크입니다.

2) 이야기의 주제 선정하기

이 부분이 정말 중요해요! 좋은 주제가 있어야 재미있는 이야기
가 나오거든요. 우선 여러분이 평소에 관심 있어 하는 것들을 생각
해보세요. 좋아하는 동물이 있나요? 가보고 싶은 장소가 있나요?
만나고 싶은 역사 속 인물이 있나요?

여러분이 고양이를 좋아하고, 우주에 관심이 많다면 '우주에서
온 특별한 고양이' 이야기를 만들 수 있어요. 만약 환경 문제에 관
심이 있다면 '2050년 미래, 지구를 구하려는 중학생의 모험'도 좋은
주제가 될 수 있죠. 아니면 '만약 내가 조선시대로 시간여행을 간다
면?' 같은 역사와 판타지를 섞은 이야기도 어떻게 보면 뻔한 주제
처럼 보이지만, 내용을 참신하게 구성해보면 재미있을 거예요.

주제를 정할 때는 너무 복잡하게 생각하지 마세요. 간단한 질문부터 시작하면 돼요. "만약에 ~라면?", "~가 ~한다면?", "~에서 ~를 만난다면?" 같은 질문들이 좋은 이야기의 시작점이 될 수 있어요. AI와 함께 이야기를 만들어가는 방법은 크게 3가지로 나눠볼 수 있어요.

> **AI와 이야기 만드는 방법**
>
> - AI에게 주제를 추천받아 글을 처음부터 작성해보는 방법
> - AI에게 특정 주제에 대한 샘플 글을 써달라고 하고, 해당 글을 바탕으로 새로운 이야기를 창작하는 방법
> - AI에게 특정 주제에 대한 글의 특정 부분(예를 들어 시작, 끝 등)을 부탁하고, 해당 내용을 검토한 후 AI의 글에 이어서 나머지 글을 작성하는 방법

글을 많이 써보지 않은 경우, 막상 글을 제대로 쓰려고 하면 백지를 보고 정신이 멍해지는 일종의 '백지 공포증'이 일어날 수도 있으니, 우선 AI한테 몇 가지 부탁을 하고 이를 통해 이야기를 창작하는 단계로 진입할 수 있습니다. 이때 절대로 하면 안 되는 일이 있습니다. AI에게 글 전체를 작성해달라고 하거나, 글 전체를 작성한 후 내용을 조금 수정한다거나 하는 것인데요. 우리가 글을 창작하는 이유는 근본적으로 우리의 사고력을 높이기 위함입니다. 그러므로 AI가 우리의 글을 대체하게 놔두면 안 되지요. AI와 함께 창작한다는 마음으로 접근해야 합니다.

3) 질문이 똑똑하면 결과도 좋아진다

이 단계가 바로 앞서 우리가 살펴봤던 '프롬프트 엔지니어링'에 해당합니다. 잘 쓴 프롬프트는 더 좋은 이야기를 만들어가는 동반 자가 되어주지요.

젠스파크를 활용해 미래도시 이야기의 서두 부분을 코칭 받는 장면-1.

예를 들어 "미래도시에 관한 이야기를 써줘"라고만 하면 AI가 어떤 이야기를 써야 할지 모르겠죠? 대신 "2050년 미래도시를 배경으로, 환경오염 때문에 고통받는 도시를 구하려는 중학생 주인공의 모험 이야기를 시작 부분만 써줘. 주인공은 식물과 대화할 수 있는 특별한 능력이 있어. 나머지 부분은 내가 읽어보고 다듬은 다음에 이어서 쓸 거야. 중학생이 이해하기 쉬운 내용으로 구성해줘"라고 구체적으로 말해보세요. 그러면 AI가 여러분이 원하는 이야기를 써 내려갈 수 있도록 기반을 조성해줄 거예요.

젠스파크를 활용해 미래도시 이야기의 서두 부분을 코칭 받는 장면-2.

이야기 창작에 도움을 받기 위해 프롬프트를 입력할 때, 좋은 프롬프트를 만드는 요령을 알려드릴게요.

이야기 창작에 도움이 되는 프롬프트 만들기

- '누가', '언제', '어디서', '무엇을', '어떻게'를 포함시킨다.
- 누가(주인공), 언제(시간 배경), 어디서(장소), 무엇을(사건이나 목표), 어떻게(특별한 능력이나 방법) 같은 정보를 넣어주면 AI가 더 창의적이고 재밌는 글을 써 내려갈 수 있도록 훨씬 구체적이고 재미있는 이야기의 기반을 만들어준다.

그럼, 장르별로 여러분들이 입력할 수 있는 대표적인 프롬프트 예시를 한번 살펴보도록 할까요? 그다음, 여러분이 써보고 싶은 주제를 정하고, 프롬프트도 작성해보세요.

다양한 장르별 프롬프트 예시

· SF 판타지형

중학생을 대상으로 하는 SF 판타지 소설을 쓸 거야. 첫 장면을 액션 장면으로 시작해서, 독자의 호기심을 자극하는 부분으로 끝나도록 작성해줘. 그리고 아래 내용을 참고하되, 글자 수는 2,500자 이내로 작성해줘. 나머지 부분은 내가 읽어보고 다듬은 다음에 이어서 쓸 거니까 중학생이 이해하기 쉬운 내용으로 구성해줘. 참고할 점은 다음과 같아.

- 누가: 평범한 고등학생 '민수'
- 언제: 2080년, AI가 인간의 감정을 통제하는 시대
- 어디서: 지하 저항군 기지
- 무엇을: 인류의 자유 의지를 되찾기 위한 작전
- 어떻게: 유일하게 AI 통제를 받지 않는 '감정 증폭' 능력

· 역사 판타지형

중학생을 대상으로 하는 조선시대 역사 판타지 소설을 쓸 거야. 역사적 배경을 고증하되, 판타지 요소를 자연스럽게 섞어서 중학생이 흥미롭게 읽을 수 있도록 써줘. 그리고 아래 내용을 참고하되, 글자 수는 2,000자 이내로 작성해줘. 나머지 부분은 내가 읽어보고 다듬은 다음에 이어서 쓸 거야. 참고할 점은 다음과 같아.

- 누가: 조선시대 양반 집안의 둘째 딸 '서연'
- 언제: 임진왜란 직전, 1591년 봄
- 어디서: 한양의 비밀 서고
- 무엇을: 미래를 예언하는 고서를 발견하고 전쟁을 예방
- 어떻게: 고서를 해독할 수 있는 특별한 한자 능력을 사용

· 일상 판타지형

중학생을 대상으로 하는 일상 판타지 소설을 쓸 거야. 공감 가는 중학생의 일상과 판타지를 결합해서, 따뜻하고 감동적인 분위기로 시작 부분을 작성해줘. 그리고 아래 내용을 참고하되, 글자 수는 2,500자 이내로 작성해줘. 나머지 부분은 내가 읽어보고 다듬은 다음에 이어서 쓸 것이기 때문에 중학생이 이해하기 쉬운 내용으로 구성해줘. 참고할 점은 다음과 같아.

- 누가: 소심한 중학교 2학년 '준호'
- 언제: 2025년 여름방학 첫날
- 어디서: 할아버지 댁 다락방
- 무엇을: 다른 사람의 꿈속으로 들어갈 수 있는 거울을 발견
- 어떻게: 그 거울을 통해 친구들의 비밀과 고민을 알게 됨

· 미스터리형

중학생을 대상으로 하는 미스터리 소설을 쓸 거야. 긴장감 넘치는 분위기로 시작하고, 독자가 함께 추리할 수 있는 단서들을 자연스럽게 배치해줘. 그리고 아래 내용을 참고하되, 글자 수는 3,000자 이내로 작성해줘. 나머지 부분은 내가 읽어보고 다듬은 다음에 이어서 쓸 것이기 때문에 중학생이 이해하기 쉬운 내용으로 구성해줘. 참고사항은 다음과 같아.

- 누가: 추리 동아리 회장 '유진'
- 언제: 2024년 겨울, 학교 축제 전날 밤
- 어디서: 잠긴 채로 발견된 도서관 특별열람실
- 무엇을: 30년 전 사라진 학생의 일기를 발견하고 사건의 진실을 추적
- 어떻게: 뛰어난 관찰력과 논리적 추리 능력을 활용

나의 이야기를 쓰기 위한 프롬프트 작성해보기

글의 주제/장르: _____

_____

프롬프트: _____

_____

_____

_____

참고사항

- 누가: _____

- 언제: _____

- 어디서: _____

- 무엇을: _____

- 어떻게: _____

실제 프롬프트를 AI에 입력한 후 느낀 소감

_____

_____

_____

4) 이야기의 구조 만들기

모든 좋은 이야기에는 기본적인 구조가 있어요. 건물을 지을 때 설계도가 반드시 있어야 하는 것처럼 이야기를 만들 때도 구조를 먼저 단단하게 짜두어야 합니다. 이야기의 구조는 '발단', '전개', '위기', '절정', '결말'로 이루어집니다.

발단에서는 주인공과 배경을 소개해요. "평범한 중학생 민수는 어느 날 이상한 꿈을 꾸기 시작했다"처럼요. 전개에서는 문제 상황이 생겨요. "민수는 꿈에서 본 장면들이 현실에서도 일어나는 것을 발견했다"처럼요. 위기에서는 상황이 가장 어려워져요. "민수의 예지 능력 때문에 위험한 사람들이 그를 쫓아오기 시작했다"처럼요. 절정에서는 주인공이 가장 중요한 선택을 하거나 행동을 해요. "민수는 자신의 능력을 사용해서 큰 사고를 막을 것인지, 아니면 자신의 안전을 위해 숨을 것인지 결정해야 했다"처럼요. 마지막 결말에서는 모든 문제가 해결되고 주인공이 멋지게 성장하는 모습을 보여줍니다.

그렇지만 AI에게 "이 이야기를 발단, 전개, 위기, 절정, 결말 구조로 써줘"라고 글의 전문을 작성해달라고 요청하는 것은 여러분에게 그다지 도움이 되지 않아요. 어떤 특정 부분을 골라서 샘플을 참고한 뒤에, 나머지 부분을 여러분이 완성해나가는 방법이 훨씬 더 유용합니다. 그리고 작성한 내용에 대해 "이 부분을 조금 더 쉽게 풀어서 쓰면 어떻게 쓸 수 있을까?" 또는 "이 장면을 더 긴장감 있게 만들어줘"라고 추가 요청을 하며 글을 다듬어나가는 것도 좋은 방법입니다.

5) AI와 대화하면서 이야기를 발전시키자

AI가 첫 번째 버전의 이야기를 써주면, 여러분은 더 나은 이야기로 만들기 위해 추가 질문을 할 수 있어요. "주인공의 성격을 더 자세히 묘사하는 글을 2번째 문단 뒤에 추가해줘", "~장면에서 주인공의 감정을 더 생생하게 표현해줘", "3번째 문단 뒤에 반전이 있는 흥미진진한 위기 상황을 추가해줘"처럼 구체적인 요청을 덧붙여보세요.

이때 중요한 점은 사람과 대화하는 것처럼 AI에게도 자연스럽게 요청하는 것입니다. "고마워, 그런데 이 부분을 좀 더 재미있게 만들 수 있을까?" 또는 "정말 좋은데, 여기서 친구가 한 명 더 등장했으면 좋겠어"와 같은 식으로 말해보세요. AI는 여러분의 피드백을 받아서 계속해서 이야기를 개선해나갈 거예요.

6) 완성된 이야기를 저장하고 편집하기

AI가 만들어준 이야기를 복사해서 구글 문서에 붙여보세요. 그리고 한 번 더 읽어보면서 맞춤법이나 어색한 표현이 있는지 확인해보세요. AI가 완벽하지는 않거든요. 때로는 여러분이 직접 수정하고 개선해야 할 부분들이 있어요.

AI와 함께 이야기를 창작하면 효율과 효과성 측면에서 많은 도움을 받을 수 있지만, 글은 반드시 여러분만의 문체로 다시 써봐야해요. 여러분이 기억해야 할 가장 중요한 점은 AI는 우리의 창작을 도와주는 똑똑한 도구일 뿐이라는 거예요. 진짜 이야기의 주인공은 바로 여러분의 상상력과 창의력이에요. AI가 아무리 뛰어나도 어떤 이야기를 만들지 결정하고, 어떤 감정을 담을지 선택하는 것

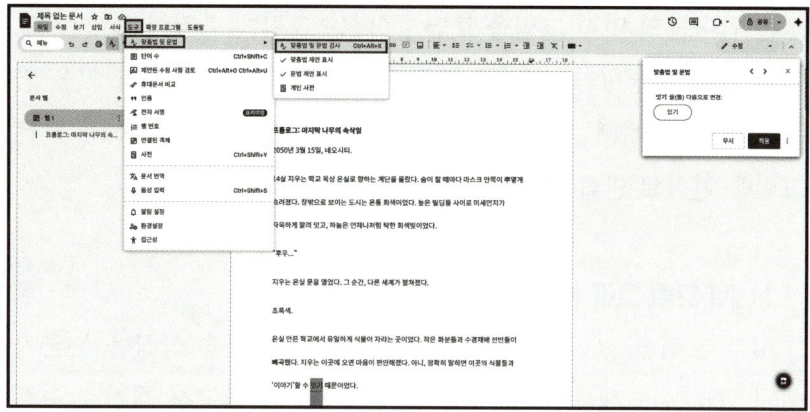

구글 문서 맞춤법 검사 기능을 통해 맞춤법을 개선하는 장면.

은 여러분이 해야 합니다. 또 하나, 실수를 두려워하지 마세요. 처음에는 어색하거나 이상한 이야기가 나올 수도 있어요. 하지만 그것도 모두 배우는 과정이에요. 계속해서 다양한 시도를 하고, 실험해보고, 친구들과 공유하면서 점점 더 나은 이야기를 만들 수 있게 될 거예요.

2. AI를 활용하여 이미지 생성하기

여러분, 혹시 미술 시간에 선생님이 "자유 주제로 그림을 그려보세요"라고 하셨을 때 뭐부터 시작해야 할지 몰라 난감했던 경험이 있나요? 머릿속에는 정말 멋진 그림이 떠오르는데, 막상 연필을 들고 종이 앞에 앉으면 어디서부터 시작해야 할지 모르겠고, 그려놓고 보면 생각했던 것과 전혀 달라서 실망했던 적이 많을 거예요. 때로는 친구들의 멋진 그림을 보면서 "나는 그림에 소질이 없나 보다. 이번 미술 수행평가는 망했다"라며 포기하고 싶었던 적도 있을 거예요. 하지만 이제는 달라요! AI와 함께라면 여러분의 상상을 닮은 그림을 현실로 만들어낼 수 있거든요.

1) AI 그림 그리기의 특징은 무엇일까?

AI로 그림을 그리는 것은 마치 여러분의 머릿속 상상을 누군가에게 말로 설명해주면 그 사람이 이야기를 잘 듣고서 대신 그려주는 것과 같습니다. 여러분이 "푸른 바다 위에 떠 있는 신비한 섬, 그 위에 크리스털로 만들어진 성이 있고, 하늘에는 무지개가 걸려 있어"라고 설명하면, AI가 정말 그런 그림을 만들어주는 거죠. 그림을 못 그려도, 미술 실력이 부족해도 상관없어요. 중요한 건 여러분의 창의적인 아이디어와 풍부한 상상력이니까요.

사실 요즘 AI를 활용한 디자인은 2D 그림을 그리는 것을 넘어서, 그 그림을 실제 만질 수 있을 것 같은 3D 모델로 변환하는 놀라운 기술까지 포함해요. 역사 수업에서 활용할 수 있는 3D 오브젝트 제작 방법도 학교 수업 현장에서 진행되고, 이렇게 만든 3D 오브젝트를 통해 메타버스 방탈출 게임을 제작할 수도 있답니다.[20]

---

20 https://blog.naver.com/history1592/223877713112?trackingCode=blog
    _bloghome_searchlist.

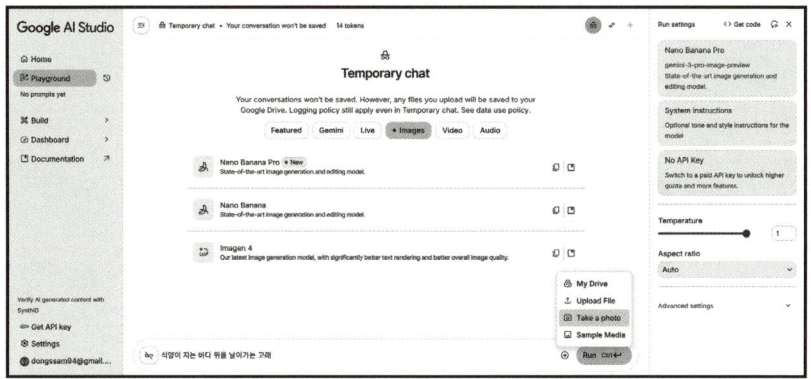

구글 AI 스튜디오를 활용해 이미지를 생성하는 장면.

2) 여러 가지 이미지 AI 살펴보기

가장 쉽게 사용할 수 있는 이미지 AI 플랫폼은 역시나 젠스파크입니다. 앞서 설명했듯이 젠스파크는 챗지피티, 제미나이 등 여러 플랫폼을 비교하여 가장 최적의 결과물을 생성하는 만큼 퀄리티도 보장되고 여러 플랫폼을 거칠 필요가 없다는 장점이 있지만, 무료 버전에서는 AI 이미지나 동영상을 만들 때마다 대량의 크레딧(사용료)이 소모되어 몇 개 만들기 어렵다는 단점이 있죠.

이런 부분을 보완하여 여러 번 이미지를 생성해야 할 때는 조금 번거롭기는 하지만 구글 AI 스튜디오(Google AI Studio)가 더 나아요. 2025년 10월 기준, 구글 AI 스튜디오에서 AI 이미지 생성 및 이미지 편집 도구인 나노 바나나는 무료 버전으로 하루 최대 100회까지 이미지를 생성하고 편집할 수 있어요. 구글 제미나이에서 이미지 생성도 무료 버전에서 하루 최대 100회까지 사용할 수 있죠. 구글 AI 스튜디오의 자세한 사용 방법은 앞서 살펴본 '이미지 AI' 부분을 참고해보면 좋을 것 같아요.

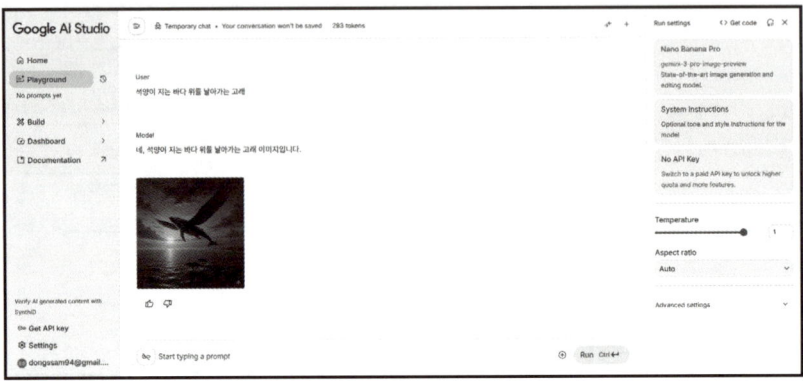

구글 AI 스튜디오에 한국어 프롬프트를 입력해 석양이 지는 바다 위를 날아가는 고래 이미지를 생성한 모습이다.

3) 나노 바나나(Nano Banana)

가장 큰 특징은 정말 사실적이고 예술적인 고품질 이미지를 만들어준 다는 거예요. 그리고 한국어 프롬프트도 정말 잘 이해해요! 다른 AI 도구들은 영어로 써야 더 좋은 결과가 나오는 경우가 많은데, 구글 AI 스튜디오는 '석양이 지는 바다 위를 날아가는 고래'처럼 한국어 로 자연스럽게 설명해도 완벽하게 이해하고 멋진 그림을 만들어줘 요. 특히 '사진 첨부 기능(Take a photo)'을 활용하면 더욱 완성도 높 으면서도 창의적인 그림을 만들 수 있습니다.

모든 AI 작업의 기본은 프롬프트를 제대로 작성하는 것입니다. 구글 AI 스튜디오의 나노 바나나를 제대로 활용하기 위한 프롬프 트 작성법과 교과별 대표 사례를 살펴보고, 실제로 적용한 결과까 지 탐구해봅시다.

나노 바나나 프롬프트 작성 4단계 레시피

- 주제: 무엇을 그릴 것인가?(예: 역사 포털)
- 핵심 요소: 구체적으로 뭐가 들어 있나?(예: 피라미드 건물)
- 분위기/배경: 어떤 느낌인가?(예: 신비로운 밤, 햇살 가득한)
- 스타일: 어떤 화풍으로 그릴까?(예: 3D 게임 그래픽, 수채화)

교과별 대표 사례

· 국어(Korean Language & Literature)

- 콘셉트: 시(詩)가 살아 움직이는 밤하늘. 윤동주의 「별 헤는 밤」처럼 문학적인 감수성을 표현해보자.
- 나노 바나나 프롬프트: "별이 가득한 밤하늘을 배경으로, 빛나는 한글 자음과 모음들이 은하수처럼 흐르고 있다. 언덕 위 작은 소년이 빛나는 책을 펼쳐 들고 하늘을 바라본다. 몽환적이고 감성적인 동화책 일러스트 스타일."

· 영어(English)

- 콘셉트: 세계로 통하는 마법의 여행 가방. 영어가 세계와 소통하는 도구라는 점을 강조해보자.
- 나노 바나나 프롬프트: "책상 위에 열려 있는 낡은 여행용 가죽 가방. 가방 안에서 영국의 빅벤, 미국의 자유의 여신상 같은 세계의 랜드마크 미니어처들이 팝업북처럼 튀어나온다. 주변에는 'Hello', 'Adventure', 'Dream' 같은 영어 단어가 적힌 말풍선이 둥둥 떠다닌다. 밝고 귀여운 카툰 스타일."

· **수학(Mathematics)**

- 콘셉트: 기하학 도형으로 이루어진 미래 도시. 딱딱한 수학 공식을
  멋진 건축물로 상상해보자.
- 나노 바나나 프롬프트: "모든 건물이 거대한 정육면체, 피라미드, 구
  (sphere) 모양으로 만들어진 미래도시. 건물들 사이를 연결하는 다
  리는 복잡한 수학 공식과 숫자들이 빛나며 흐르는 강물처럼 보인다.
  네온컬러가 빛나는 사이버펑크 3D 그래픽 스타일."

· **과학(Science)**

- 콘셉트: 전구 속에 담긴 작은 우주와 생태계. 생물, 지구과학, 우주
  를 하나의 이미지에 담아보자.
- 나노 바나나 프롬프트: "투명한 유리 전구 안에 작은 세상이 들어있
  다. 전구 아래쪽에는 울창한 미니 정글과 공룡이 있고, 위쪽으로 갈
  수록 DNA 나선 구조가 나무처럼 뻗어 나가며, 맨 꼭대기에는 은하
  수가 소용돌이치고 있다. 신비로운 마법적 사실주의 스타일."

· **사회(Social Studies)**

- 콘셉트: 다양한 사람들이 어우러져 사는 활기찬 지구촌 마을. 공동
  체와 다양성을 표현해보자.
- 나노 바나나 프롬프트: "커다란 지구본 위에 세워진 다채로운 마을.
  다양한 인종과 나이의 사람들이 손을 잡고 웃으며 광장에 모여 있
  다. 한쪽에는 풍력 발전기가 돌아가는 친환경 공원이, 다른 쪽에는
  스마트 시티가 공존한다. 따뜻하고 정겨운 클레이 애니메이션(점
  토) 스타일."

· **역사(History)**

- 콘셉트: 과거로 연결되는 시간의 문. 교과서에서 배운 특정 시대를
  창문 너머로 훔쳐보는 느낌.

- 나노 바나나 프롬프트: "오래된 돌로 만들어진 아치형 문이 빛나고 있다. 그 문 너머로 조선시대의 활기찬 저잣거리(시장) 풍경이 보인다. 한복을 입고 갓을 쓴 사람들이 걸어 다니고 기와집들이 늘어서 있다. 현재와 과거가 공존하는 판타지 영화의 한 장면 같은 스타일."

· 음악(Music)

- 콘셉트: 소리가 눈에 보이는 마법의 연주. 음악의 선율을 시각적인 아름다움으로 표현해보자.
- 나노 바나나 프롬프트: "숲속에서 한 소녀가 바이올린을 연주하고 있다. 바이올린에서 흘러나오는 음악 소리가 화려한 색깔의 빛나는 파도가 되어 공중으로 퍼져나간다. 그 파도들이 음표 모양의 나비와 새로 변해서 날아다닌다. 환상적인 디지털 페인팅 스타일."

· 미술(Art)

- 콘셉트: 미술 재료로 만들어진 세상. 창의력 그 자체를 세상의 구성 요소로 만들어보자.
- 나노 바나나 프롬프트: "모든 것이 미술 도구로 이루어진 풍경. 산은 거대한 연필깎이 잔해물로 되어 있고, 강물은 흘러내리는 유화 물감이며, 나무는 붓으로 되어 있다. 하늘에는 팔레트 모양의 구름이 떠 있다. 질감이 살아있는 유화 그리기 스타일."

· 체육(Physical Education)

- 콘셉트: 한계를 뛰어넘는 폭발적인 에너지. 단순히 운동하는 모습이 아니라, 몸에서 뿜어져 나오는 열정과 속도감을 시각화해보자.
- 나노 바나나 프롬프트: "거대한 운동장 트랙 위를 전력 질주하는 학생의 뒷모습. 달리는 속도가 너무 빨라서 몸 주변으로 바람과 번개 같은 에너지가 궤적을 그리며 뻗어 나간다. 신발 밑창이 땅에 닿는 순간 스파크가 튀고, 땀방울이 다이아몬드처럼 공중에 흩날린다. 박진감 넘치는 고퀄리티 스포츠 애니메이션 스타일."

나만의 AI 이미지를 만들기 위한 프롬프트 작성해보기

이미지의 주제/콘셉트

_____

_____

프롬프트

_____

_____

_____

참고사항

- 파일 업로드할 이미지:_____

_____

- 이미지 링크:_____

_____

실제 프롬프트를 AI에 입력한 후 느낀 소감

_____

_____

_____

_____

미리캔버스 메인 화면.

4) 미리캔버스(Miricanvas)

미리캔버스는 우리나라에서 만든 디자인 플랫폼이에요. 단순히 그림만 그리는 것이 아니라 포스터, 카드뉴스, 프레젠테이션, 인포그래픽 등 실생활에서 바로 사용할 수 있는 다양한 디자인 작품을 만들 수 있어요.

미리캔버스의 특별한 점은 **한국어 지원이 완벽하고, 학생들이 자주 사용하는 템플릿들이 정말 많다**는 거예요. 학급 포스터, 동아리 홍보물, 독서 감상 카드, 과학 실험 보고서 등 학교에서 필요한 거의 모든 종류의 디자인 템플릿이 준비되어 있어요.

미리캔버스를 사용하려면 miricanvas.com에 들어가서 회원가입을 하면 돼요. 학교 이메일이나 소셜 로그인으로 간편하게 가입할 수 있어요. 로그인하면 수천 가지의 템플릿이 여러분을 기다리고 있을 거예요. 무료 버전으로도 충분히 멋진 작품을 만들 수 있답니다.

미리캔버스의 AI 이미지 생성 기능도 정말 유용해요. 디자인 작

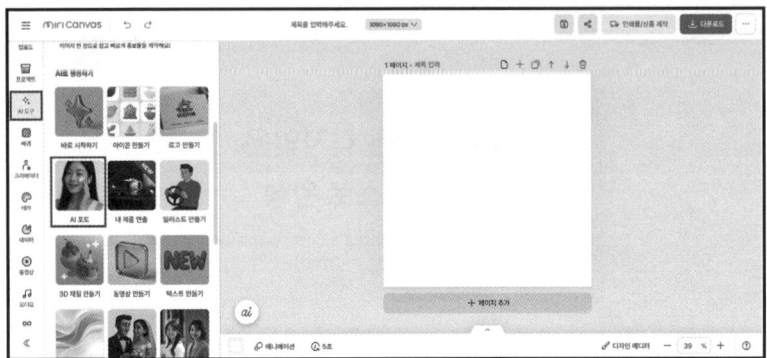

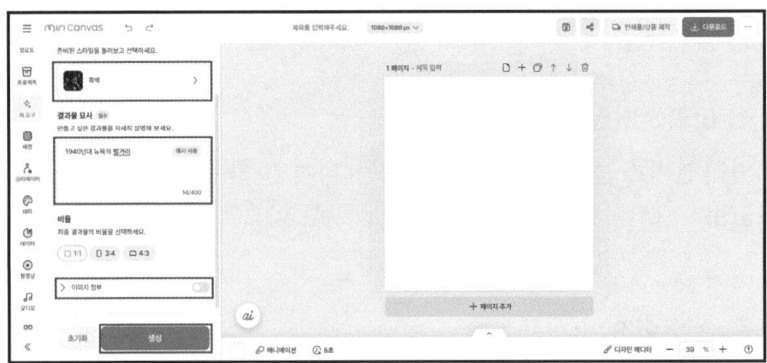

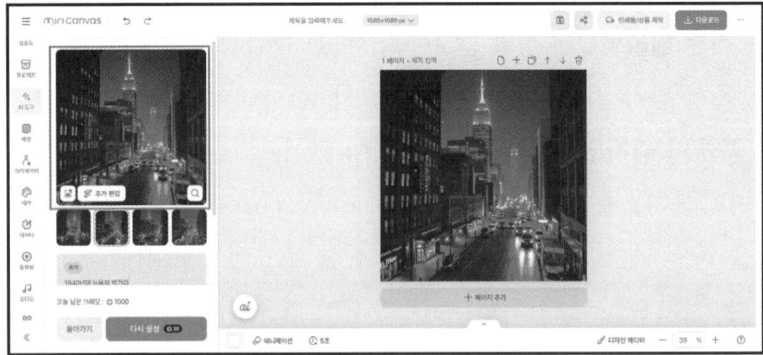

⬆ 미리캔버스 AI 이미지 생성 기능.
➡ 미리캔버스 AI 이미지 생성 기능을 활용해 역사 흑백 이미지를 생성하는 장면.
⬇ 미리캔버스 AI 이미지 생성 기능을 활용해 1940년대 뉴욕의 밤거리 이미지를
흑백으로 생성한 모습.

업을 하다가 필요한 이미지가 있으면, 메뉴에서 'AI 이미지' 기능을 선택하고 원하는 이미지를 설명하면 바로 생성해서 디자인에 넣을 수 있어요. 별도로 다른 사이트에 가지 않아도 되니까 정말 편리하답니다.

미리캔버스는 회원가입만 해도 매일 일정량의 무료 크레딧을 제공해줍니다. 하루에 쓸 수 있는 이미지 생성 횟수는 요금제에 따라 달라지는데요, 무료 버전 사용자는 하루 20~30회 정도 AI 이미지를 생성할 수 있어요. 1회당 2개씩 생성할 수 있으니까 실제 이미지 개수는 이보다 더 많습니다. 참고로, 더 많이 쓰고 싶다면 Pro플랜 (월 14,900원)으로 업그레이드하는 방법도 있습니다.

미리캔버스는 AI 이미지와 결합한 템플릿 만들기 기능을 제공합니다. 덕분에 특정 키워드만 입력하면 아주 손쉽게 템플릿 초안을 만들 수 있죠. 최근 개편된 미라클 AI(Miracle AI)를 써보세요. 미리캔버스의 미라클 AI는 무료 사용자도 기본적으로 사용할 수 있을 만큼 접근성이 좋습니다. 게다가 무료 사용자에게도 매일 일정량의 AI 크레딧을 자동으로 충전해주므로 AI 이미지 생성, 편집, 배경 제거, 프레젠테이션 등 주요 기능을 마음대로 이용할 수 있죠. 다만, 일부 고급 기능이나 더 많은 사용량이 필요한 경우에는 Pro플랜 구독이 필요해요(최초 회원가입 시 Pro플랜 한 달 무료 체험권이 주어지니 참고하면 좋을 거예요).

미리캔버스에 로그인한 후, '플래시카드' 또는 '학습카드' 템플릿을 검색해보세요. 마음에 드는 템플릿을 선택하면 편집 화면으로 이동해요. 이제 여러분이 배운 영어 단어를 입력하고, 그 단어를 표현하는 이미지를 AI로 생성해서 넣어보는 거예요.

미리캔버스 AI 이미지, 템플릿 생성 도구 '미라클 AI'.

　예를 들어 '모험(adventure)'이라는 단어를 배웠다면, AI 이미지 생성 기능을 사용해서 '배낭을 메고 산을 오르는 사람, 모험적인 분위기, 밝고 활기찬 느낌'이라는 이미지를 만들어보세요. 카드 앞면에는 영어 단어와 이미지, 뒷면에는 뜻과 예문을 적으면 완벽한 학습 카드가 완성되죠. 이렇게 20~30개의 단어 카드를 만들어서 PDF로 저장하거나 이미지로 다운로드하여 친구들과 공유할 수 있습니다. 시험 기간에 함께 공부할 때 정말 유용하겠죠? 재미있는 이미지가 있으니까 공부하는 것도 덜 지루하고요!

　동아리 활동 '동아리 홍보 포스터' 제작도 미리캔버스로 정말 쉽게 할 수 있어요. 새 학기가 시작되면 동아리 홍보를 해야 하잖아요? 손으로 그리거나 컴퓨터로 만들기 어려웠던 멋진 포스터를 이제는 AI의 도움으로 뚝딱 만들 수 있어요. 우선 '포스터' 템플릿을 선택하고, 동아리 이름과 소개 문구를 입력하세요. 그리고 동아리의 특징을 표현하는 이미지를 AI로 생성해서 넣어보는 거예요. 만약 과학 동아리라면 '신기한 과학 실험을 하는 중학생들, 플라스크

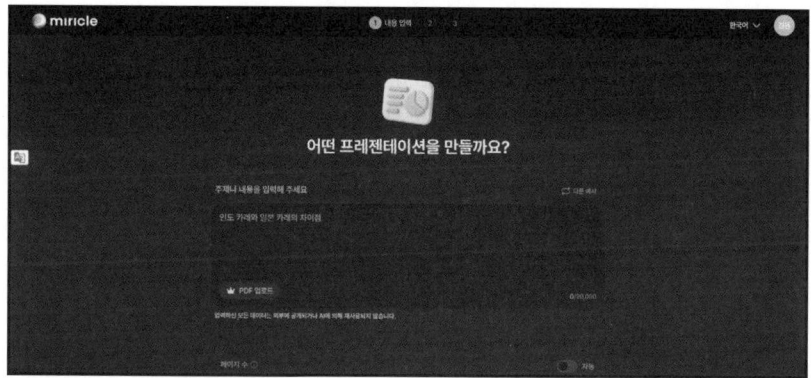

'미라클 AI' 템플릿 생성 기능.

와 비커, 화려한 색깔의 화학 반응, 흥미진진한 분위기' 같은 이미
지를 만들 수 있겠죠. 밴드 동아리라면 '청소년들이 즐겁게 악기를
연주하는 모습, 음악실, 에너지 넘치는 분위기' 같은 키워드를 활용
하면 될 테고요.

색상 조합, 폰트 선택, 레이아웃 배치까지 미리캔버스가 제안해
주는 대로 따라 하면 전문 디자이너가 만든 것 같은 포스터가 완성
된답니다. 이렇게 만든 포스터는 고해상도 이미지로 다운로드해서
출력해 쓰거나 학교 홈페이지나 SNS에도 올릴 수 있지요.

국어 시간에 하는 '독서 감상 인포그래픽' 만들기는 정말 창의적
인 활동이에요. 책을 읽고 나서 단순히 독후감을 쓰는 대신, 책의
내용을 시각적으로 정리한 인포그래픽을 만들어보는 거예요.

미리캔버스에서 '인포그래픽' 템플릿을 선택하세요. 그리고 책의
주요 내용을 정리해보세요. 주인공, 주요 사건, 인상 깊은 장면, 내
가 느낀 점 등을 섹션별로 나누어 배치하는 거예요. 각 섹션마다 어
울리는 이미지를 AI로 생성해 넣으면 정말 멋진 작품이 완성돼요.

예를 들어 『어린 왕자』를 읽었다면, 사막, 별, 장미, 여우 등 중요한 소재들을 AI 이미지로 만들어서 각각 배치하고, 그 옆에 해당 장면의 의미나 느낀 점을 적어보세요. 이렇게 만든 인포그래픽은 학급 게시판에 전시하거나 친구들과 공유하면 정말 좋은 반응을 얻을 거예요.

학급 활동 '학급 규칙 안내 포스터' 만들기도 재미있어요. 새 학기에 학급 회의에서 정한 규칙들을 재미있고 예쁘게 포스터로 만들어서 교실에 붙여놓는 거예요. 딱딱한 문구만 나열하는 대신, 규칙마다 어울리는 귀여운 일러스트를 AI로 만들어서 넣으면 훨씬 보기 좋고 따르고 싶어지겠죠?

5) 어떤 일에, 어떻게 적용할 수 있을까?

지금까지 살펴본 AI 이미지 생성 기술을 배우면서 여러분은 자연스럽게 일러스트레이터나 콘셉트 아티스트의 길도 탐색해볼 수 있어요. 게임 회사나 영화 제작사는 상상 속의 캐릭터나 배경을 시각화하는 전문가들이 필요해요. 미래에는 AI를 활용해서 빠르게 여러 버전의 콘셉트를 만들고, 그중 최적의 디자인을 선택하는 방식으로 일하게 될 거예요. 구글 AI 스튜디오처럼 무료로 사용할 수 있는 도구들이 많아지면서, 누구나 창작자가 될 수 있는 시대가 열렸답니다.

또한 그래픽 디자이너나 광고 크리에이터로도 활동할 수 있어요. 브랜드나 제품을 위한 비주얼 콘텐츠를 만드는 전문가들이죠. 여러분이 지금 배우고 있는 "어떻게 하면 내 아이디어를 효과적으로 시각화할 수 있을까?"라는 고민이 바로 이 직업의 핵심이에요.

ANTHROP\C

Prompt Engineer and Librarian

APPLY FOR THIS JOB

SAN FRANCISCO, CA / PRODUCT (RESEARCH & ENGINEERING) /
FULL-TIME / HYBRID

Annual Salary (USD)

- The expected salary range for this position is $280k - $375k.

미국 스타트업 앤스로픽에서 올린 프롬프트 엔지니어 채용 공고(출처: 앤스로픽
홈페이지).

특히 AI 도구를 잘 다루는 능력은 미래 디자이너에게 필수 역량이
될 거예요.

AI 프롬프트 엔지니어라는 새로운 직업도 생겨나고 있어요. 이
것은 AI에게 정확하고 효과적인 지시를 내려서 원하는 결과를 얻
어내는 전문가예요. 여러분이 지금 배우는 "어떻게 프롬프트를 작
성하면 더 좋은 이미지가 나올까?" 하는 실험과 연습이 바로 이 직
업의 핵심 능력이랍니다. 미래에는 AI와 소통하는 능력이 정말 중
요한 기술이 될 거예요!

3. AI로 음악 만들기

여러분, 한 번쯤 좋아하는 노래를 들으면서 '나도 이런 멋진 노래를 만들 수 있으면 좋겠다'라고 생각해본 적 있지 않나요? 아니면 머릿속에서 맴도는 멜로디가 있는데 어떻게 음악으로 만들어야 할지 몰라서 답답했던 경험도 있을 거예요. 피아노를 못 쳐도, 기타를 연주할 줄 몰라도, 악보를 못 읽어도 괜찮아요. 이제 AI와 함께라면 누구나 작곡가가 될 수 있거든요!

약 5년 전만 하더라도 우리 반에는 교내 밴드부 활동에 관심이 많은데 악기 배울 시간이 없어서, 비용이 부족해서 등등 여러 현실적인 상황 때문에 포기하는 친구들이 더러 있었습니다. 지금은 달라요! AI 음악 도구들이 여러분의 음악적 꿈을 현실로 만들어줄 수 있으니까요.

음악을 만드는 것은 단순히 소리를 조합하는 일이 아니에요. 음악은 감정을 표현하고, 이야기를 전달하고, 사람들의 마음을 움직이는 예술이에요. 여러분이 느끼는 감정, 전달하고 싶은 메시지를 음악으로 표현할 수 있다면 정말 멋지지 않을까요?

오늘 우리는 두 가지 놀라운 AI 음악 도구를 배울 거예요. 하나는 가사를 노래로 변환해줄 뿐 아니라 가사 없는 음악인 '인스트루멘탈 뮤직(Instrumental music)'도 원하는 방향에 따라 자유자재로 만들 수 있는 '수노 AI(Suno AI)'이고, 다른 하나는 직접 멜로디를 만들 수 있는 '크롬 뮤직 랩(Chrome Music Lab)'입니다.

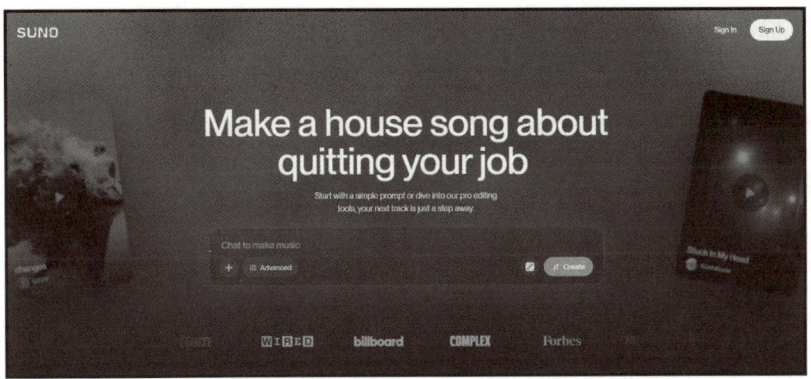

수노 AI 메인 화면.

1) 수노(Suno) AI

수노 AI는 여러분이 쓴 가사를 입력하면 완성된 노래로 만들어 주는 AI입니다. 멜로디, 반주, 심지어 보컬까지 모두 자동으로 생성해줘요!

수노 AI는 AI기 기시와 스다일올 분석해서 완진한 음악 작품을 만들어주는 작곡 도구입니다. 무료 계정만으로도 하루에 몇 곡씩 만들 수 있으므로 여러분도 부담 없이 사용할 수 있어요. 가장 놀라운 점은 팝송, 클래식 같은 음악뿐만이 아니라 K-pop, K-hiphop 스타일의 음악까지도 정말 프로 수준으로 제작할 수 있다는 것입니다.

수노 AI에 접속하려면 인터넷 브라우저를 열고 suno.com에 들어가야 합니다. 메인 페이지가 나오면 오른쪽 위에 'Sign Up(가입하기)' 버튼이 보일 거예요. 구글 계정이나 이메일로 간단하게 가입할 수 있어요. 학교에서 받은 계정이나 개인 계정 모두 사용할 수 있습니다.

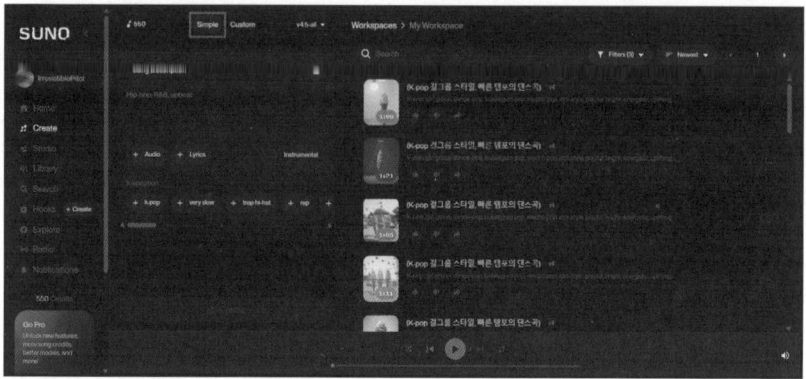

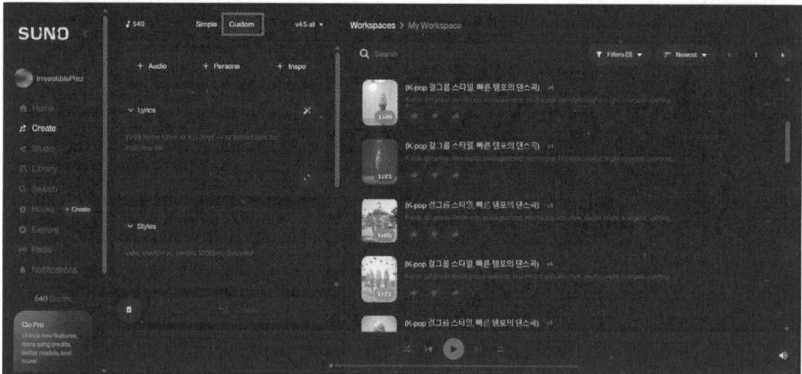

⬆ 수노 AI 작곡 메인 화면 Simple 모드.
⬇ 수노 AI 작곡 메인 화면 Custom 모드.

로그인하면 메인 화면에 '만들기(Create)' 버튼이 크게 보여요. 이것을 클릭하면 음악을 만들 수 있는 화면으로 이동하는데, 여기서 두 가지 방법으로 음악을 만들 수 있습니다. 첫 번째는 맞춤 모드(Custom Mode)로 여러분이 가사를 직접 쓰는 방법이고, 두 번째는 간단 모드(Simple Mode)로 AI에게 어떤 노래를 만들고 싶은지 설명하는 방법이에요.

음악 시간에 학교생활에서의 경험이나 감정을 담은 노래 만들기 수행평가가 나온 적 있죠? 이때 단순히 가사만 쓰는 것이 아니라 실제로 완성된 노래를 들어볼 수 있다면 정말 특별한 경험이 될 텐데요, 이때 수노 AI와 간단한 아이디어만 있다면 쉽게 노래 한 곡을 만들어볼 수 있어요.

먼저 가사를 준비합니다. 너무 길지 않게 8~12줄 정도가 적당해요. 주제는 자유롭게 정하세요. '친구와의 우정', '가족에 대한 사랑', '꿈을 향한 도전', '학교생활의 추억' 등 여러분의 진솔한 이야기면 충분해요.

예를 들어볼게요. "함께 걷던 그 길 / 웃음 가득했던 날들 / 힘들 때면 손 내밀어준 / 소중한 친구야 / 시간이 흘러도 / 우리의 우정은 변하지 않아 / 영원히 함께할 거야 / 나의 친구야" 이런 식으로 감정을 담아 써보세요. 실제 K-pop 노래 가사처럼 후렴구를 넣으면 더 완성도 높은 음악을 만들 수 있어요.

가사를 다 썼으면 수노 AI의 맞춤 모드에 들어가서 가사를 입력하세요. 이때 중요한 부분이 있는데, 바로 '스타일(Style)'을 설정하

수노 AI를 활용해 작곡을 진행하는 장면-1.

는 것입니다. 이 단계에서 원하는 음악 장르와 분위기를 적으면 돼요. 예를 들어 여러분이 '감성적인 발라드, 피아노 반주, 따뜻한 보컬'이라고 적으면 그런 스타일로 만들어줘요. 이처럼 수노 AI는 **다양한 스타일을 시도해볼 수 있다**는 장점이 있습니다. '밝고 경쾌한 팝송', '신나는 록(rock) 음악', '잔잔한 음악', '힙합 비트', '재즈 느낌', '어쿠스틱 기타' 등 여러분이 원하는 분위기를 자유롭게 표현해주죠. 영어로 써도 되고 한국어로 써도 됩니다.

이제 '제목(Title)' 칸에 여러분의 노래 제목을 입력하세요. '나의 친구에게', '우정의 노래', '영원한 친구' 같은 의미 있는 제목을 붙여 보세요. 모든 입력이 끝나면 '만들기(Create)' 버튼을 클릭하면 됩니다. 그러면 AI가 작업을 시작해요. 보통 1~2분 정도 기다리면 두 가지 버전의 무료 요금제 버전 노래와 또 다른 두 가지 유료 요금제 버전의 샘플 노래가 만들어져요. 왜 두 개씩이냐고요? 수노 AI는 같은 가사와 스타일로 조금씩 다른 두 버전을 만들어서 여러분이 더 마음에 드는 것을 선택할 수 있게 해주거든요. 정말 친절하죠?

수노 AI를 활용해 작곡을 진행하는 장면-2.

완성된 노래를 들어보면 정말 놀랄 거예요. 여러분이 쓴 가사가 실제 가수가 부르는 것처럼 완성되어 있을 테니까요. 멜로디도 자연스럽고, 반주도 풍부하고, 보컬에는 감정이 담겨 있고… 마치 진짜 프로 음악가가 만든 것 같다니까요!

이제 두 버전을 모두 들어보고 더 마음에 드는 것을 선택하세요. 선택한 노래의 제목 옆에 있는 다운로드 버튼(⬇)을 클릭하면 MP3 파일로 저장할 수 있어요. 무료 계정은 하루에 5곡까지 만들 수 있으니까 여러 버전을 시도해보면서 가장 마음에 드는 작품을 완성하면 됩니다. 수노 AI를 활용해 국어 시간에 '시를 노래로 재탄생시키기' 프로젝트나, 영어 시간에 '영어 노래 만들기', 사회 시간 '환경 보호 캠페인송' 만들기 등도 진행할 수 있죠. 여러분의 창의성을 수업에서 배운 내용과 연결하여 창작으로 표현해보기를 바랍니다.

2) 크롬 뮤직 랩(Chrome Music Lab)

구글에서 만든 크롬 뮤직 랩은 완전 무료이고, 회원가입도 필요 없어서 정말 쉽게 사용할 수 있어요. 음악의 기본 원리를 배우면서 동시에 창작도 할 수 있는 최고의 교육용 도구죠.

크롬 뮤직 랩에 접속하려면 인터넷 브라우저를 열고 'musiclab. chromeexperiments.com'을 입력하세요. 구글에서 '크롬 뮤직 랩'이라고 검색해도 바로 나와요. 메인 페이지에 들어가면 여러 가지 음악 도구들이 카드 형태로 나열되어 있어요. 각각 다른 기능을 가진 재미있는 도구들이죠.

우리가 주로 사용할 도구는 '송 메이커(Song Maker)', 즉 노래 만들기 기능입니다. 이 도구를 클릭하면 음악을 만들 수 있는 화면이

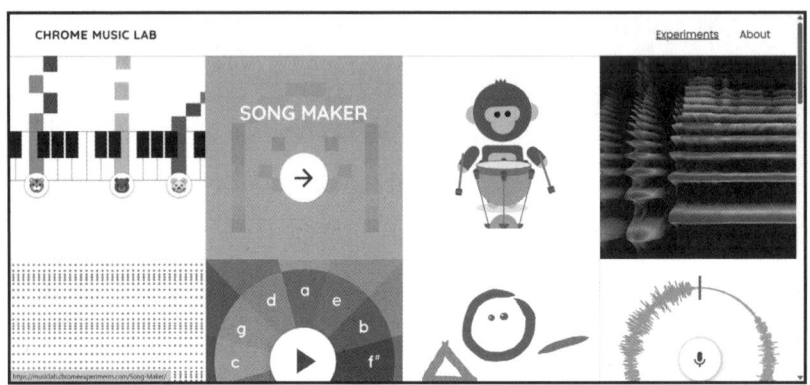
크롬 뮤직 랩 메인 화면.

나타나요. 화면은 바둑판 같은 그리드로 되어 있는데, 가로축은 시간(비트)을 나타내고, 세로축은 음높이(음계)를 나타내요. 이 그리드 위에 클릭으로 음표를 찍으면 바로 소리가 나요. 정말 간단하죠?

가령, 음악 시간이나 학급 자율 시간에 우리 반만의 특별한 응원가를 만들어볼 수 있어요. 체육대회나 학예회 때 부를 수 있는 짧고 기억하기 쉬운 멜로디를 만드는 거예요.

송 메이커 화면에서 먼저 간단한 멜로디를 만들어볼까요? 왼쪽 아래에 있는 재생 버튼 옆에 보면 여러 가지 설정이 있어요. '템포(Tempo)'는 음악의 빠르기를 조절해요. 느린 음악을 만들고 싶으면 60~80 정도로, 신나는 음악을 만들고 싶으면 120~140 정도로 설정하세요.

'악기(Instrument)' 설정도 중요해요. 마림바, 피아노, 신스(전자음), 현악기, 목관악기 등 다양한 악기 소리를 선택할 수 있어요. 응원가는 밝고 경쾌한 느낌이 좋으니까 마림바나 신스를 선택해보세

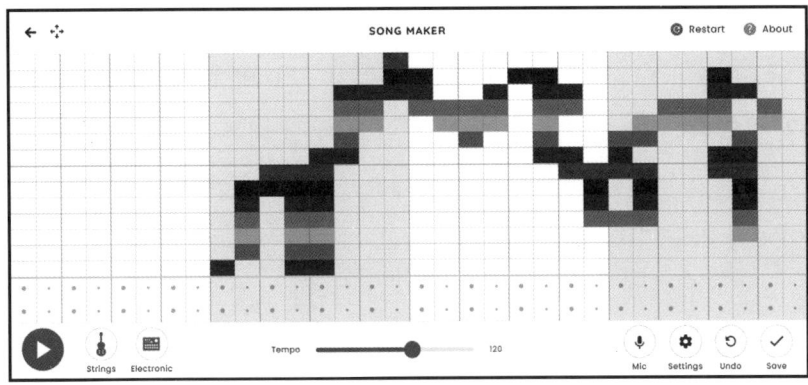

크롬 뮤직 랩 송 메이커를 활용한 작곡 모습.

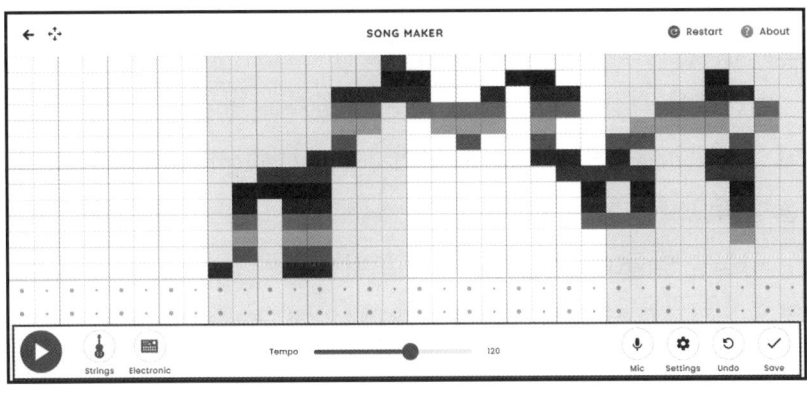

크롬 뮤직 랩 송 메이커의 주요 기능.

요. 그리고 '한 마디당 박자(Beats per bar)'는 4박자로 설정하면 가장 익숙한 리듬으로 만들어집니다.

이제 실제로 멜로디를 만들어볼까요? 그리드 위에 마우스를 올리고 클릭해보세요. 클릭하는 순간 바로 그 음의 소리가 나요. 여러 칸을 클릭해서 하나의 멜로디를 만들어보세요. 예를 들어 '도-도-솔-솔-라-라-솔' 같은 간단한 멜로디부터 시작하는 거예요. 이게 바로 우리가 잘 아는 「작은 별」 노래의 시작 부분이에요!

여러분이 만든 멜로디가 마음에 들지 않으면 다시 클릭해서 지우면 됩니다. 그리고 화면 왼쪽 하단의 재생 버튼을 누르면 여러분이 만든 멜로디가 반복해서 재생돼요. 이렇게 들으면서 '이 부분은 이렇게 바꾸면 더 좋을 것 같네' 하고 계속 수정할 수 있어요.

리듬 추가하기도 해볼까요? 화면 아래쪽을 보면 '타악기(Percussion)' 섹션이 있어요. 여기에 박자를 추가하면 음악이 훨씬 더 신나고 리듬감이 생겨요. 첫 번째 박자, 세 번째 박자에 강한 소리를 넣고, 두 번째와 네 번째 박자에는 약한 소리를 넣어보세요. 그러면 '쿵-짝-쿵-짝' 하는 기본 리듬이 만들어져요.

여러분이 속한 반의 특징을 담은 응원가를 만들려면 어떻게 해야 할까요? 예를 들어 여러분 반이 3학년 1반이라면, 숫자 '3'과 '1'을 음악으로 표현할 수 있어요. '3-3-3 1-1-1 우-리-반' 이런 식으로 리듬을 만들고, 거기에 맞는 멜로디를 붙여보는 거예요. 신나고 밝은 느낌으로 만들면 정말 응원하고 싶어지는 음악이 될 거예요!

완성된 음악은 화면 오른쪽 위의 '저장(Save)' 버튼을 눌러서 저장할 수 있어요. 그러면 고유한 링크 주소가 생성되는데, 이 주소를 복사해서 친구들과 공유할 수 있어요. 친구들이 그 링크를 열면 여러분이 만든 음악을 들을 수 있고, 거기에 자기만의 변화를 더해서 새로운 버전을 만들 수도 있어요.

지금까지 살펴본 수노 AI와 크롬 뮤직 랩을 통해 음악의 기본 원리를 배우면서 여러분은 어쩌면 작곡가의 길도 탐색해볼 수 있을 거예요. 작곡가는 멜로디, 하모니, 리듬을 조합해서 새로운 음악을 창조하는 예술가예요. 미래의 작곡가들은 AI 도구를 활용해서 더

크롬 뮤직 랩에서 제작한 음악을 공유하는 링크.

욱 빠르고 다양한 음악을 만들게 되겠죠?

　또한 음악 프로듀서나 사운드 디자이너도 여러분의 음악 창작 경험과 연결되는 직업이 될 수 있습니다. 음악 프로듀서는 아티스트와 함께 음악을 제작하고, 녹음, 편곡, 믹싱 등 모든 과정을 총괄하는 전문가입니다. 사운드 디자이너는 영화, 게임, 광고 등에 들어가는 효과음과 배경 음악을 만드는 사람이고요.

　특히 게임 음악 작곡가나 영화 OST 작곡가는 정말 멋진 직업이에요. 음악으로 긴장감을 높이고, 감동을 전달하고, 장면의 분위기를 완성하는 등 매우 중요한 역할을 하죠. 요즘에는 AI 음악 디렉터 같은 새로운 직업도 생겨나고 있어요. AI 음악 디렉터는 AI를 활용해서 음악을 만들되 예술적 감각과 기획력으로 최종 결과물을 완성하는 전문가죠. 여러분이 지금 배우는 'AI에게 어떤 스타일을 요청하면 좋은 음악이 나올까?' 하는 고민을 실천으로 옮기는 것이 바로 이 직업의 핵심이에요.

4. AI로 코딩 배우기

이번 장의 마지막 파트인 코딩으로 들어가볼게요. 혹시 '코딩'이라는 말을 듣고 '그거 엄청 어려운 거 아니야?'라고 생각했나요? 아마도 몇몇 친구들은 코딩이 컴퓨터 화면에 알 수 없는 영어와 숫자들이 가득하고, 천재들만 할 수 있는 어려운 것이라고 생각했을지도 모르겠어요. 아니면 "나는 수학도 별로인데 코딩은 더 어려울 거야…"라고 미리 겁먹었을 수도 있을 것 같아요. 하지만 이제는 달라요! AI의 도움을 받으면 여러분도 멋진 프로그램을 만들고, 실생활문제를 해결하는 코드를 작성할 수 있습니다.

사실, 처음 코딩을 접할 때는 소수의 능숙한 친구들을 제외하곤막막함을 느낄 수 있어요. 처음 코딩의 컴퓨터 언어를 마주칠 때는 'print', 'if', 'for' 같은 영어 단어들이 왜 이렇게 배열되어 있는지, 대체 무슨 의미인지 전혀 이해되지 않거든요. 한 글자만 틀려도 에러가 나고, 세미콜론(;) 하나 빠뜨려도 프로그램이 작동하지 않죠. 그래서 '나는 코딩에 재능이 없나 보다'라고 생각하기 쉬워요. 하지만 지금은 AI가 코딩을 도와주는 시대예요. 여러분이 하고 싶은 것을 말로 설명하면, AI가 그것을 코드로 만들어줘요!

코딩은 단순히 컴퓨터에 명령을 내리는 일이 아니에요. **문제를 분석하고, 해결 방법을 설계하고, 논리적으로 생각하는 능력을 키우는 과정**입니다. 여러분이 원하는 앱이나 게임을 직접 만들 수 있고, 반복적인 작업을 자동화할 수 있고, 데이터를 분석해서 새로운 통찰을 발견할 수 있어요. 이런 능력은 미래 사회에서 정말 중요한 경쟁력이될 거예요.

오늘 우리는 두 가지 방법으로 코딩을 배울 텐데요. 하나는 캔바로 '바이브 코딩(Vibe Coding)'을 통해 간단히 코딩 프로그램을 제작해보는 것이고, 다른 하나는 '젠스파크의 AI'를 활용해서 실제 코드를 작성하는 것입니다.

1) 캔바 바이브 코딩(Canva Vibe Coding)

바이브 코딩이란 복잡한 코드 없이 시각적 요소와 직관적인 디자인으로 프로그래밍 논리를 표현하는 새로운 방식이에요. 여러분이 앞에서 디자인 도구로 사용했던 캔바가 사실 이런 바이브 코딩을 통해 프로그래밍적 사고도 키울 수 있다는 사실, 알고 있었나요?

캔바 바이브 코딩은 기존처럼 복잡한 컴퓨터 언어(컴퓨터가 이해할 수 있는 언어)로 코드를 직접 입력하는 대신, 자연어(인간이 일상적으로 사용하는 언어)나 그래픽 요소를 조합해서 프로그래밍 개념을 배우는 방법입니다. 마치 친구에게 이야기하듯이 명령어를 작

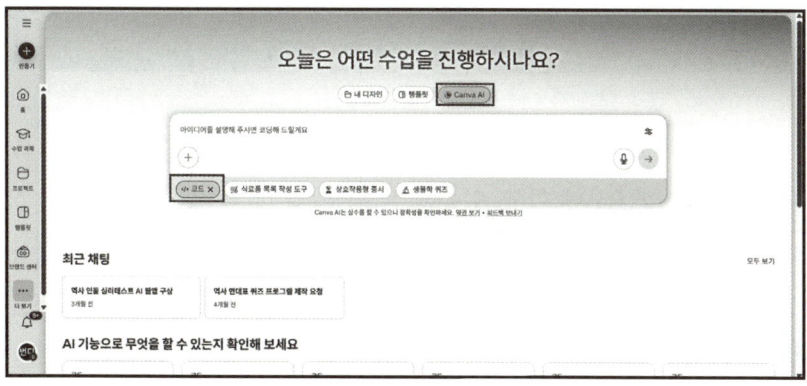

캔바 바이브 코딩 메인 화면.

성해서 프로그램을 만드는 거죠. 특히 캔바에서는 상호작용을 할 수 있는 프레젠테이션이나 디자인을 만들면서 자연스럽게 조건문, 반복문 같은 프로그래밍 개념을 익힐 수 있어요.

캔바 AI 바이브 코딩(Vibe Coding) 시작하기

1단계: canva.com에 접속해서 구글 계정으로 로그인하세요. (무료 계정으로 충분해요!)

2단계: 메인 화면 오른쪽 상단에 보라색 '캔바 AI' 버튼을 찾으세요. 이게 바로 우리의 코딩을 도와줄 거예요!

3단계: 캔바 AI 버튼을 클릭하면 화면 왼쪽에 '앱 코스(App Course)' 메뉴가 나타나요. 여기서 여러분이 만들고 싶은 걸 AI에게 설명할 수 있어요.

4단계: 채팅창에 한국어로 편하게 입력하세요! 가령, "중학교 한국사 수준에서 중학생이 특정 인물의 이름을 입력하면 그 인물에 대한 정보와 함께 동시대에 살았던 대표적인 세계사 인물에 대한 정보를 알려주는 프로그램을 만들어줘"라고 입력할 수 있어요.

이제 실제로 캔바 AI 바이브 코딩으로 한국사 수업용 프로젝트를 만들어볼까요? 중학교 수준의 역사 학습에 딱 맞는 프로그램을 AI와 대화하듯이 만들 거예요! 프로젝트 목표는 중학생이 한국사 인물의 이름을 입력하면, 그 인물의 정보와 함께 같은 시대를 살았던 세계사의 대표 인물 정보를 자동으로 보여주는 인터랙티브 프로그램을 만드는 것입니다. 이렇게 하면 한국사와 세계사를 연결

해서 이해할 수 있어요!

① 1단계: AI에게 프로젝트 설명하기

캔바 AI 채팅창에 이렇게 입력해보세요(프롬프트 예시).

"중학교 한국사 수업용 인터랙티브 프로그램을 만들고 싶어. 학생이 한국 역사 인물의 이름을 입력하면, 그 인물의 생애 정보 (출생-사망 연도, 주요 업적, 역사적 의의)를 보여주고, 동시에 그 인물과 같은 시대를 살았던 세계사의 대표 인물도 함께 보여줘. 예를 들어 '세종대왕'을 입력하면 세종대왕의 업적과 함께, 같은 시대 유럽의 요하네스 구텐베르크를 비교해서 보여주는 거야. 디자인은 깔끔하고 교육적인 느낌으로, 한국사는 파란색 계열, 세계사는 보라색으로 구분해줘."

그러면 AI가 이 설명을 듣고 프로그램의 기본 구조를 제안할 거예요. "좋아요! 검색창, 한국 인물 정보 카드, 세계 인물 정보 카드를 만들어드릴게요"라는 식으로요.

② 2단계: 베타 테스트 진행하기

AI가 첫 번째 디자인을 만들어주면, 제대로 작동하는지 확인하고 혹시 수정이 필요한 부분이 있다면 요청하면 돼요. 먼저 큰 화면으로 작동되는 모습을 확인하려면 우측 상단에 프레젠테이션을 클릭하면 돼요.

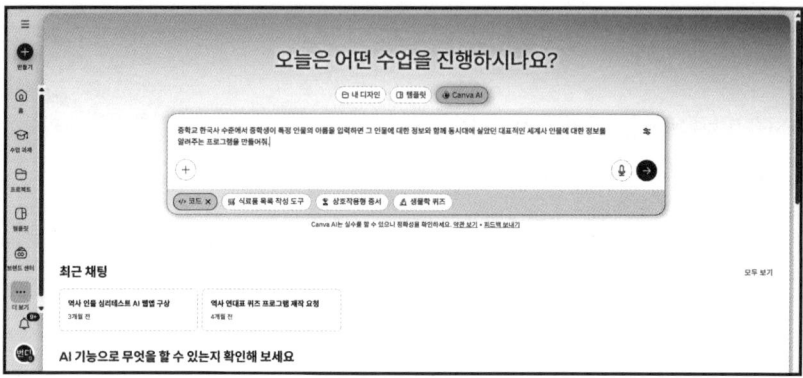

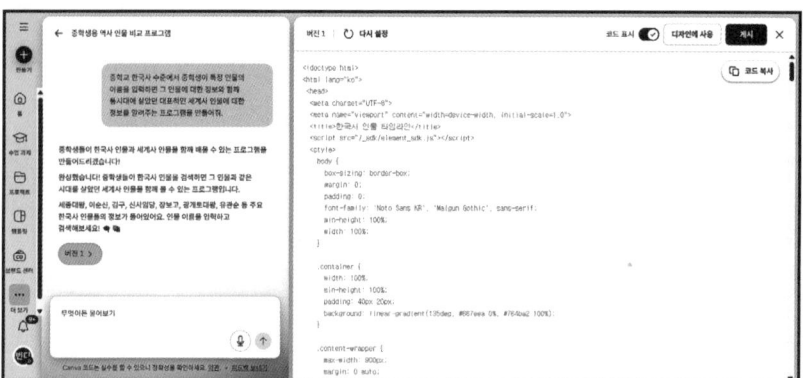

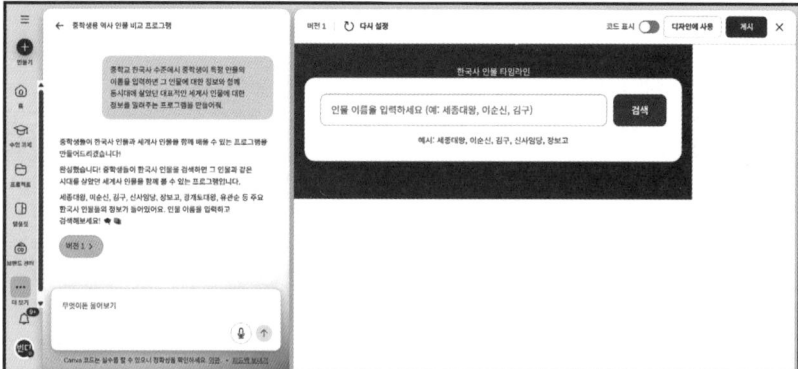

⬆ 캔바 AI에 자연어로 프롬프트를 입력하는 장면.

➡ 캔바 AI의 코드 구성 장면.

⬇ 캔바 AI를 활용해 역사 교과 코딩 페이지를 생성한 모습.

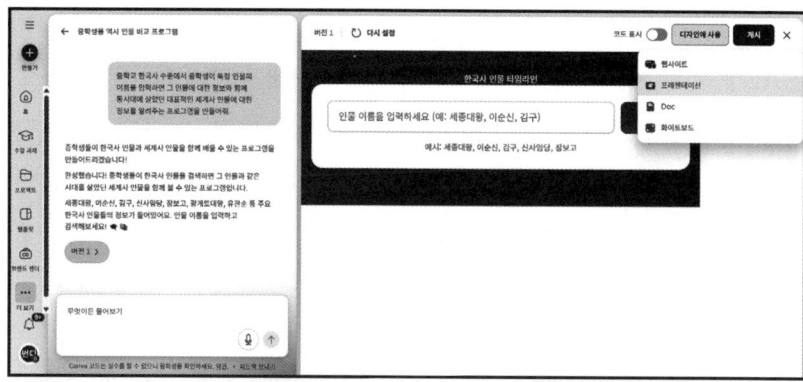

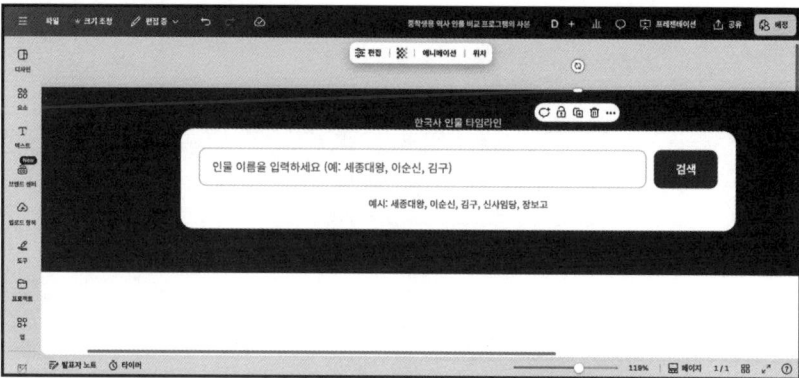

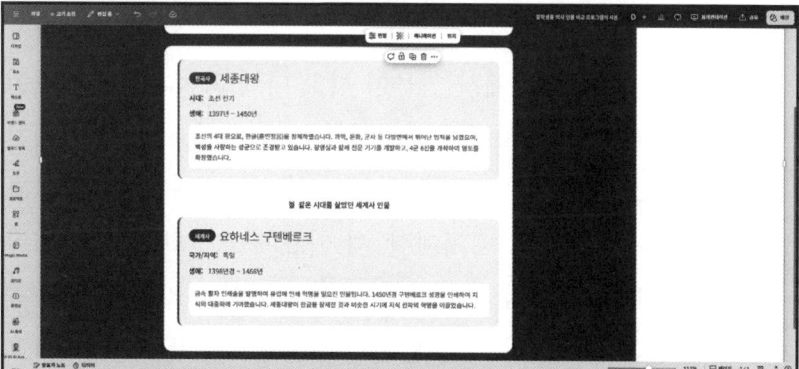

⬆ 캔바 AI를 활용해 역사 교과 코딩 페이지를 프레젠테이션으로 제작하는 장면.
⬇ 캔바 AI를 활용해 역사 교과 코딩 페이지를 프레젠테이션으로 제작하는 장면.
⬆ 캔바 AI를 활용해 역사 교과 코딩 페이지를 프레젠테이션으로 제작 후 테스트하는 장면.

③ 3단계: 디자인 수정 요청하기

AI가 첫 번째 디자인을 만들어주면, 마음에 들지 않는 부분을 구체적으로 수정해달라고 요청할 수 있어요. 가령, 아래와 같이 명령어를 입력해서 수정본을 만들 수도 있죠. 수정본을 만들려면 프레젠테이션 화면에서 벗어나 다시 코딩 페이지로 들어가면 됩니다.

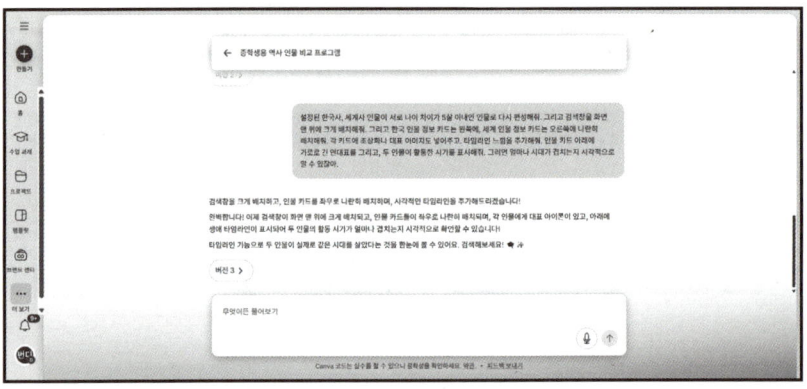

캔바 AI를 활용해 역사 교과 코딩 페이지를 수정하는 장면.

"설정된 한국사, 세계사 인물이 서로 나이 차이가 5살 이내인 인물로 다시 편성해줘. 그리고 검색창을 화면 맨 위에 크게 배치해줘. 그리고 한국 인물 정보 카드는 왼쪽에, 세계 인물 정보 카드는 오른쪽에 나란히 배치해줘. 각 카드에 초상화나 대표 이미지도 넣어주고. 타임라인 느낌을 추가해줘. 인물 카드 아래에 가로로 긴 연대표를 그리고, 두 인물이 활동한 시기를 표시해줘. 그러면 얼마나 시대가 겹치는지 시각적으로 알 수 있잖아."

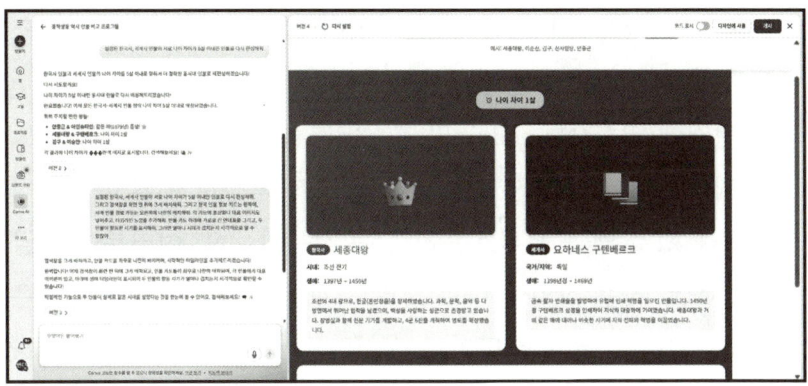

캔바 AI를 활용해 역사 교과 코딩 페이지를 수정한 후 테스트하는 장면.

④ 4단계: 검색 기능 요청 및 추가 기능 업그레이드하기

기본 기능이 완성되면 더 멋진 기능을 추가할 수 있어요. 다음 내용처럼 명령어를 입력할 수 있죠.

"검색창에 인물 이름을 입력하면 해당하는 카드가 나타나게 해줘. '세종대왕'을 입력하면 세종대왕 카드와 구텐베르크 카드가 동시에 표시되는 거야. 검색어가 정확하지 않으면 '해당 인물을 찾을 수 없습니다. 다시 입력해주세요'라는 메시지를 보여줘. 그리고 각 인물 카드에 '더 알아보기' 버튼을 추가해줘. 버튼을 클릭하면 그 인물의 주요 업적을 3가지 보여주는 새 페이지로 이동하게 해줘."

이 프로그램을 만들면서 여러분은 자연스럽게 논리적 사고능력과 한국사를 세계사와 연결해서 이해하는 능력, 인물 정보를 정리하고 분류하는 능력, 프로그래밍적 사고(조건, 변수, 데이터, 이벤트) 능력 등을 키워나갈 수 있어요. 그뿐만 아니라 이런 바이브 코딩을 통해 여러분은 진로 개발 능력도 함께 키워나갈 수 있어요. 대표적으로 다음과 같은 직업에서 필요로 하는 역량을 조금씩 갖춰나갈 수 있을 겁니다.

먼저 노코드(No code) 및 로우코드(Low code) 개발자예요. 이 직업은 컴퓨터에 명령할 코드를 직접 작성하지 않고 시각적 도구나 AI로 앱과 서비스를 만드는 전문가예요. 여러분이 지금 캔바 AI로 하는 작업이 바로 노코드 개발의 시작이랍니다. 많은 스타트업이 노코드 개발자를 찾고 있어요! 다음으로 UI(User Interface, 사용자가 보는 화면) 및 UX(User experience, 사용자 경험) 디자이너예요. "사용자가 이 버튼을 누르면 무슨 일이 일어나야 할까?"를 고민하는 직업이죠. 바이브 코딩을 하면서 사용자 경험을 설계하는 능력이 자연스럽게 길러집니다. AI 시대의 UI 및 UX 디자이너는 AI에게 디자인을 설명하는 능력도 갖추어야 한답니다.

2) 젠스파크의 AI

노코드를 활용해 코딩을 진행해봤다면, 이제 진짜 코드를 작성해볼 차례예요. 젠스파크의 AI를 활용하면 여러분이 만들고 싶은 프로그램을 자연어로 설명하기만 해도 AI가 실제 작동하는 코드를 만들어줘요. 앞서 살펴봤던 젠스파크는 대화형 AI 검색 엔진이지만, 코드 생성 능력도 정말 뛰어나요. 여러분이 "파이썬으로 구구단을 출력하는 프로그램 만들어줘"라고 하면, 실제로 작동하는 파이썬 코드를 만들어주고, 각 줄이 무슨 의미인지도 설명해줍니다.

젠스파크 메인 화면에서 로그인하면 화면 가운데에 큰 검색창이 보여요. 하지만 일반적인 검색과는 다르게, 여기서는 프로그래밍 요청도 할 수 있어요. 예를 들어 "파이썬으로 Hello World 출력하는 코드 만들어줘"라고 입력해보세요. 그러면 젠스파크 AI가 코드를 생성해주고, 코드의 각 부분이 무슨 역할을 하는지도 친절하게 설명해줍니다.

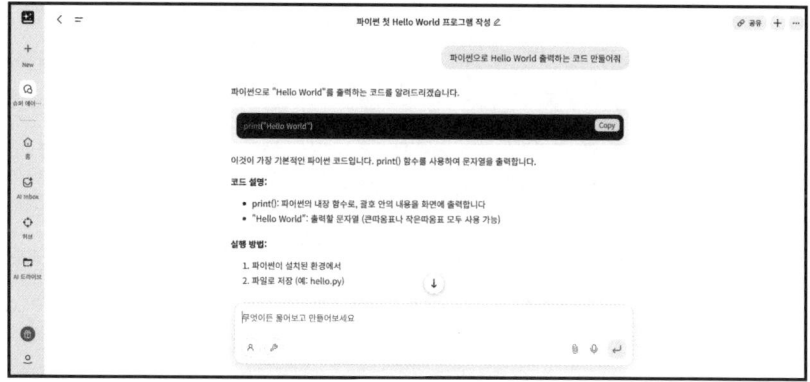

젠스파크를 활용해 파이썬 코드를 작성하는 모습.

그럼 실제 교육과정과 연계하여 젠스파크를 활용한 코딩 실습을 진행해볼까요? 수학 시간에 배운 소수(小數) 개념을 코드로 구현해볼게요. 사용자가 입력한 숫자가 소수인지 아닌지 판별해주는 프로그램을 만드는 거예요.

젠스파크 검색창에 이렇게 입력해보세요. "파이썬으로 소수를 판별하는 프로그램을 만들어줘. 사용자에게 숫자를 입력받고, 그 숫자가 소수인지 아닌지 알려주는 프로그램이야. 중학생이 이해할 수 있도록 줄마다 주석으로 설명도 달아줘."

잠시 기다리면 AI가 정말 멋진 파이썬 코드를 만들어줘요! 코드 블록이 나타나면 오른쪽 위에 '코드 복사(Copy code)' 버튼이 보일

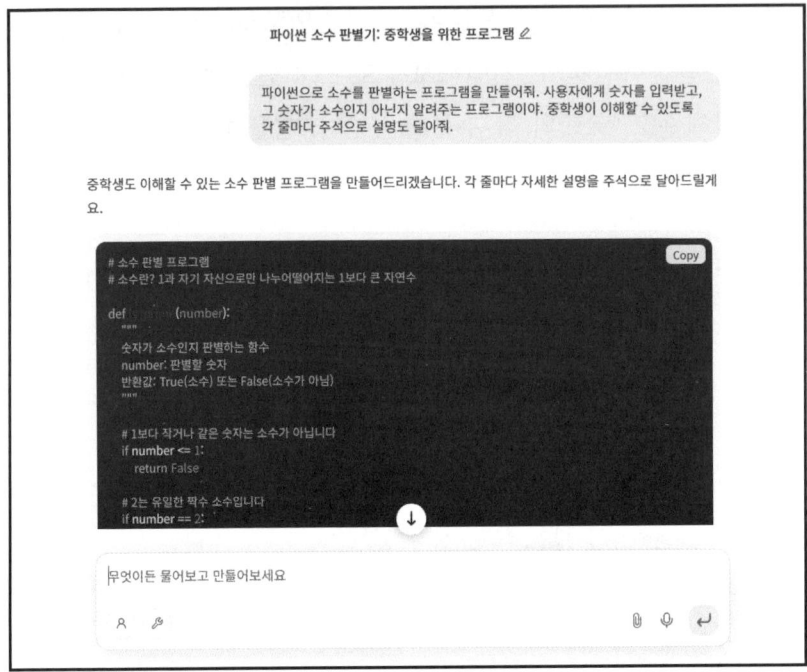

젠스파크를 활용해 소수 판별 파이썬 코드를 작성하는 모습.

거예요. 그걸 클릭해서 코드를 복사하세요. 이제 이 코드를 어디서 실행할까요?

바로 '리플릿(Replit)'을 사용하면 돼요. 새 탭을 열고 'replit. com'에 접속하세요. '빌드(Build)' 채팅창을 클릭한 다음, 복사한 링크를 빌드에 붙여넣으세요. 그리고 우측의 '▶' 버튼을 누르면 코드가 활성화돼요.

프로그램이 실행되고 콘솔 창에 "숫자를 입력하세요"라는 메시지가 나타나면, 가령 '7'을 입력하고 엔터를 눌러보세요. "7은 소수입니다!"라는 결과가 나올 거예요. 정말 신기하죠?

지금까지 캔바 AI와 젠스파크, 리플릿을 통해 AI를 활용한 간단

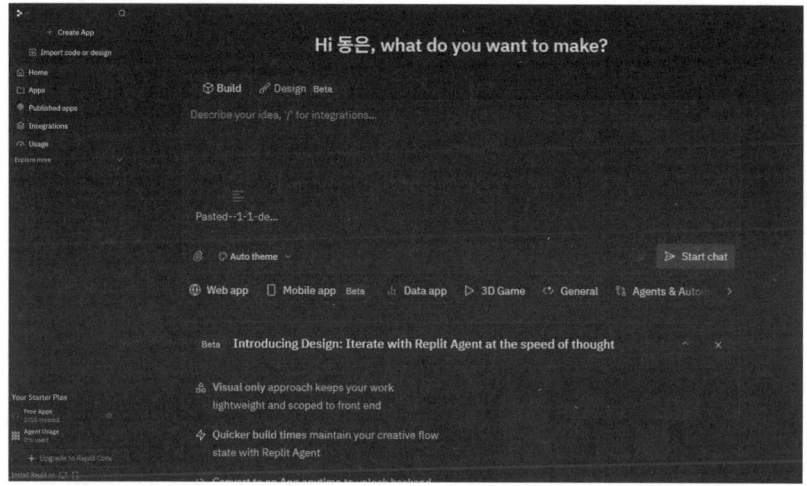

코드 분석 툴 리플릿 메인 화면.

한 코딩 구현 방법과 사례를 살펴보았는데요. AI를 활용한 코딩 능력 개발을 통해 여러분이 도전할 수 있는 직업에는 무엇이 있을지 살펴볼게요.

　데이터 분석가나 데이터 과학자도 파이썬을 정말 많이 사용해요. 여러분이 지금 배운 조건문은 데이터를 처리하고 분석하는 데 필수적인 기술이에요. 예를 들어 학생들의 시험 성적 데이터를 분석해서 평균, 최고점, 최저점을 계산하거나, 성적 향상 추세를 분석하는 프로그램을 만들 수 있어요.

　AI 머신러닝 엔지니어는 정말 미래지향적인 직업이죠. 이 직업은 인공지능 모델을 만들고 훈련시키는 전문가인데, 파이썬이 이 분야의 표준 언어예요. 여러분이 지금 배우는 기초 프로그래밍 개념들이 나중에 딥러닝, 자연어 처리, 컴퓨터 비전 같은 고급 AI 기술을 배우는 토대가 된답니다.

RPA(Robotic Process Automation) 개발자도 흥미로운 직업이에
요. RPA 개발자는 사람이 컴퓨터에서 반복적으로 수행하던 업무
를 소프트웨어 로봇으로 자동화하는 역할을 해요. 예를 들어 엑셀
파일에서 데이터를 읽어서 자동으로 보고서를 만들거나, 이메일을
자동으로 분류하는 프로그램을 만드는 거죠. 여러분이 배운 반복
문과 조건문이 바로 자동화의 핵심이에요!

5장—
AI를 사용할 때
꼭 알아야 할 것들

AI는 학습과 업무에 강력한 도구가 되지만, 잘못 사용하면 오히려 독이 될 수 있어요. AI가 만들어낸 정보를 무조건 믿거나 의존하다 보면 생각하는 능력이 약해질 거예요. AI를 현명하게 활용하기 위해서는 정보의 진위 판단하기, 개인정보 보호, AI와 협력하되 주도권은 내가 가지는 훈련이 필요해요. 안전하고 효과적으로 AI를 활용하는 필수 원칙들을 알아볼게요.

1. AI의 한계

여러분, 지금까지 우리는 AI의 숨겨진 세계와 이야기, 그리고 가능성을 함께 살펴봤어요. AI는 우리의 삶을 실제로 변화시키고, 앞으로도 학습을 넘어 삶의 판도를 바꿔줄 정말 강력한 도구입니다. 하지만 잠깐, 여기서 중요한 질문을 해볼게요. "AI가 만들어준 정보는 모두 믿어도 되는 걸까요?" 안타깝게도 그 답은 "아니에요"입니다.

1) AI가 틀릴 수 있는 여러 가지 이유

AI가 오류를 일으킬 수도 있다고요? 네, 맞습니다. AI 시스템도 완벽하지 않기 때문에 여러 상황에서 잘못된 답변이나 판단을 내릴 수 있습니다. 그 이유를 살펴볼까요?

① AI는 과거의 데이터로 학습한다

2024년에 개발된 AI가 2025년의 최신 정보를 모르는 것처럼, 학습하지 않은 내용은 알 수 없죠. 최근에 일어난 역사적 사건이나 과학적 발견에 관해서는 AI가 모를 수 있어요. AI가 성능이 좋지 않아서라기보다 단순히 그 정보로 학습하지 않았기 때문이에요.

② AI는 때로 맥락을 제대로 파악하지 못한다

'배가 고프다'와 '배가 항구에 있다'에서 '배'의 의미가 다르잖아요? 이렇게 문맥에 따라 달라지는 의미를 우리는 일상적으로 너무나 잘 알고 있고, 따라서 어려움 없이 편하게 사용하지만, AI는 헷갈릴 수 있어요. 특히 우리말은 같은 단어가 여러 의미로 쓰이는 경우가 많아서 AI가 실수하기 쉽습니다.

③ AI는 확률 기반으로 응답한다

AI는 '가장 그럴듯한 답'을 생성하는 것일 뿐, 100% 확신하는 답을 주지는 못합니다. 그저 통계적으로 가장 가능성이 큰 답을 제시할 뿐입니다. 여러분이 객관식 문제에서 가장 그럴듯한 답을 고르는 것과 비슷하다고 보면 되지요. 그러니까 AI의 답이 항상 정답이라는 보장은 없는 거죠. 그리고 거의 모든 AI는 '정답을 제대로 몰라도 무조건 답변하도록' 설계되어 있으므로 존재하지 않는 정보나 오류가 있는 정보들도 전달할 수 있어요.

④ AI는 학습 데이터의 편향을 그대로 반영할 수 있다

인터넷의 정보가 한쪽으로 치우쳐 있다면, AI도 그 편향을 학습

합니다. 특정 주제에 대해 부정적인 글이 많으면 AI도 부정적인 관점을 가지게 되지요. 그래서 AI 개발과정에서 개발사가 가져야 하는 윤리적인 문제가 매우 중요한 이슈로 다루어진답니다.

2) AI 오답의 대표적인 사례

2020년 1월, 미국 디트로이트의 흑인 남성 로버트 윌리엄스는 저지르지도 않은 범죄 혐의로 아내와 어린 두 딸이 보는 앞에서 경찰에 체포되었는데요. 윌리엄스가 억울하게 체포된 이유는 단 하나, 경찰이 사용한 안면 인식 프로그램이 그를 용의자로 잘못 식별했기 때문이었죠. 이것은 단순한 기술적 오류가 아니라 AI 개발과정에서 개인정보 보호 원칙을 포기한 결과였습니다.

1996년 미국 국방부가 지원해 대규모 얼굴 빅데이터를 구축할 때만 해도 연구자들은 저작권, 사생활 보호 정책, 사진 촬영에 참여한 개인의 분명한 동의 등에 대해 세심한 주의를 기울였어요. 하지만 2014년 딥러닝 기술을 이용하면서 수천만 장의 데이터가 필요해지자 개발자들은 정보 제공자의 동의와 수동 확인을 사실상 포기했죠. 그 결과 데이터 품질은 담보할 수 없는 수준이 되어 인종차별적이고 성차별적인 편향이 데이터세트에 고스란히 반영되기 시작했습니다.

연구자들은 2018년 IBM, 페이스플러스플러스, 마이크로소프트 등의 안면 인식 시스템을 분석해 백인 남성에 대한 오류율은 1% 미만이지만, 흑인 여성에 대해서는 오류율이 35%에 이른다는 것을 밝혀냈고, 후속 연구에서도 이런 오류들이 반복적으로 나타났는데요. 인공지능 서비스 내에서 사회적 편향이 그대로 실현되고 있다는 것을 과학적으로 밝혀낸 것입니다. 윌리엄스의 경우는 이처럼 통제되지 않은 개인정보 처리의 직접적 피해 사례였어요.[21]

3) AI의 한계 경험 및 인식 방법 알아보기

이제 여러분이 배우는 교과에서 간단히 AI의 한계를 경험하고 인식할 수 있는 방법을 살펴볼까요? 대표적으로 국어 교과를 살펴볼게요.

먼저 중학교 1학년 국어 교과서(2022 개정 교육과정)의 '매체와 의사소통' 단원에서는 다양한 매체를 통해 전달되는 정보의 신뢰성을 평가하는 방법을 배웁니다. 이 내용은 AI 시대에 더욱 중요해졌죠. 교과서에서는 "정보의 출처가 명확한가?", "객관적인 근거가 있는가?", "가장 최신에 업데이트된 정보인가?" 같은 질문을 통해 정보를 평가하라고 가르치는데, 이것이 바로 AI 답변을 평가할 때도 똑같이 적용되는 기준입니다.

이 내용으로 실습을 해봅시다. 챗지피티 무료 버전에 접속해서 중학교 국어 교과서에 나오는 고전 소설에 대해 질문해보세요. 예를 들어 "『홍길동전』에서 홍길동이 활빈당을 만든 이유와 그 사회적 의미를 설명해줘"라고 물어보는 거예요. AI가 답변을 주면, 그 답변을 교과서나 참고서와 비교해보세요.

2024년 11월에 실제로 이런 실험을 해봤어요. 챗지피티에 『홍

---

21 김보라미(법률사무소 디케 변호사), 「AI 기술 혁신이면 개인정보는 입맛대로? [세상읽기]」, 한겨레신문, 2025.11.25. (https://www.hani.co.kr/arti/opinion/column/1231045.html)

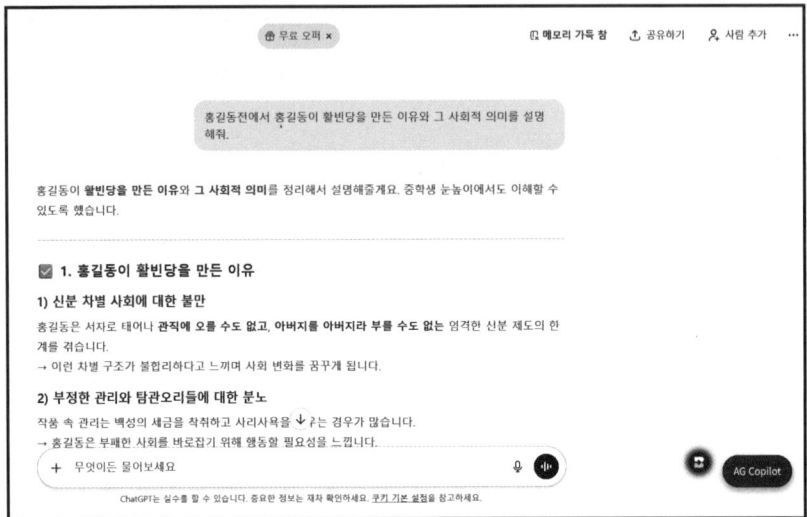

챗지피티 무료 버전이 분석한 『홍길동전』의 내용.

길동전』에 관하여 물어보았더니 "홍길동은 조선시대의 신분 차별
에 저항하기 위해 활빈당을 조직했다"라고 하는 기본적인 내용은
정확하게 답했어요. 하지만 세부적인 내용에서는 교과서와 차이가
있었습니다. 예를 들어 작품 속 활빈당의 구체적인 활동이나 홍길
동이 처음 활빈당을 조직한 시기 같은 세부 사항에서 불일치가 드
러난 거예요. 이런 차이를 발견하고 왜 그런지 생각해보는 과정이
바로 비판적 사고력을 기르는 훈련입니다.

　'비교하기 훈련'에는 활동 결과를 기록하는 체크리스트가 도움이
됩니다. 노드에 'AI 답변 내용', '교과서·참고서 내용', '일치하는 섬',
'다른 점', '내가 내린 결론', '출처' 같은 항목을 만들어요. 예를 들어
AI 답변에서 "홍길동은 서얼 출신으로 차별받았다"라는 내용이 나
왔다면, 교과서에서도 같은 내용이 있는지 확인하고, 더 자세한 설

명이 있는지 비교하는 거예요. 그리고 AI가 정리해준 출처를 제대로 검토하고, 체크리스트에도 기록하는 거죠. 이렇게 비교하면서 AI의 답변이 어느 정도 정확한지, 어떤 부분이 부족한지 스스로 판단할 수 있게 됩니다. 이제 AI의 답변을 검증하는 체크리스트 예시를 한번 살펴볼게요. 여러분의 공부 습관에 맞추어 변형해서 작성해보세요.

AI 답변 검증 체크리스트 예시

1단계: 기본 확인

  - 질문과 답변이 일치하나요?

① AI가 내 질문을 제대로 이해했나요?

② 답변이 내가 물어본 내용과 관련이 있나요?

③ 엉뚱한 내용으로 답변하지는 않았나요?

  - 답변이 구체적인가요?

① 모호하거나 애매한 표현만 사용하지 않았나요?

② 구체적인 예시나 설명이 포함되어 있나요?

③ '~일 수도 있다', '아마도' 같은 표현만 반복하지 않나요?

2단계: 사실 확인

- 출처가 명확한가요?

- 정보의 출처가 제시되어 있나요?

- 출처가 신뢰할 만한 곳인가요?(공식 기관, 교육 사이트, 학술 자료 등)

- 출처 링크가 실제로 작동하나요?(실제로 존재하는 출처인가요?)
- 교과서나 참고서에서 같은 내용을 찾을 수 있나요?
- 다른 신뢰할 만한 웹사이트에서도 같은 정보를 확인할 수 있나요?
- 시간에 따라 변할 수 있는 정보인가요?

3단계: 논리 확인

- 설명이 논리적인가요?
① 앞뒤 내용이 모순되지 않나요?
② 원인과 결과가 논리적으로 연결되나요?
③ 이해하기 어렵거나 말이 안 되는 부분은 없나요?
- 편향되지 않았나요?
① 한쪽 입장만 강조하지 않았나요?
② 다양한 관점을 제시하고 있나요?
③ 특정 제품이나 회사를 지나치게 홍보하지 않나요?

내가 만든 AI 답변 검증 체크리스트

➡️
-
-
-

➡️
-
-
-

2. AI가 만들어내는 가짜 정보와 편향된 정보 구별하는 법

여러분, 유튜브에서 본 충격적인 뉴스, SNS에서 퍼지는 놀라운 사진들, 정말 다 진짜일까요? AI 기술이 발전하면서 가짜 뉴스와 조작된 이미지를 만드는 것도 쉬워졌고, AI가 특정 관점만 강조하는 편향된 정보를 보여주기도 합니다. 이번 시간에는 진짜와 가짜 정보를 구별하고, 편향된 정보를 걸러내는 방법을 배워서 스스로 정보의 주인이 되어봅시다.

1) AI가 그럴듯한 거짓말도 한다고?

AI는 때때로 아주 그럴듯하지만 완전히 지어낸 정보를 제공하기도 합니다. 이런 것을 할루시네이션(Hallucination), 즉 환각 현상이라고 부르는데, 마치 사람이 환각을 보듯이 AI가 존재하지 않는 정보를 마치 사실처럼 만들어내는 거죠. 정말 무섭지 않나요? 너무 자연스럽고 그럴듯해서 진짜인 줄 알고 믿을 수 있거든요. 그렇다면 할루시네이션은 왜 발생하는 걸까요? 그 배경을 이해하면 우리 모두 조심할 수 있겠지요. 차례차례 알아봅시다.

① 학습 데이터에 빈틈이 있기 때문이다

AI가 자신도 모르는 내용을 질문받으면 어떻게 할까요? 정직하게 "모르겠어요"라고 대답하면 좋겠지만, 많은 AI는 모른다고 하지 않습니다. 마치 잘 알고 있다는 듯이 그럴듯한 답을 만들어내죠. 시험에서 모르는 문제를 만났을 때 아는 척하면서 뭔가 써 내려가는 것처럼요.

② AI는 데이터의 패턴 기반으로 답을 생성하기 때문이다

AI는 '다음에 올 가능성이 높은 단어'를 선택하는 방식으로 작동해요. 그래서 문장은 자연스러워 보이지만, 실제로는 논리적으로 이상할 수 있습니다. 말하자면 문법적으로는 완벽한데 내용은 엉터리인 경우가 생기는 것입니다.

③ AI는 아직 여러 자료를 비교하여 확인할 수 있는 능력이 부족하다

AI는 자신이 생성한 정보가 사실인지 아닌지 확인할 수 있는 능력이 없어요. 사람은 "어, 이게 맞나?" 하고 다시 확인할 수 있잖아요? AI는 그런 자기 검증 능력이 아직 부족합니다. 그냥 자신 있게 답변할 뿐이죠.

최근에는 AI를 개발하는 각 기업에서 할루시네이션 현상을 낮추기 위해 다양한 시도와 노력을 진행하고 있어요. 우리가 앞서 살펴본 구글의 제미나이, Open AI의 챗지피티, 마이크로소프트의 코파일럿(Copilot) 등 여러 플랫폼의 할루시네이션 확률이 1% 수준으로 떨어져 개선되었다는 보고도 있습니다.[22]

2) 미디어 리터러시와 비판적 사고 기르기

중학교 국어 시간에 배우는 '매체 읽기'와 '설득 전략 분석하기'가 여기서 정말 중요해져요. 뉴스 기사의 진위를 판별하는 연습을 해

---

22   최영호 기자, 「[인포그래픽] 할루시네이션이 가장 낮은 AI 모델」, Madtimes, 2025.01.17. (https://www.madtimes.co.kr/news/articleView.html?idxno=22841)

볼까요?

AI에게 "2025년 한국의 주요 과학 기술 발전에 대해 알려줘"라고 물어보세요. 답변을 받으면 꼼꼼히 분석해야 해요. 구체적인 날짜가 있나요? 기관이나 인물 이름이 정확한가요? 숫자나 통계가 명시되어 있나요? 이런 세부 사항들을 확인하는 거예요.

그다음에는 사실 확인을 해야 합니다. 공식 뉴스 웹사이트에서 검색해보세요. 연합뉴스, KBS, MBC 같은 주요 언론사 웹사이트에 가서 같은 내용이 있는지 찾아보는 거예요. 정부 기관의 보도자료도 확인하세요. 과학기술정보통신부나 한국과학기술원 같은 곳의 공식 발표를 찾아보는 거죠. 여러 매체의 보도를 비교하면서 어떤 차이가 있는지 살펴보세요.

이때 표를 만들어서 비교하면 좋아요. 노트에 '항목', 'AI 답변', '실제 사실', '일치 여부', '비고' 같은 칸을 만들어요. 그리고 날짜, 인물이나 기관명, 구체적 내용, 수치나 통계 등을 하나하나 비교해서 적어보세요. 이렇게 하면 AI가 어느 대목에서 정확하게 답했는지, 어디서 오류를 내고 있는지 한눈에 확인할 수 있습니다.

3. AI를 사용할 때 꼭 알아야 할 저작권과 윤리

AI가 점점 더 많은 것을 대신해주는 시대, 어디까지가 괜찮고 어디서부터 문제가 되는지 명확한 기준이 필요한데요. 이번에는 AI를 사용할 때 꼭 알아야 할 저작권 이슈와 윤리 문제를 함께 살펴보려합니다. 똑똑하고 책임감 있게 AI를 활용하는 방법을 알아볼까요?

1) AI 시대의 저작권, 왜 중요할까?

여러분, 친구의 숙제를 그대로 베껴서 제출하면 안 된다는 것 정도는 굳이 설명하지 않아도 잘 알고 있죠? 앞서 이야기했듯이 AI가 만든 콘텐츠를 사용하는 것도 비슷한 맥락입니다. AI를 사용할 때 반드시 지켜야 할 규칙과 윤리가 있는데요. 이번 파트에서는 AI를 활용할 때 주의해야 할 저작권과 윤리에 대해 간단히 살펴볼게요.

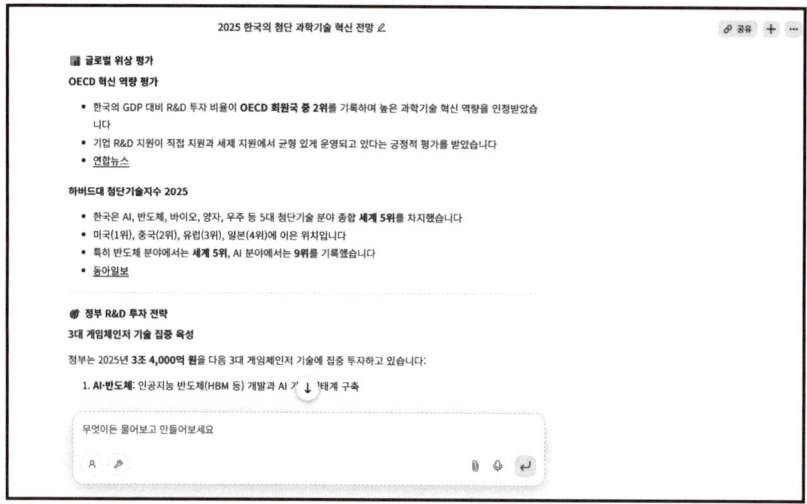

AI의 정보 제공 내용을 확인하는 장면.

저작권에 대해 많이 들어보셨죠? 그러나 저작권의 개념을 정확하게 말할 수 있는 친구는 별로 없을 거예요. **저작권이란 창작물을 만든 사람이 가지는 권리**입니다. 글, 그림, 음악, 영상, 심지어 뉴스 기사까지 누군가가 만든 모든 창작물은 법적으로 보호받도록 규정되어 있어요.

그런데 AI 시대가 되면서 새로운 질문들이 생겼습니다. AI가 만든 콘텐츠의 저작권은 누구에게 있을까요? AI 개발자? AI 사용자? 아니면 AI 자체? AI가 학습할 때 사용한 데이터의 저작권은 어떻게 되는 걸까요? AI를 사용해서 만든 작품을 자유롭게 사용해도 될까요? AI가 만든 것을 내가 만들었다고 해도 될까요? 이런 질문들에 대한 탐구 노력과 고민이 없다면 큰 위험을 초래할지도 모르죠.

실제로 AI 저작권 관련 분쟁으로 일본에서 첫 형사소송을 당한 사례도 있습니다. 「요미우리 신문」은 지바현 경찰이 2025년 11월 20일 AI 이미지 생성 프로그램 '스테이블 디퓨전(Stable Diffusion)'으로 제작된 그림을 무단 복제한 혐의로 27세 남성을 저작권법 위반 혐의로 검찰에 송치할 방침이라고 보도했는데요. 지바현 경찰은 기소 의견을 붙여 송치를 결정하며 이번 사건을 AI 이미지에 저작권법을 처음 적용한 사례로 규정했죠.[23]

일본 저작권법은 사상과 감정을 창작적으로 표현한 저작물을 보호 대상으로 규정하고 있어요. 일본 문화청은 AI 생성물이 저작물인지 판단할 때 프롬프트의 양과 내용, 생성 과정의 반복 여부 등을 함께 보라고 안내해왔는데요. 우리나라 정부도 2025년 말까지 인공지능 학습용 데이터의 저작권 범위를 구체적으로 담은 가이드라인을 만든다고 발표했습니다. 기업의 수요를 반영한 '인공지능·고가치 공공데이터 톱(Top) 100'을 선정하고 개방하기로 했고요.[24]

23 윤태희 기자, 「"AI 그림도 저작권?" 일본 첫 형사 송치… 온라인 반응 '뜨겁다'」, 나우뉴스, 2025.11.20. (https://nownews.seoul.co.kr/news/newsView.php?id=20251120601012&wlog_tag3=naver)

24 기민도 기자, 「정부, 연말까지 인공지능 학습 데이터 저작권 가이드라인 마련」, 한겨레 신문, 2025.11.27. (https://www.hani.co.kr/arti/politics/

'생성형 AI를 활용해 만든 작품의 저작권을 인정할 것인가', '인정한다면 어느 정도의 범위를 인정할 것인가' 등 인공지능의 저작권에 관련된 질문들에 대한 명확한 답은 아직 존재하지 않아요. 국가마다, 지역마다 기준이 서로 다르고, 기준이 만들어지지 않은 곳도 많으므로 인공지능의 저작권 논쟁은 사용자 입장에서는 혼란스러울 수밖에 없습니다. 그래서 도덕이나 사회, 정보 시간에 배우는 '디지털 시민으로서의 책임'과 '지식 재산권 존중하기'가 정말 중요하답니다. 특히 '정보 사회와 윤리', '타인 존중과 배려' 단원은 위에서 말한 내용과 직접 연결되는 부분입니다.

이번에는 실제 상황을 떠올려봅시다. 민수는 미술 시간에 '내가 상상하는 미래 도시' 그림을 그려야 해요. 시간이 부족해서 AI 이미지 생성 도구를 사용해 멋진 미래 도시 그림을 만들었어요. 이때 어떻게 해야 할까요? 선택지가 여러 개 있어요. AI가 만든 그림을 그대로 제출할까요? AI 그림을 참고해서 직접 그릴까요? AI가 만들었다고 밝히고 제출할까요? AI 그림을 수정하고 내 작품이라고 할까요? 각 선택지의 문제점을 생각해봐요. 가장 올바른 선택은 무엇일까요? 선생님께는 어떻게 말해야 할까요? AI 도구 사용 자체가 문제일까요?

가장 현명한 행동은 AI를 사용했다는 걸 밝히고, 어떻게 활용했는지 설명하는 거예요. 예를 들어 "AI 도구로 아이디어 스케치를 만들었고, 이를 참고하여 제 스타일로 직접 그렸습니다"라고 말하고, 실제 그렇게 행동하는 거예요. 그리고 AI가 참고한 데이터의 출처

politics_general/1231614.html)

를 반드시 기록하고 남깁니다.

2) 올바른 인용 방법 알아보기

AI의 기능이 날이 갈수록 강화되면서 올바른 인용 방법을 파악하는 것이 어느 때보다도 중요해지고 있습니다. 특히 국어 시간에 배우는 '보고서 쓰기'와 '자료 활용하기'에서 자료 인용은 정말 중요해요.

인용할 때 지켜야 하는 3가지 원칙

출처 명시: 어디서 가져온 정보인지 정확하게 밝힌다.
적절한 분량만 인용: 저작권자의 동의하에 필요한 만큼만 인용한다.
원문 존중: 원문 그대로를 가져오는 것은 피하되 의미를 왜곡하지 않는다.

AI를 사용할 때도 올바른 표기법을 따라야 합니다. 직접 인용할 때는 '"(인용한 문장 혹은 글)"(ChatGPT, 2024)'처럼 쓰면 돼요. 간접 인용할 때는 챗지피티(2024)에 따르면, (인용한 문장 혹은 글)처럼 쓰고요. AI 활용 사실을 명시할 때는 "이 보고서는 자료 조사 과정에서 챗지피티를 활용하여 정보를 수집하였으며, 모든 내용은 신뢰할 수 있는 출처를 통해 재확인하였습니다"라고 써야 합니다.

또한 인용한 글은 각주(脚注)나 미주(尾注)로 넣어 공식적으로 이 글을 쓰는 데 참고했음을 표시해야 하죠. 각주는 페이지 아래에 작

AI 검색 기능에 대한 출처 인용 서비스 시행 사례.

은 숫자(¹) 달고 그 밑에 설명을 쓰는 거고, 미주는 책 맨 뒤에 모아서 쓰는 거예요. 간단히 말하면 각주는 "참고한 출처가 궁금하면 바로 페이지 아래를 봐!"라는 것이고, 미주는 "참고한 출처가 궁금하면 맨 마지막 페이지를 봐!"라고 표현한 것입니다. 학교 과제를 할 때 선생님께서 "반드시 참고한 자료는 각주에 남기세요"라고 하시면 페이지 밑에 '챗지피티-4, "고구려 이야기", OpenAI, 2025년 11월 27일, https://chat.openai.com.'로 표시할 수 있겠지요. 보통은 미주보다 각주를 더 많이 사용해요.

보고서를 비롯한 글 맨 뒤에는 지금까지 참고한 자료의 리스트를 작성하는 '참고 문헌'을 정리해줘야 해요. 작성할 때는 이렇게 써요. '챗지피티(GPT-4). (2024). 기후변화의 영향. OpenAI. 접속일: 2024년 11월 25일.' AI도 하나의 참고 자료이니까 참고 문헌에 반드시 포함해야 합니다.

이제 올바른 보고서 작성 단계를 연습해볼까요? '우리 지역의 환경 문제와 해결 방안'이라는 주제로 AI를 활용해 보고서를 쓴다고 가정해볼게요.

1단계는 정보를 수집하는 일입니다. AI에게 질문하여 기본 정보를 얻고, 공식 통계 자료를 찾고, 뉴스 기사를 검색하고, 가능하면 전문가 인터뷰도 해볼 수 있죠.

2단계로 정보를 정리해요. 정보를 출처별로 분류하고, 중요한 내용을 정리하고, 출처를 꼼꼼히 기록해요. 나중에 출처를 찾지 못하면 곤란하니까요.

3단계로 보고서를 작성해요. 내 생각과 조사 내용을 구분하고, 인용 부분을 명확히 표시하고, 출처를 정확하게 표기해요. 내 의견인 부분은 "필자는 이렇게 생각한다"처럼 명확히 하고, 남의 의견이나 자료는 출처를 달아야 해요.

AI로 작성한 글인지를 탐지하는 'GPT 킬러'.

4단계로 참고 문헌을 작성해요. 모든 출처를 나열하고, 형식에 맞게 정리하고, AI 사용 여부를 명시해요. 요즘에 AI 사용 출처를 기록하는 일에 사람들이 피로감을 느끼자 자동으로 출처 인용이 기록되는 사이트도 생겨나고 있습니다.

AI의 무분별한 사용을 검증하고 막기 위해 기존의 표절을 검토하는 '카피 킬러(Copy Killer)'와 같은 프로그램을 넘어, 최근에는 AI로 생성한 문장인지를 확인하고, 몇 %의 일치율을 보이는지까지 점검하는 'GPT 킬러' 같은 프로그램도 쓰이고 있습니다.

3) AI 윤리 전문가와 법률 분야를 개척해볼까?

이렇게 AI 관련 저작권을 비롯해 AI 윤리의 중요성이 날로 커지는 가운데, 새롭게 주목받는 직업들이 있어요. AI 윤리 전문가는 AI 시스템의 윤리적 문제를 검토하고, 공정한 AI 개발 가이드라인을 수립하고, AI 사용의 사회적 영향을 분석하고, 기업의 AI 윤리 정책을 자문해요. 이 직업에는 윤리적 사고력, 기술에 대한 이해, 비판적 분석 능력, 의사소통 능력이 필요해요.

AI 윤리 전문가가 되려면 어떻게 준비해야 할까요? 지금 시기에는 도덕이나 사회, 역사 과목에 관심을 갖고, 기술과 사회의 관계를 탐구하고, 토론 활동에 참여하고, 다양한 관점을 이해하려고 노력하세요. 고등학교에 가서는 철학과 윤리를 심화 학습하고, 컴퓨터 과학 기초를 배우고, 관련 도서를 읽고, 모의 윤리위원회 활동을 해보세요. 대학교에서는 철학, 법학, 컴퓨터공학 등을 전공하고, AI 윤리 관련 강좌를 수강하고, 인턴십에 참여하고, 연구 프로젝트 경험을 쌓으면 AI 윤리 전문가의 길에 한 걸음 더 다가갈 수 있어요.

지식 재산권 변호사도 중요한 직업이에요. 저작권과 특허권에 관련된 법률을 자문하고, 지식 재산권 분쟁을 해결하고, 계약서를 검토·작성하고, AI 관련 법률 문제를 연구해요. 이 직업에는 논리적 사고력, 법률 지식, 기술 이해력, 협상 능력이 필요합니다.

지식 재산권 변호사와 비슷한 성격을 갖는 콘텐츠 라이선스 매니저는 콘텐츠 사용 권리를 관리하고, 라이선스 계약을 협상하고, 저작권을 모니터링하고, 수익 분배를 관리해요.

지금까지 살펴본 내용을 바탕으로 진로에 대한 의식을 더욱 구체화하기 위해서 학급에서 모의 저작권 위원회를 해볼 수 있어요. 학급을 저작권 위원회로 만들어 실제 사례를 심의하는 거예요. 위원장은 회의를 진행하고, 위원들은 판단하고 토론하고, 원고 측은 권리 침해를 주장하고, 피고 측은 정당한 사용을 주장하고, 전문가는 기술적 설명을 하고, 기록자는 회의록을 작성해보는 거죠. 가령 "중학생 A는 AI를 사용하여 유명 화가의 스타일을 학습한 그림을 그려 자신만의 창작적인 요소를 조금 더해 미술 대회에 출품했습니다. A는 이 그림에 대한 저작권을 주장할 수 있을까요?"와 같은 사례를 놓고 논의해보는 거죠. 사건 개요를 설명하고, 원고 측 주장을 듣고, 피고 측 주장을 듣고, 전문가 의견을 듣고, 질의 응답을 하고, 위원들이 토론하고, 최종 결정과 이유를 설명하는 과정을 거치며 자신의 생각을 정리하고 되돌아봅니다.

4. AI에만 의존하지 않고 똑똑하게 활용하는 법

사실 많은 학생이 AI를 사용하면서 이런 고민을 해요. "AI가 다 해주는데, 내가 뭘 배워야 하지?", "AI한테 물어보면 되는데, 왜 공부해야 해?"와 같은 것들이죠. 여러분도 이런 생각을 해본 적 있나요?

하지만 생각해보세요. 계산기가 있다고 해서 수학을 배우지 않나요? 계산기는 계산만 해줄 뿐, 어떤 문제인지, 어떤 공식을 써야 하는지는 여러분이 알고 있어야 하죠. 네비게이션이 있다고 해서 길을 전혀 모르면 어떻게 될까요? 네비게이션이 고장 나거나 신호가 안 잡히면 완전히 길을 잃게 될 겁니다.

1) AI에 너무 의존하면 어떤 문제가 생길까?

첫째, 사고력이 저하됩니다. AI에게만 물어보면 스스로 생각하는 능력이 약해집니다. 마치 운동을 안 하면 근육이 줄어드는 것처럼, 생각을 안 하면 사고력이 줄어들죠.

둘째, 문제 해결 능력이 감소해요. 스스로 문제를 해결하는 힘이 줄어든다는 뜻인데요. 항상 누군가에게 의지하게 되는 거예요.

셋째, 창의성이 떨어집니다. AI 답변에만 의지하면 독창적인 생각을 하기 어려워요.

넷째, 비판적 사고가 약화되지요. AI 답변을 무조건 믿게 되고, "이게 정말 맞나?"라고 질문하지 않게 돼요.

다섯째, 자기 주도성을 상실해요. 수동적으로 변하고, 스스로 결정하고 행동하는 능력이 줄어듭니다.

실제로 MIT 연구진은 2025년 6월 19일(현지 시각)「챗GPT를 사용할 때의 당신의 뇌: 에세이 작성 과제에서 AI 도우미 사용 시 누적되는 인지적 부채(Your Brain on ChatGPT: Accumulation of Cognitive Debt when Using an AI Assistant for Essay Writing Task)」라는 제목의 연구 논문을 논문 사이트에 올렸는데요. 연구진은 미국 보스턴 지역의 18~39세 참가자 54명을 대상으로 4개월에 걸쳐 실험을 진행했습니다. 이때 참가자들을 세 그룹으로 나누었어요. 첫째, AI의 도움을 전혀 받지 않고 에세이를 작성하는 AI 비사용 그룹. 둘째, 구글과 같은 검색 엔진을 사용하는 그룹. 셋째, 챗지피티에게 글을 작성하도록 하는 그룹. 그러고는 각각 20분 동안 짧은 에세이를 작성하게 하는 방식으로 실험을 진행했습니다. 연구진은 참가자들에게 동의를 얻어 뇌파 측정 장치(EEG)를 착용하도록 한 후, 32개 영역에서 뇌의 활동 수준을 실시간으로 측정했어요.

그 결과, 세 그룹 중 챗지피티 사용 그룹이 뇌 활동이 가장 낮았는데요. 신경, 언어, 행동 수준에서 지속적으로 저조한 성적을 보였습니다.

챗지피티 사용자들은 챗지피티에게 에세이를 작성하도록 할 때마다 점점 게을러졌고, 연구가 끝날 무렵에는 복사-붙여넣기(Ctrl+C, Ctrl+V) 방식을 사용하는 경우가 많았어요. 특히 뇌의 부위 간 정보 전달 강도를 보여주는 지표인 'dDTF(dynamic Directed Transfer Function)', 쉽게 말해 '누가 누구한테 신호를 보내는지, 그리고 그 신호가 시간에 따라서 어떻게 변하는지 찾아내는 방법'의 연결성을 분석한 결과, 챗지피티 사용 그룹은 다른 그룹보다 최대 55% 낮은 연결성을 보였다고 합니다. 뇌의 요소 간 협업이 줄어들었다는 뜻이죠.

또 집중력과 관련된 전두엽 중심의 '세타파(frontal-midline theta)'활동도 챗지피티 사용 그룹이 현저하게 낮았습니다. 연구진은 "세타파 연결은 비사용 그룹에서 뚜렷하게 나타났으나, 챗지피티 사용 그룹에서는 약하거나 거의 존재하지 않았다"라고 분석했어요.

참가자들에게 자신이 작성한 에세이의 내용을 직접 인용해보도록 한 후속 실험에서는 챗지피티 사용 그룹이 다른 두 그룹보다 기억력 및 정확한 인용 능력이 낮았습니다. MIT 연구진은 "이번 결과는 학습자들이 충분한 자기 주도적 사고 과정을 먼저 경험한 뒤, AI 도구를 도입하는 교육 모델이 바람직하다는 점을 시사한다"라며, AI는 보조 수단으로 사용할 것을 추천했죠. 이러한 연구는 여러분에게도 큰 의미가 있다고 생각해요.

2) AI 똑똑하게 활용하기

자기 주도적인 학습을 기반으로 AI를 똑똑하게 활용하는 방법을 교과 학습을 통해 살펴볼까요? 대표적으로 국어 시간에 배우는 '자기 주도적 독서', '비판적 읽기', '창의적 표현'이 정말 중요한 대목인데요, AI 없이 독후감을 작성하는 방법과 AI를 활용해서 작성하는 방법을 비교해봅시다.

여러분이 빈 친구들과 같은 책을 읽고 독후감을 쓴다고 가정해볼게요. AI 의존형 방법은 이래요. 챗지피티에게 "『홍길동전』줄거리 알려줘"라고 하고, 또 "중학생 수준으로『홍길동전』에 대한 독후감을 써줘"라고 한 다음, 결과물을 복사해서 제출하는 거예요. 시간은 5분밖에 걸리지 않지만, 학습 효과는 거의 없어요. 하루도 되지 않아 내용을 다 잊어버리고, 이해도도 낮고, 성장은 전혀 없고, 성취감도 없죠.

독후감 쓸 때 AI를 스마트하게 활용하는 방법

- 먼저 직접 책을 읽는다(1차 독서).
- 이해 안 되는 부분만 AI에게 질문한다.
- 내 생각을 정리한다.
- AI에게 독후감의 구조에 대해 조언을 받는다.
- 조언을 바탕 삼아 내 언어로 글을 작성한다.
- AI에게 첨삭을 요청한다.
- 최종 수정을 한다.

이렇게 하면 시간은 2시간 정도 걸리지만, 학습 효과는 정말 높아요. 기억도 오래 지속되고, 이해도도 높고, 성장이 크고, 성취감도 높아요. 소요 시간, 학습 효과, 기억 지속, 이해도, 성장, 성취감 같은 항목에서 두 방법은 완전히 달라요. 그렇다면 학습 효과도 높여주고, 사고력을 키우는 활동 방법을 배우고, 여기에 익숙해져야겠죠?

사고력 키우기 활동 방법

1단계: 주제에 대해 혼자 생각한다. AI의 도움 없이 20분 동안 내 생각을 정리한다. 이때 마인드맵을 그리고, 주요 아이디어를 3가지 도출한다.

2단계: AI와 대화한다. 15분 동안 같은 주제로 AI에게 질문하고, AI 답변을 듣고, 자신의 생각과 비교한다.

3단계: 모든 내용을 통합한다. 20분 동안 생각한 나의 아이디어에 AI의 아이디어를 더하고, 새로운 관점을 추가하여, 더 풍부한 내용으로 완성한다.

이 과정이 끝나면 성찰해보세요. 내 생각만으로는 어떤 결과가 나왔나요? AI 답변만으로는 어떤 결과가 나왔나요? 둘을 결합하니 어떤 결과가 나왔나요? 어떤 방법이 더 창의적인가요? 스스로 정리해보고 비교해봐요. 더는 AI에만 온전히 의존하지 않고 AI를 상황에 맞춰 효율적으로, 또 효과적으로 사용할 수 있는 기반을 만들어가는 모습을 발견할 수 있을 거예요.

5. 'AI가 대체할 수 없는 나'가 되자

챗지피티가 처음 등장했을 때 사람들은 "와, 신기하다!"라며 매우 놀라워했습니다. 컴퓨터가 사람처럼 시를 쓰고 그림을 그릴 수 있다는 걸 믿기 어려웠으니까요. 그다음엔 회사들이 '이걸로 돈을 벌 수 있겠다'고 생각했어요. 일을 더 빨리하고, 시간과 돈을 아낄 수 있다는 광고 때문이었죠. 하지만 일부 예술가들은 "AI가 인간의 창의성을 빼앗는 거 아니야?"라고 걱정하기 시작했습니다.

시간이 더 지난 지금은 상황이 완전히 달라졌어요. AI는 이제 단순히 도움을 주는 수준이 아니라 아예 사람을 대신할 수 있는 단계까지 발전하게 되었습니다. 2025년에 두각을 나타낸 'AI 에이전트'가 대표적인 예랍니다. 그래서 전문가들은 이제 더 심각한 문제를 논의하는 중입니다. AI가 모든 일을 다 해버리면 사람은 대체 무엇을 해야 하느냐고 질문하면서요.

1) 그러면 사람은 무엇을 할까?

게리 그로스만 에델만이라는 전문가는 "인간은 기술 때문에 세 번의 큰 변화를 겪는다"라고 말했어요. 첫 번째 변화로 그는 18세기 산업혁명을 들었습니다. 기계가 발명되면서 시골에서 손으로 일하던 사람들이 도시 공장으로 이동해서 기계를 다루는 일을 하게 됐다는 거죠. 두 번째 변화는 1980~1990년대 컴퓨터가 등장하면서 일어났다고 봅니다. 공장에서 일하던 사람들이 이제는 사무실에서 컴퓨터를 사용하는 '지식 노동자'가 된 거예요. 그리고 지금, AI 때문에 세 번째 변화가 일어나고 있다고 했어요. 그러면서 이번

이 가장 중요하면서 심각하다고 지적했습니다. 왜냐하면 AI가 사람만 할 수 있다고 믿었던 것들까지 부분적이기는 하지만 일부 영역에서 할 수 있게 되었거든요. 창의적으로 생각하기, 옳고 그름 가리기, 다른 사람의 감정 이해하기, 의미 있는 것 찾기 같은 것들까지 말이에요.

그로스만은 이렇게 말해요. "이제 우리는 단순히 새로운 기술에 적응하는 게 아니라, '인간이란 무엇인가'를 다시 정의해야 한다"라고요. 쉽게 말하면 AI가 할 수 없는 일이 뭐가 있을까, 사람만이 할 수 있는 것은 무엇일까, AI가 모든 걸 다 하면 사람은 무엇을 해야 할까 하는 고민을 해야 한다는 거죠.[25] 이런 고민을 요즘 사회 곳곳에서 함께하고 있다고 합니다. 실제로 많은 청소년이 이런 고민에 빠져 있습니다. 고등학생의 인공지능 가치 인식을 중심으로 진행한 연구에 따르면, 학생들도 AI 때문에 미래 직업에 대한 불안감을 느낀다는 것이 명확하게 드러났죠.[26]

하지만 정말 중요한 사실을 알려드릴게요. AI가 아무리 발전해도 여러분 한 명 한 명의 고유한 가치는 절대 대체할 수 없어요. 왜냐하면 여러분이 가진 경험, 감정, 생각, 꿈은 세상에서 단 하나뿐이거든요. 여러분이 가족과 함께 보낸 시간, 친구와 나눈 대화, 실

25 AI Times, 「AI가 던져준 새로운 '실존적' 문제· "인간은 무엇을 해야 하니"」, AI Times, 2025.05.15. (https://www.aitimes.com/news/articleView.html?idxno=170419)

26 박정범, 「AI 융합 교육이 학습자의 인공지능 가치 인식에 미치는 영향 – 방송미디어 분야 특성화고 학생 사례 중심으로」, 서울대학교 교육학 석사학위 논문, 2023, p.63.

패하고 다시 일어선 경험, 무엇인가에서 처음 성공을 거두었을 때의 기쁨, 이 모든 것은 여러분만의 고유한 가치를 만들어내는 바탕이 됩니다.

AI는 데이터를 학습하고 패턴을 찾아 답변을 생성하지만, 진정한 감정을 느끼거나, 독창적인 경험을 하거나, 복잡한 윤리적 판단을 내리는 것은 할 수 없어요. AI는 "사랑이 뭐예요?"라는 질문에 사전적 정의를 말할 수는 있지만, 실제로 누군가를 사랑하고 사랑받는 경험은 할 수 없죠. AI도 "우정이 중요해요"라고 말할 수는 있지만, 친구와 함께 웃고 울고 추억을 쌓지는 못합니다.

2) AI가 절대 할 수 없는 일들이 있다

이제 AI가 절대로 하지 못하는 일들을 살펴보고, 여러분이 어떻게 그런 고유한 능력을 키워갈 수 있는지 하나씩 알아봅시다.

진정한 공감과 직관, 감정 이해 능력은 AI에게 부여될 수 없습니다. AI 챗봇에게 "오늘 정말 힘든 일이 있었어"라고 말하면, AI는 "그랬구나, 많이 힘들었겠네요. 무슨 일이 있었나요?"라고 위로의 말을 할 수 있어요. 문법적으로도 완벽하고, 적절한 반응처럼 보이죠. 하지만 AI는 진짜로 여러분의 고통을 느끼지 못해요. AI에게는 마음이 없으니까요. 반면 여러분의 친한 친구는 여러분이 힘들어하는 걸 보면 자기도 가슴 아파해요. 여러분의 표정을 보고, 목소리 톤을 듣고, 상황의 맥락을 이해하면서 진심으로 공감하죠. 적절한 순간에 어깨를 토닥여주거나 손을 잡아주면서 "내가 있잖아, 괜찮을 거야"라고 말해줄 수 있어요.

여러분도 경험해봤을 거예요. 친구가 힘들어할 때 옆에 앉아서 아무 말없이 함께 있어 주기만 해도 위로가 되잖아요? 그 순간의 따뜻함, 눈빛, 함께하는 시간의 의미를 AI는 절대 이해할 수 없죠. 사람과 사람 사이의 연결, 교감은 오직 인간만이 만들어낼 수 있습니다.

중학교 2학년 도덕 교과서를 보면 '타인과의 관계' 단원에서 공감의 중요성을 배워요. 교과서에는 '공감'이 "상대방의 입장에서 생각하고 느끼는 능력으로, 이는 건강한 인간관계의 기초가 된다"고 나와 있어요. 또 상대방의 감정을 이해하고 그에 적절하게 반응하는 것이 공감적 의사소통의 핵심이라고 설명하죠. 이런 능력을 키우는 것이 AI 시대에 더욱 중요해진 거예요. AI가 정보를 제공하고 업무를 보조할 수는 있지만, 사람의 마음을 이해하고 위로하고 함께 기뻐하는 것은 여전히 인간만의 영역이에요.

다음으로 AI는 **독특한 개인 경험과 그로부터 비롯된 창의성을 가질 수 없습니다.** 여러분 한 명 한 명은 자기만의 독특한 인생 서사를 가지고 있죠. 어렸을 때 가족과 함께 간 여행, 친구와 다투고 화해했던 경험, 시험에 떨어졌다가 재도전해서 성공한 순간, 처음으로 무언가를 해냈을 때의 성취감, 좋아하는 사람에게 거절당했을 때의 아픔, 꿈을 향해 노력하는 과정 같은 것들이요. 이런 개인적 경험들이 모여서 여러분만의 관점을 만들고, 그 관점이 창의성과 직관적인 판단 향상으로 이어져요.

AI는 수많은 데이터를 학습해서 그럴듯한 글을 쓰거나 이미지를 만들 수 있어요. 하지만 AI가 만든 작품을 자세히 보면, 기존에 있던 것들의 조합이에요. 진정으로 새로운 것, 이 세상에 없던 것을 창조하는 것은 인간만이 할 수 있죠. 왜냐하면 창조는 개인의 독특한 경험과 감정에서 나오니까요.

예를 들어볼까요? 유명한 소설 『해리 포터』 시리즈를 쓴 J.K. 롤링은 기차를 타고 가다가 마법사 소년 이야기를 떠올렸대요. 그 당시 그녀는 경제적으로 어려운 상황이었고, 이혼한 싱글맘이었어요. 그런 힘든 경험을 바탕으로 상상력을 발휘해서 어려운 환경 속에서도 도전하는 꼬마 마법사의 이야기, 그리고 새로운 마법 세계를 만들어낸 거죠. 만약 AI에게 "마법사 소년 이야기를 써줘"라고 하면, 기존에 있던 판타지 소설들을 섞어서 그럴듯한 이야기를 만들 수는 있어요. 하지만 롤링처럼 자기 삶의 경험과 감정을 녹여낸 진정성 있는 이야기는 만들 수 없겠죠.

마지막으로 **AI는 진정한 협업과 관계 형성을 할 수 없습니다.** AI는 정보를 처리하고 답을 제공하지만, 팀워크를 발휘하고 사람들과 진정한 관계를 맺는 것은 인간만이 할 수 있어요. 여러분이 학교에서 모둠 활동을 할 때를 생각해보세요. 각자 역할을 나누고, 이견을 조율하고, 갈등을 해결하고, 서로 격려하면서 하나의 결과물을 만들어내잖아요? 이런 과정에서 생기는 팀워크, 신뢰, 우정은 AI가 아무리 발전한다 해도 절대 완벽하게 이해할 수 없는 소중한 요소들입니다.

중학교 체육 시간에 하는 팀 스포츠를 떠올려보세요. 농구나 축구에서 개인 기술이 아무리 뛰어나도 팀워크 없이는 승리하기 힘듭니다. 서로를 신뢰하고, 적절하게 패스하고, 각자의 위치에서 역할을 다하고, 실수해도 격려하면서 협력하는 게 중요해요. 이것이 바로 AI가 할 수 없는 대표적인 인간의 능력이랍니다.

3) 나만의 강점 발견하기

이제 나 자신만의 강점이나 장점을 발견하는 활동을 해봅시다. 노트를 준비하고 다음 질문에 솔직하게 답해보세요.

첫째, **내가 가장 잘하는 것은 무엇인가요?** 학교 공부만 생각하지 마세요. 친구 관계 맺기, 예술, 운동, 게임, 요리, 손재주 등 무엇이든 좋아요. 예를 들어 '나는 친구들의 고민을 잘 들어줘', '나는 그림 그리는 걸 좋아하고 잘해', '나는 복잡한 전략을 짜는 걸 잘해' 같은 장점을 다 포함시킵니다.

둘째, **친구들이 나에게 도움을 청하는 분야는 무엇인가요?** 친구들이 도와달라고 자주 부탁하는 게 있나요? 그게 바로 여러분의 강점일 수 있어요. 수학 문제 풀이, 그림 그리기, 발표 자료 만들기, 갈등 중재하기 등이지요.

셋째, **시간 가는 줄 모르고 빠져드는 활동은 무엇인가요?** 그림 그릴 때? 글 쓸 때? 운동할 때? 프로그래밍할 때? 요리할 때? 이렇게 완벽히 몰입하는 순간이 바로 여러분의 강점과 관심이 만나는 지점이에요.

넷째, **내가 특별히 관심 있는 사회 문제나 가치는 무엇인가요?** 환경 보호, 동물 권리, 교육 불평등, 장애인 인권, 성평등 같은 이슈 중에서 여러분이 특히 관심 있는 게 있나요? 이런 관심이 미래 진로로 이어질 수 있어요.

다섯째, **10년 후 나는 어떤 사람이 되어 있고 싶나요?** 구체적으로 상상해보세요. 어떤 직업을 가지고, 어떤 사람들과 함께 일하고, 어떤 가치를 추구하는 사람이 되고 싶나요?

이런 질문들에 답하면서 여러분만의 강점을 발견했다면, 이제 그것을 키워나가는 구체적인 계획을 세워봐요. 이번 달 목표를 정하세요. 예를 들어 '공감 능력'을 키우고 싶다면, '매일 한 명 이상의 이야기를 진심으로 들어주기'로 정하는 거예요. **실천 일지**를 쓰면서 매일 어떤 경험을 했는지, 무엇을 배웠는지 기록하세요.

여러분, 기억하세요. AI는 위협이 아니라 도구예요. AI를 잘 활용하면서도 여러분만의 고유한 가치를 키워나가는 것이 중요해요. 여러분 한 명 한 명은 AI가 절대 복제할 수 없는 특별한 존재예요. 여러분의 경험, 감정, 생각, 꿈, 관계는 세상에서 유일무이해요. 이것을 자랑스럽게 여기고 계속 발전시켜 나가세요. 그리고 AI가 대체할 수 없는 자신만의 가치를 끊임없이 고민하고 만들어가기를 바랍니다.

새로운 시대는 이미 열렸습니다. 그 문을 열고 들어가 새로운 주인공으로서 삶을 사는 일은 여러분 자신에게 달렸답니다. 그 여정을 저도 뒤에서 진심으로 응원하겠습니다.

23쪽 미니 퀴즈 정답

· **스마트폰 카메라의 뷰티 필터는 AI일까요?**

→ 요즘 뷰티 필터는 얼굴을 인식하고 자동으로 보정을 하기 때문에 AI 기술이 사용됩니다.

· **모니터 밝기를 자동으로 조절하는 조도 센서는 AI일까요?**

→ 단순히 빛의 세기를 감지해 밝기를 조절하는 것은 AI라기보다 자동화에 가깝습니다.

· **교통카드 잔액을 계산하는 자동 결제 시스템은 AI일까요?**

→ 정해진 규칙에 따라 금액을 차감하는 것은 AI가 아닌 자동화예요.

· **유튜브가 여러분의 취향에 맞는 영상을 추천하는 것은 AI일까요?**

→ 맞아요! 추천 알고리즘은 AI가 여러분의 기록을 분석해 관심사에 맞는 영상을 찾아줍니다.

· **식당에서 음식을 주문할 때 태블릿 화면을 사용하는 것이 AI일까요?**

→ 주문을 입력해 주방으로 보내는 것만으로는 AI가 아니지만, 주문 데이터를 분석해 인기 메뉴를 추천하는 기능이 있다면 AI가 활용된 경우입니다.

· **스마트워치가 여러분의 심박수와 운동량을 측정해 하루 목표를 세워 주는 것은 AI일까요?**

→ 네, AI가 여러분의 건강 데이터를 분석해 운동 목표를 제시하고, 꾸준히 성과를 평가합니다.

· **게임 속 캐릭터가 상황에 따라 다른 대사를 말하는 것은 AI일까요?**

→ 그렇습니다. 게임의 NPC는 AI 알고리즘을 사용해 여러분의 행동에 반응하고, 다양한 선택지를 보여줍니다.